"十四五"职业教育国家规划教材

电力电子技术

（第四版）

主　编　袁　燕

副主编　陈俊安　刘　暐

编　写　王汉桥　宋廷臣　齐　磊

主　审　石新春　赵文建

中国电力出版社
CHINA ELECTRIC POWER PRESS

内 容 提 要

本书入选"十四五"职业教育国家规划教材和"十二五"职业教育国家规划
教材。

全书共有 8 章,首先介绍晶闸管及几种典型全控电力电子器件的基本原理、基
本特性和主要参数;以器件为基础,以实用为目的重点介绍晶闸管可控整流电路、
晶闸管的触发电路、有源逆变电路、交流调压和直流斩波电路、无源逆变电路和变
频电路;从应用的角度出发介绍了几种典型电力电子装置。同时为适应先进性要
求,书中对全控型电力电子器件的驱动电路和软开关技术也作了必要的阐述。本书
具有理论浅、知识新、实用性强、通俗易懂的特点。

本书为新形态教材,扫描封面二维码可获取课件、重难点讲解视频、部分习题
答案、题库等数字资源。为学习贯彻落实党的二十大精神,本书根据《党的二十大
报告学习辅导百问》《二十大党章修正案学习问答》,在二维码链接的数字资源中设
置了"二十大报告及党章修正案学习辅导"栏目,以方便师生学习。

本书可作为高职高专、成人高校电力技术类专业的教学用书,也可作为相关工
程技术人员参考用书。

图书在版编目(CIP)数据

电力电子技术/袁燕主编. —4 版. —北京:中国电力出版
社,2015.4(2024.8重印)

"十二五"职业教育国家规划教材

ISBN 978 - 7 - 5123 - 6830 - 9

Ⅰ. ①电… Ⅱ. ①袁… Ⅲ. ①电力电子技术-高等职业教
育-教材 Ⅳ. ①TM1

中国版本图书馆 CIP 数据核字(2014)第 283151 号

中国电力出版社出版、发行

(北京市东城区北京站西街 19 号 100005 http://www.cepp.sgcc.com.cn)
三河市百盛印装有限公司印刷
各地新华书店经售

*

2006 年 5 月第一版
2015 年 4 月第四版 2024 年 8 月北京第二十四次印刷
787 毫米×1092 毫米 16 开本 10.5 印张 251 千字
定价 28.00 元

前　言

　　现代电力电子技术的发展带来了电力电子技术学科内涵的发展与更新，使电力电子技术在新能源发电、高压直流输电、节能技术、交直流供电电源、电力机车、城市轻轨交通、船舶推进、电梯控制、机器人控制等领域，乃至日常生活等多方面的应用不断延伸。为满足现代经济发展对电力电子技术应用型人才的需求，进一步适应现代电力电子技术先进性及应用性，教材修订中增加了全控器件的驱动电路和软开关技术。本书以培养高等技术应用型人才为宗旨，充分体现先进性、教学适用性和职业教育的特点，力求做到深入浅出、够用为度、实用为本；针对高职高专学生的特点，重点介绍电力电子器件的外部电气特性、主要工作特点及其典型应用；避开繁琐的数学推导和理论分析，强调分析思路与分析方法，对于典型电路的工作原理、工作特点加以归纳总结，便于学生的学习和教师的教学。

　　本次修订在保持原书循序渐进、浅显易懂、适于教学等优点的同时，对教材内容进行了整合与更新。修订的主要内容有：①简化了交流调压和直流斩波电路中繁琐的理论推导；②为适应现代电力系统的应用需求，对第 8 章典型电力电子技术应用做了一定调整，增加高频开关电源和高压直流输电的相关内容；③将书中的部分章节进行了合并和调整；④为满足今后学生就业的需要，增加了变频电路的有关内容，并将其作为一个单独章节学习。

　　本书第 1、2 章由袁燕改编，第 3、4 章由王汉桥改编，第 5 章由刘暐、袁燕共同改编，第 6、7 章和第 8 章 8.1 节由陈俊安改编，第 8 章 8.2 节和附录部分由宋廷臣改编，绪论和第 8 章 8.3 节由齐磊改编。全书由袁燕统稿并担任主编，华北电力大学石新春、武汉电力职业技术学院赵文建担任主审，对本书提出了许多宝贵意见。同时在本书的编写过程中，参阅了大量的参考文献。在此，对主审及本书所用参考文献的作者表示衷心的感谢。

　　限于编者水平，修订后仍会存在一定的疏漏和不足，恳请使用本书的教师和广大读者多加批评指正。

编　者

2015 年 1 月

目　录

绪　　论

一、电力电子技术概述

从广义上来讲，电子技术应包含信息电子技术和电力电子技术两大分支，而通常所说的电子技术一般是指信息电子技术。

电力电子技术也称为电力电子学，它真正成为一门独立的学科始于1957年第一只晶闸管的问世。在1970年国际电气和电子工程师协会（IEEE）电力电子学会上对电力电子技术作了如下定义："电力电子技术就是有效地使用电力电子器件，应用电路和设计理论及分析开发工具，实现对电能的高效能变换和控制的一门技术。它包括对电压、电流、频率和波形的变换"。简言之，电力电子技术就是利用电力电子器件对电能形态进行变换和控制的一门技术。

电力电子技术是电力、电子、控制三大电气工程技术领域之间的交叉学科，它们之间的关系可用一个倒三角图形描述，如图0-1所示。第一，电力电子技术是在电子技术的基础上发展起来的，它们都可分为器件、电路和应用三部分，且器件的材料和制造工艺基本相同。另外，电力电子电路和电子电路的分析方法也基本相同，只是两者的应用目的有所不同。电子技术应用于信息的处理（如放大等）；电力电子技术应用于电力变换和控制，它所变换的功率可大到数百甚至数千兆瓦，也可以小到几瓦或毫瓦数量级。第二，电力电子技术广泛应用于电气工程，如高压直流输电、静止无功补偿、电力机车牵引、交直流电力传动、电解、励磁、电加热、高性能交直流电源等，对电气工程的现代化起着重要的推动作用。第三，电力电子技术可以看成是弱电控制强电的技术，是弱电和强电之间的接口。而控制理论是实现这种接口的一条强有力的纽带，是电力电子技术的重要理论依据。所以，也可认为电力电子技术是运用控制理论将电子技术应用到电力领域的一门综合性技术。

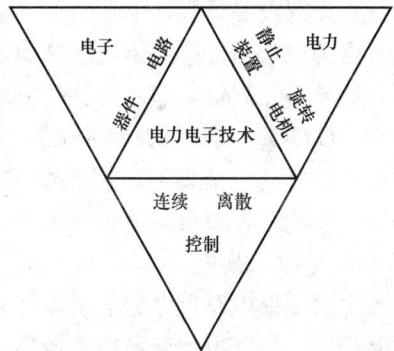

图0-1　电力电子技术与其他学科的关系

二、电力电子技术的研究内容

电力电子技术研究的内容包括电力电子器件、电力变换电路和控制技术三部分，其中电力电子器件是基础，电力变换电路是核心。在电力电子技术工程应用中，侧重于研究电力电子器件的基本原理、特性和参数，以及由电力电子器件所组成的各种电力变换电路的结构、工作原理、控制电路和保护电路。

1.电力电子器件

在电气设备或电力系统中，直接承担电能变换或控制任务的电路称为主电路。电力电子器件就是指可直接用于主电路中实现电能变换或控制的电子器件。

电力电子器件的主要特征有以下四点：

（1）处理电功率的能力远远大于普通电子器件。

（2）一般工作在开关状态。

（3）一般需由信息电子电路来驱动或控制。

（4）功率损耗远远大于普通电子器件，所以必须安装散热器。

电力电子器件按其控制方式不同可分为以下三大类：

（1）不可控型器件：不能用控制信号来控制其通断的电力电子器件。这类器件一般为二端器件，不需要驱动电路，具有结构简单、工作可靠的特点。电力二极管、快恢复二极管及肖特基二极管等就属于不可控型器件。

（2）半控型器件：只能通过控制信号控制其导通，而不能控制其关断的电力电子器件。这类器件一般为三端器件。半控型器件的导通可通过门极加入适当的控制信号实现，而一旦器件导通，门极就失去了控制作用。若要使器件关断，只有改变外电路参数使通过器件的电流减小到接近于零才能达到。半控型器件反应快、可靠性高、寿命长、功率大、价格低，特别是具有节能的特点。晶闸管及其派生型器件就属于半控型器件。

（3）全控型器件：通过控制信号既可控制其导通，又可控制其关断的电力电子器件。这类器件也是带有控制端的三端器件，控制端不仅可用来控制器件的导通，还能控制器件的关断。由于无需外电路提供关断条件，仅靠器件自身控制即可关断，所以也称为自关断器件。这类器件的种类繁多，工作原理也不尽相同，是电力电子器件发展的主导方向，具有集成化、高频化、全控化和多功能化等特点，目前应用非常广泛。典型的全控型电力电子器件有电力晶体管（GTR）、门极可关断晶闸管（GTO）、电力场效应晶体管（Power MOSFET）和绝缘栅双极晶体管（IGBT）等。

电力电子器件按其驱动信号的性质不同又可分为电压型器件和电流型器件两种。电流型器件必须给它提供足够大的驱动电流才能导通，因而驱动功率较大，如普通晶闸管、电力晶体管（GTR）、门极可关断晶闸管（GTO）等；电压型器件的导通只需要有足够的驱动电压和很小的驱动电流即可，因而所需的驱动功率很小，如电力场效应晶体管（Power MOS-FET）和绝缘栅双极晶体管（IGBT）等。

2. 电力变换电路

电力变换电路以电力电子器件为核心，通过不同的电路拓扑和控制方法来实现电能的变换和控制。按其电能变换功能划分，主要有以下几种类型：

（1）整流电路：将交流电变换为固定或可调的直流电的电力变换电路，也称为 AC/DC 变换电路。

（2）逆变电路：将直流电变换为频率固定或频率可调的交流电的电力变换电路，也称为 DC/AC 变换电路。如将直流电逆变成 50 Hz 的交流电返送回交流电网称为有源逆变，将直流电逆变成频率固定或频率可调的交流电供给用电器则称为无源逆变。

（3）交流变换电路：将一种形式的交流电变换为另一种形式的交流电的电力变换电路，也称为 AC/AC 变换电路。交流变换电路种类较多，有交流调压电路、交流调功电路、交流开关及变频电路等。

（4）直流斩波电路：将恒定的直流电压变换为大小可调或固定的直流电压的电力变换电路，也称为 DC/DC 变换电路。

以上四种变换功能统称为变流，故电力电子技术通常也称为变流技术，电力变换电路也常称为变流电路。

3. 控制技术

控制技术是改进变流电路的性能和效率所不可缺少的关键技术之一。它主要有以下两种类型：

（1）相控技术：通过调整电力电子器件导通时刻的相位，即控制触发脉冲与主电路之间的相移角，从而实现电能的变换与控制。这种控制技术主要应用于晶闸管变流电路中，称为相控式变流电路。

（2）脉宽调制（PWM）技术：通过调整电力电子器件在一个开关周期中导通的时间比（占空比），从而实现电能的变换与控制。这种控制技术主要应用于全控型器件组成的变流电路中。由于 PWM 技术可以有效地抑制谐波，动态响应速度快，使变流电路的性能大大提高，故目前应用非常广泛。

三、电力电子技术的发展与应用

电力电子技术的发展是以电力电子器件的发展为核心的，大体可分为两个阶段：1957～1980 年为传统电力电子技术阶段，1980 年至今为现代电力电子技术阶段。

1. 传统电力电子技术阶段

随着 1957 年第一只晶闸管的诞生，电子技术步入功率领域，在工业上引起了一场技术革命，很快取代了水银整流器和旋转变流机组，并使电力电子技术得到迅速发展，应用范围也迅速扩大。此期间由最初的普通晶闸管逐渐派生出快速晶闸管、逆导晶闸管、双向晶闸管、不对称晶闸管等，形成了一个晶闸管大家族。目前，器件的功率越来越大，性能越来越好，单只普通晶闸管的容量已达 8000V、6000A。

但是晶闸管的发展受到了两个方面因素的制约：一是控制功能上的欠缺。晶闸管属于半控型器件，通常要依靠电网电压等外部条件或设置专门的换流电路才能实现关断，这致使设备的体积增大、质量增加、效率降低。二是工作频率上的欠缺。晶闸管立足于分立元件结构，工作频率难以提高（一般低于 400Hz），因而大大限制了晶闸管的应用范围。

尽管以晶闸管为代表的传统电力电子器件存在上述缺陷，但由于晶闸管系列器件的价格低廉，在大电流、高电压应用中的发展空间依然较大，尤其在特大功率应用场合，其他器件尚且不易替代。在我国，以晶闸管为核心的很多设备仍应用于生产现场。晶闸管及其相关的知识是初学者的基础，因此该部分内容在本书中占据了相当的篇幅，也是本课程的重点内容之一。

2. 现代电力电子技术阶段

20 世纪 80 年代以后，微电子技术与电力电子技术在各自发展的基础上相结合而产生了新一代高频率、全控型、多功能的功率集成器件，使电力电子技术跨入了现代电力电子技术的新时代。

现代电力电子器件是指全控型的电力电子器件，可分为双极型、单极型和混合型三大类。双极型器件是指器件内部有两种载流子（自由电子和空穴）同时参与导电，具有通态压降低、阻断电压高、电流容量大等特点，适合于中大容量的变流装置，如门极可关断晶闸管（GTO）、电力晶体管（GTR）等。单极型器件是指器件内部只有一种载流子（多数载流子）参与导电，具有开关时间短、工作频率高、输入阻抗高、驱动功率小、抗干扰能力强等特点，如电力场效应晶体管（Power MOSFET）、静电感应晶体管（SIT）等。混合型器件是指双极型器件与单极型器件集成混合，它集双极型器件和单极型器件的优点于一体，具有极好的应用前景，目前应用非常广泛，如绝缘栅双极晶体管（IGBT）、集成门极换流晶闸管（IGCT）等。

随着集成工艺的提高和突破，功率集成电路（PIC）也得到了迅速发展。它把功率器件与驱动电路、控制电路以及保护电路集成在一个芯片上，实现了器件与电路的总体集成，使强电与弱电的结合更趋完美，应用电路更加简化，也使电力电子技术的应用范围进一步拓宽。

3. 电力电子技术主要应用范围

（1）一般工业：交直流电动机调速，电化学工业用的整流电源，冶金工业中高频、中频感应炉电源等。

（2）交通运输：电气化铁道、无轨电车、地铁列车、电动车的无级调速和控制，汽车、电梯、航空、航海的电源和控制等。

（3）电力系统：高压直流输电（HVDC）、柔性交流输电（FACTS）、无功功率补偿（SVC）、有源电力滤波器（APF），以及配电系统中高质量供电电源、变电站中交直流操作电源、蓄电池充电电源等。

（4）电子装置电源：程控交换机、计算机中的开关电源，仪器仪表及各种电子装置中的电源等。

（5）家用电器：变频空调、节能灯、电视机、音响设备、洗衣机、电冰箱、微波炉等电器。

（6）其他：不间断电源（UPS），抽水储能发电站中的大型电动机启动和调速，航天飞行器中各种电子仪器所用电源，以及新能源（太阳能、风能、核能发电）等。

总之，电力电子技术的应用非常广泛，从人类对宇宙和大自然的探索，到国民经济的各个领域，再到人们的衣食住行，电力电子技术都在发挥着极其显著的作用。

由于电力电子技术提供给负载的是各种不同的电源，所以可以认为，电力电子技术研究的就是电源技术。而且，电力电子技术对节能有重要意义，其节能效果十分显著，因此也被称为节能技术。

能源是人类社会的永恒话题，而电能是最优质的能源。伴随着科学的发展与进步，以及一代代学者和工程技术人员的研究与探索，电力电子技术必将会更加飞速发展，电力电子技术的应用领域也会有新的突破。

四、本课程的性质、特点及学习方法

电力电子技术是电气工程及其自动化、工业电气自动化等专业的一门专业性、实用性较强，且与生产实践联系紧密的技术基础课程。

本课程涉及面广，内容丰富，需要综合运用高等数学、电路原理、电子技术基础、电机与拖动等课程的知识。在学习本课程时，要着重物理概念与基本分析方法，理论联系生产实际，做到器件、电路、应用三方面相结合。在学习方法上要以变流装置中的主电路、触发电路、保护电路的工作原理等基本概念为主，特别注意各种电路的波形与相位分析，抓住波形分析这个重要环节，从波形分析中进一步理解电路的工作原理，并且逐步培养设计计算和读图能力，从而培养设计、调试以及故障分析与排除的能力，达到发展创新的目的。

五、本课程的学习要求

学习电力电子技术课程要达到以下基本要求：

（1）熟悉和掌握常用电力电子器件的工作特点、外部特性和主要参数，能正确选择和使用它们。

（2）掌握各种基本变换电路的工作原理，特别是基本电路中的工作过程和工作特点，掌握波形分析和定量计算方法。

（3）了解常用驱动电路的工作原理，熟悉晶闸管触发电路和保护电路的工作原理。

（4）了解各种变换器的特点、性能指标和使用场合。

（5）培养读图、识图能力，能看懂简单的电力电子装置的组成及工作原理。

（6）掌握基本的实验方法和实验技能。

1 电力电子器件

　　电力电子器件是电力电子技术的基础，是电力变换电路的核心。因此，掌握各种常用电力电子器件的基本特性及使用方法，是学好电力电子技术的关键。

　　电力电子器件可分为三大类：一，只能用控制信号来控制其导通而不能控制其关断的电力电子器件称为半控型器件，这类器件主要指晶闸管及其大部分派生器件；二，通过控制信号既可以控制其导通，又可以控制其关断的电力电子器件称为全控型器件（又称为自关断器件），这类器件的品种很多，如电力晶体管、电力场效应晶体管、绝缘栅双极晶体管、门极可关断晶闸管等；三，不能用控制信号来控制其通断的电力电子器件称为不可控器件，电力二极管就属于这类器件。电力二极管是问世最早、功率最大的半导体器件，具有高电压、大电流的工作能力，其基本工作特性与中小功率二极管大致相同，故本章主要介绍半控型的晶闸管和全控型器件。

1.1 晶　闸　管

　　普通晶闸管是一种具有开关作用的大功率半导体器件，它的全称是硅晶体闸流管，又称为可控硅整流器，常简称为晶闸管或可控硅（SCR）。晶闸管具有功率大、体积小、质量轻、效率高、反应快、寿命长、操作方便和维护简单等特点，在生产实际中的应用十分广泛。晶闸管也有许多派生型器件，如快速晶闸管（FST）、双向晶闸管（TRIAC）、逆导晶闸管（RCT）和光控晶闸管（LTT）等。

1.1.1　晶闸管的结构与工作原理

一、晶闸管的结构

　　目前常用晶闸管的外形有塑封形、螺栓形和平板形三种。图 1-1（a）所示为塑封形，多见于额定电流 10A 以下；图 1-1（b）、（c）所示为螺栓形，额定电流一般为 10～200A；图 1-1（d）所示为平板形，用于额定电流 200A 以上。

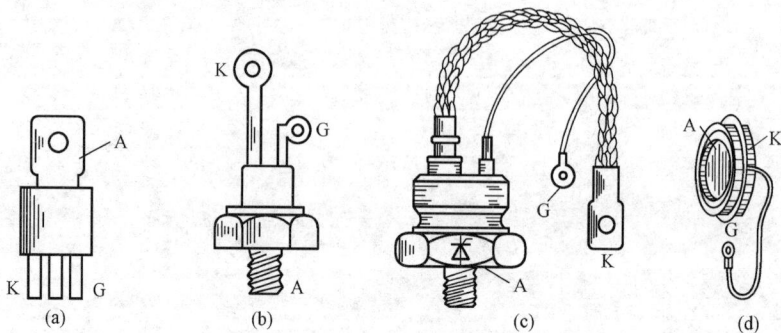

图 1-1　晶闸管的外形
（a）塑封形；（b）、（c）螺栓形；（d）平板形

晶闸管是四层（P1N1P2N2）三端（阳极 A、阴极 K、门极 G）器件，其内部结构、等效电路及图形符号如图1-2所示。

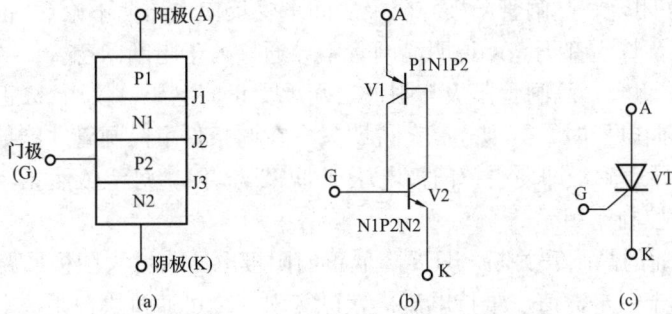

图1-2　晶闸管的内部结构及等效电路

(a) 内部结构；(b) 等效电路；(c) 图形符号

晶闸管工作时，由于器件损耗而产生热量，需要通过散热器降低管芯温度，器件外形是为便于安装散热器而设计的。图1-3所示为晶闸管的几种常见散热器。

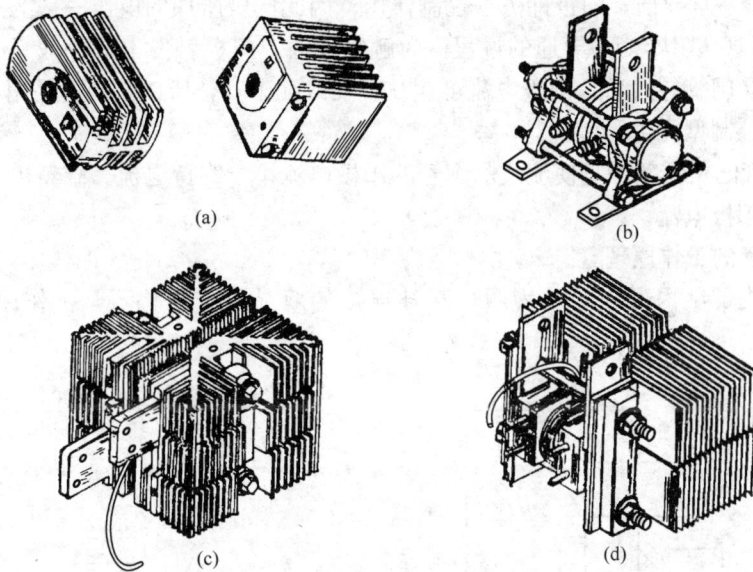

图1-3　晶闸管的几种常见散热器

(a) 自冷；(b) 水冷；(c) 风冷；(d) 热管

二、晶闸管的导通与关断条件

晶闸管是具有可控单向导电性的开关元件，它的导通和关断条件可通过图1-4所示的实验电路来说明。在该电路中，由主电源 E_A、双掷开关 S1、灯泡 HL、晶闸管的阳极和阴极构成晶闸管的主电路，门极电源 E_G、双掷开关 S2、晶闸管的门极和阴极构成晶闸

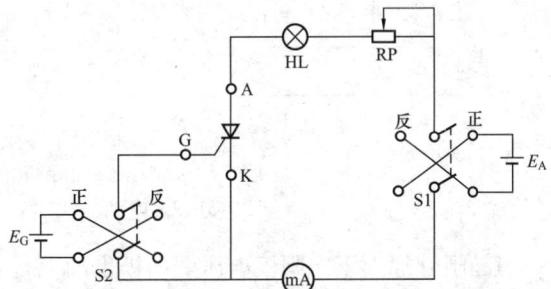

图1-4　晶闸管的导通与关断实验电路

管的触发电路（控制电路），用灯泡的亮与灭和电流表来观察晶闸管的通断情况。实验步骤如下：

（1）当 S1 向左闭合，晶闸管阳极与阴极之间承受反向电压，不论 S2 正向或反向闭合即门极承受何种电压，灯泡都不亮，说明晶闸管不导通，处于阻断状态。

（2）当 S1 向右闭合，晶闸管阳极与阴极之间承受正向电压，仅当 S2 正向闭合即门极与阴极之间也承受正向电压时，灯泡才亮，说明只有在此条件下晶闸管才能导通。

（3）当晶闸管导通后，即使去掉门极电压（即 S2 断开），灯泡依然亮，说明晶闸管一旦导通，门极就失去控制作用。

（4）要使已导通的晶闸管关断，只要降低正向阳极电压或增大阳极回路电阻，使流过晶闸管的阳极电流小于一定数值（维持电流）就可实现；也可通过去掉阳极电压，或者给阳极施加反向电压来实现。

由以上实验结果，可得到如下结论：

（1）晶闸管的导通条件是阳极和阴极之间必须加正向电压，同时门极和阴极之间也必须加正向电压，两者缺一不可。

（2）晶闸管一旦导通，门极即失去控制作用，因此门极所加的电压一般为脉冲电压（触发电压）。晶闸管从阻断变为导通的过程称为触发导通。门极触发电流一般只有几十毫安到几百毫安，而晶闸管导通后，阳极电流可达几百安或几千安，所以晶闸管是用小电流来控制大电流的电流控制型元件。

（3）晶闸管的关断条件是使流过晶闸管的阳极电流小于维持电流。维持电流是保持晶闸管导通的最小阳极电流。

三、晶闸管的工作原理

晶闸管的内部结构可以等效为两个互补连接的双晶体管结构，其工作原理如图 1-5 所示。

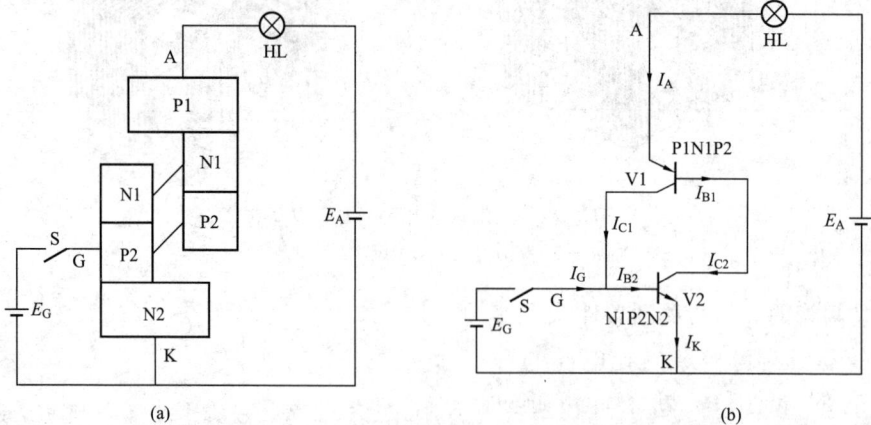

图 1-5　晶闸管的工作原理
(a) 双晶体管等效电路；(b) 内部电流关系

当晶闸管加上正向阳极电压，门极也加上足够的正向门极电压时，则有电流 I_G 从门极流入 NPN 管的基极，即产生 I_{B2}；经 NPN 管放大后的集电极电流 I_{C2} 作为 PNP 管的基极电流 I_{B1}，再经 PNP 管的放大，其集电极电流 I_{C1} 又流入 NPN 管的基极，如此循环，产生强烈

的正反馈过程，即

$$I_G \rightarrow I_{B2} \uparrow \rightarrow I_{C2} \uparrow \rightarrow I_{B1} \uparrow \rightarrow I_{C1} \uparrow$$

使两个晶体管很快进入饱和状态，即晶闸管由阻断状态迅速转为导通状态。由于晶闸管在导通后阳极与阴极之间的管压降很低（约1V），因此，流过晶闸管的电流将主要取决于外加的阳极电源电压和主回路阻抗的大小。

晶闸管一旦导通后，即使 $I_G = 0$，由于其内部正反馈的存在，V1、V2 的电流仍可继续维持，所以晶闸管可继续保持导通。若要将晶闸管关断，只有使 I_{C1} 减少至 NPN 管接近截止状态，即流过晶闸管的阳极电流小于维持电流，使其内部的正反馈过程不能再继续维持时，晶闸管才可恢复阻断状态。

综上所述，晶闸管的特点可归纳如下：

（1）晶闸管具有开关作用。它有导通与阻断两种工作状态，若忽略其导通时的管压降及阻断时的漏电流，则导通时相当于开关闭合，阻断时相当于开关断开。

（2）晶闸管具有可控的单向导电性。它的单向导电性受门极电压的控制，只有在阳极与阴极之间加上正向电压，同时在门极正向电压的触发下，晶闸管才能导通。由于门极只能用来控制晶闸管的开通，而不能控制晶闸管的关断，所以晶闸管被称为半控型器件。

1.1.2　晶闸管的特性和参数

一、晶闸管的伏安特性

晶闸管阳、阴极间电压 U_{AK} 与阳极电流 I_A 之间的关系，称为晶闸管的伏安特性，如图 1-6 所示。图 1-6 中，第 I 象限为正向特性，第 III 象限为反向特性。

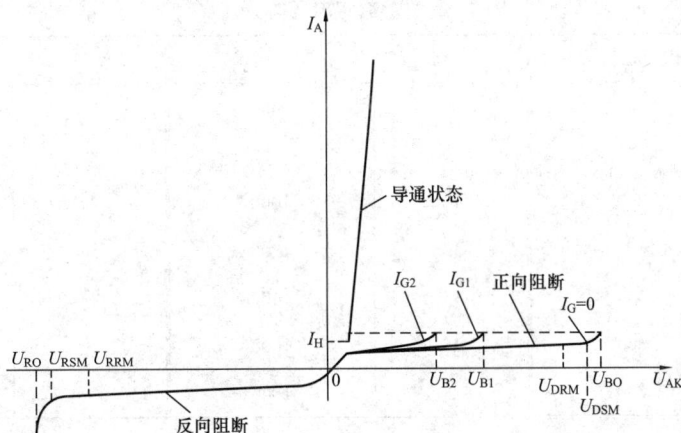

图 1-6　晶闸管的伏安特性

U_{DRM}、U_{RRM}—正、反向断态重复峰值电压；U_{DSM}、U_{RSM}—正、反向不重复峰值电压；
U_{BO}—正向转折电压；U_{RO}—反向击穿电压；I_H—维持电流

1. 正向特性

晶闸管的正向特性可分为正向阻断和正向导通两种。在正向阻断区，晶闸管的伏安特性是一组随门极电流 I_G 的增加而不同的曲线族。$I_G = 0$ 时，逐渐增大正向阳极电压，只有很小的正向漏电流，晶闸管呈现正向阻断状态；随着正向阳极电压的增加，当达到正向转折电压 U_{BO} 时，漏电流突然剧增，晶闸管由正向阻断突变为正向导通状态。这种在 $I_G = 0$ 时依靠增大阳极电压而强迫晶闸管导通的方式称为"硬开通"，实际应用时是不允许的。正常工作时，必须通过加入门极电流 I_G 来触发晶闸管导通，门极电流 I_G 越大，阳极电压转折点越低（图 1-6 中 $I_{G2} > I_{G1} > 0$）。导通后的晶闸管特性与二极管的正向特性相似，即可通过较大的阳极电流，而其本身的管压降却很小。

2. 反向特性

晶闸管的反向特性与普通二极管的反向特性相似。承受反向阳极电压时，只有很小的反向漏电流，晶闸管处于反向阻断状态。当反向电压增加到超过反向击穿电压 U_{RO} 时，反向漏电流急剧增大，导致晶闸管反向击穿，可能造成晶闸管的损坏。

二、晶闸管的主要参数

为了正确使用晶闸管，保证其可靠工作，必须理解和掌握晶闸管的主要参数及意义。下面介绍晶闸管的主要参数。

1. 额定电压 U_{TN}

由图 1-6 所示伏安特性可见，当门极开路，元件处于额定结温时，根据所测定的正向转折电压 U_{BO} 和反向击穿电压 U_{RO}，由制造厂家规定减去某一数值（通常为 100V）得到正向不重复峰值电压 U_{DSM} 和反向不重复峰值电压 U_{RSM}，再将此值各乘以 0.9 即得正向断态重复峰值电压 U_{DRM} 和反向断态重复峰值电压 U_{RRM}。晶闸管的额定电压 U_{TN} 即为 U_{DRM} 与 U_{RRM} 中较小值，再靠取相近额定电压等级（就低取整），在产品的铭牌上标出。

例如，某晶闸管实测并计算得：$U_{DRM} = 840V$，$U_{RRM} = 730V$，则 $U_{TN} = 700V$，即该晶闸管的额定电压为 700V（7 级）。晶闸管额定电压的等级见表 1-1。

表 1-1　　　　　　　　　　　　　　　晶闸管额定电压等级

级别	额定电压（V）	级别	额定电压（V）	级别	额定电压（V）
1	100	8	800	20	2000
2	200	9	900	22	2200
3	300	10	1000	24	2400
4	400	12	1200	26	2600
5	500	14	1400	28	2800
6	600	16	1600	30	3000
7	700	18	1800		

晶闸管在使用时会出现各种不可避免的瞬时过电压，同时由于工作温度的升高也会使正反向转折电压下降。所以，为保证晶闸管安全，在选择管子的额定电压时，应比工作电路中加在管子两端的最大瞬时电压值 U_{TM} 大 2～3 倍，即

$$U_{TN} = (2 \sim 3)U_{TM} \tag{1-1}$$

2. 额定电流 $I_{T(AV)}$

晶闸管的额定电流是指在环境温度为 40℃ 和规定的冷却条件下，晶闸管在导通角不小于 170° 的电阻性负载电路中，当不超过额定结温且稳定工作时，所允许通过的最大工频正弦

半波电流的平均值，也称为额定通态平均电流 $I_{T(AV)}$。

按照规定条件，流过晶闸管的工频正弦半波电流波形如图 1-7 所示。设该电流的峰值为 I_m，则通态平均电流 $I_{T(AV)}$ 为

$$I_{T(AV)} = \frac{1}{2\pi}\int_0^\pi I_m \sin\omega t \, d(\omega t) = \frac{I_m}{\pi}$$

$$(1-2)$$

晶闸管的额定电流用通态平均电流来表示，这是因为晶闸管最早应用于整流电路，而整流电路的输出是用平均值

图 1-7　流过晶闸管的工频正弦半波电流波形

来衡量的。然而，在实际应用中，决定晶闸管结温的是通态损耗的发热效应，而这种热效应主要由流过晶闸管电流的有效值决定。因此，需要将额定电流 $I_{T(AV)}$ 换算成额定电流有效值 I_{TN}。

由图 1-7 可求得正弦半波电流的有效值，即额定电流有效值 I_{TN} 为

$$I_{TN} = \sqrt{\frac{1}{2\pi}\int_0^\pi (I_m \sin\omega t)^2 \, d(\omega t)} = \frac{I_m}{2}$$

$$(1-3)$$

定义电流的波形系数 K_f 为电流有效值与电流平均值之比，即

$$K_f = \frac{电流有效值}{电流平均值}$$

$$(1-4)$$

由此可得到正弦半波电流的波形系数为

$$K_f = \frac{I_{TN}}{I_{T(AV)}} = \frac{\pi}{2} = 1.57$$

$$(1-5)$$

或

$$I_{TN} = 1.57 I_{T(AV)}$$

$$(1-6)$$

式（1-6）表明，额定电流为 $I_{T(AV)}$ 的晶闸管，其额定电流有效值为 $1.57 I_{T(AV)}$。例如 100A 的晶闸管，额定电流有效值为 157A。

实际应用时，不论流过晶闸管的电流波形如何，导通角有多大，只要流过管子的实际电流最大的有效值 I_{TM} 小于或等于其额定电流有效值 I_{TN}，且散热条件符合规定，则管芯的发热便是允许的，这就要求晶闸管在实际使用时应满足

$$I_{TM} \leqslant I_{TN} = 1.57 I_{T(AV)}$$

$$(1-7)$$

故晶闸管额定电流 $I_{T(AV)}$ 的选择应为

$$I_{T(AV)} \geqslant I_{TM}/1.57$$

由于晶闸管的过载能力很差，一般在选用时取 $1.5\sim2$ 的安全裕量，即

$$I_{T(AV)} = (1.5 \sim 2)\frac{I_{TM}}{1.57}$$

$$(1-8)$$

不同的电流波形有不同的平均值和有效值，波形系数 K_f 也不同。表 1-2 列出四种典型电流波形（周期皆为 2π、最大值皆为 I_m）的波形系数 K_f，以及当这些电流分别通过晶闸管时，额定电流 $I_{T(AV)}=100A$ 的晶闸管实际所允许通过的电流平均值。

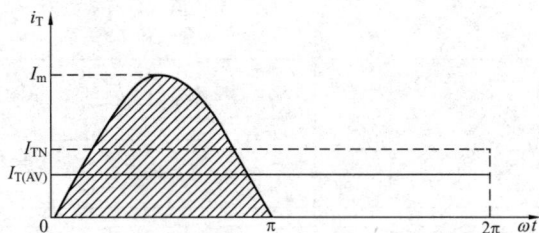

表 1-2　　四种典型电流波形的 K_f 值与 100A 晶闸管所允许通过的电流平均值

波　　形	平均值 I_d、有效值 I 与最大值 I_m 关系	波形系数 $K_f = I/I_d$	允许电流平均值 $I_{dn} = I_{TN}/K_f$
	$I_d = \dfrac{1}{2\pi}\displaystyle\int_0^\pi I_m\sin\omega t\,\mathrm{d}(\omega t) = \dfrac{I_m}{\pi}$ $I = \sqrt{\dfrac{1}{2\pi}\displaystyle\int_0^\pi (I_m\sin\omega t)^2\,\mathrm{d}(\omega t)} = \dfrac{I_m}{2}$	1.57	$I_{dn} = \dfrac{1.57\times100}{1.57} = 100$ (A)
	$I_d = \dfrac{1}{2\pi}\displaystyle\int_{\frac{\pi}{2}}^\pi I_m\sin\omega t\,\mathrm{d}(\omega t) = \dfrac{I_m}{2\pi}$ $I = \sqrt{\dfrac{1}{2\pi}\displaystyle\int_{\frac{\pi}{2}}^\pi (I_m\sin\omega t)^2\,\mathrm{d}(\omega t)} = \dfrac{I_m}{2\sqrt2}$	2.22	$I_{dn} = \dfrac{1.57\times100}{2.22} = 70.7$ (A)
	$I_d = \dfrac{1}{\pi}\displaystyle\int_0^\pi I_m\sin\omega t\,\mathrm{d}(\omega t) = \dfrac{2I_m}{\pi}$ $I = \sqrt{\dfrac{1}{\pi}\displaystyle\int_0^\pi (I_m\sin\omega t)^2\,\mathrm{d}(\omega t)} = \dfrac{I_m}{\sqrt2}$	1.11	$I_{dn} = \dfrac{1.57\times100}{1.11} = 141.4$ (A)
	$I_d = \displaystyle\int_0^{\frac{2}{3}\pi} I_m\,\mathrm{d}(\omega t) = \dfrac{I_m}{3}$ $I = \sqrt{\dfrac{1}{\pi}\displaystyle\int_0^\pi I_m^2\,\mathrm{d}(\omega t)} = \dfrac{I_m}{\sqrt3}$	1.73	$I_{dn} = \dfrac{1.57\times100}{1.73} = 90.7$ (A)

3. 维持电流 I_H

在室温下且门极开路时，能维持已导通的晶闸管继续导通所需的最小阳极电流称为维持电流 I_H，如图 1-6 所示。维持电流 I_H 一般约为几十毫安到几百毫安。它与器件容量、结温等因素有关，器件的额定电流越大，维持电流也越大；而结温越高，维持电流就越小。维持电流大的晶闸管容易关断。通常在晶闸管的铭牌上标明了常温下的 I_H 实测值。

4. 通态平均电压 $U_{T(AV)}$

当通过额定电流并达到稳定结温时，晶闸管阳极与阴极之间电压的平均值称为通态平均电压 $U_{T(AV)}$，一般俗称为管压降。通态平均电压 $U_{T(AV)}$ 的数值范围为 0.4～1.2V，每 0.1V 为 1 级，共分为 9 个级别，用字母 A～I 表示。实际使用中，为减小损耗和元件发热，应选择 $U_{T(AV)}$ 小的晶闸管。

5. 擎住电流 I_L

晶闸管门极加上触发信号后，当元件刚从阻断状态转为导通状态就撤除触发信号，能使元件保持导通所需的最小阳极电流称为擎住电流 I_L。对于同一只晶闸管，通常擎住电流 I_L 要比维持电流 I_H 大 2～4 倍。

6. 门极触发电流 I_{GT} 和门极触发电压 U_{GT}

在室温下，晶闸管加上 6V 正向阳极电压时，使元件由断态转为通态所必需的最小门极电流称为门极触发电流 I_{GT}；相应的门极电压称为门极触发电压 U_{GT}。

实际使用时为了保证晶闸管可靠触发，应使触发电路提供给门极的电流和电压适当地大于晶闸管厂家给出的标准值，但不应超过标准的峰值。

7. 动态参数

(1) 断态电压临界上升率 du/dt，是指在额定结温和门极开路情况下，不导致元件从断态到通态转换的最大正向阳极电压上升率。实际使用时施加在晶闸管两端的电压上升率必须小于此规定值。

断态电压临界上升率 du/dt 共分 A、B、C、D、E、F、G 七级，相应的数值分别为 25、50、100、200、500、800、1000V/μs。

(2) 通态电流临界上升率 di/dt，是指在规定条件下，晶闸管在开通时所能承受而不导致损坏的最大通态电流上升率。实际使用时晶闸管所允许的最大电流上升率必须小于此规定值。

通态电流临界上升率 di/dt 共分 A、B、C、D、E、F、G 七级，相应的数值分别为 25、50、100、150、200、300、500A/μs。

三、国产晶闸管的型号

按 JB 1141—1975 规定，国产普通晶闸管型号的命名及含义如下：

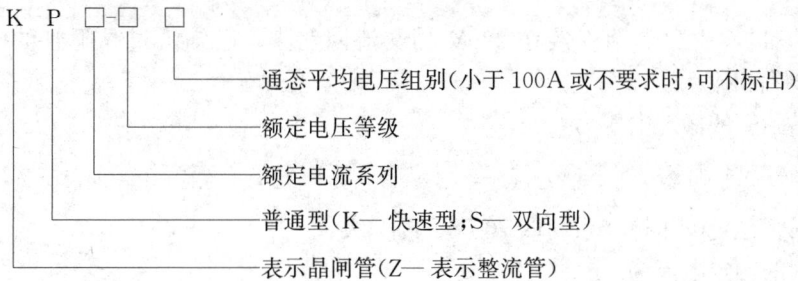

```
K P □-□ □
          └── 通态平均电压组别(小于100A或不要求时,可不标出)
        └──── 额定电压等级
      └────── 额定电流系列
    └──────── 普通型(K— 快速型;S— 双向型)
  └────────── 表示晶闸管(Z— 表示整流管)
```

例如，KP100‑12G 型表示额定电流为 100A，额定电压为 1200V，管压降为 1V 的普通晶闸管。

晶闸管的型号种类繁多，了解其特性与参数是正确使用晶闸管的前提。普通型晶闸管的主要参数列于表 1‑3 中。

表 1‑3 普通型晶闸管的主要参数

参数 数值 型号	通态平均电流 $I_{T(AV)}$	断态重复峰值电压、反向重复峰值电压 U_{DRM}、U_{RRM}	断态不重复平均电流、反向不重复平均电流 $I_{DS(AV)}$ $I_{RS(AV)}$	额定结温 T_{IM}	门极触发电流 I_{GT}	门极触发电压 U_{GT}	断态电压临界上升率 du/dt	通态电流临界上升率 di/dt	浪涌电流 I_{TSM}
	A	V	mA	℃	mA	V	V/μs	A/μs	A
KP1	1	100～3000	≤1	100	3～30	≤2.5			20
KP5	5	100～3000	≤1	100	5～70	≤3.5			90
KP10	10	100～3000	≤1	100	5～100	≤3.5			190
KP20	20	100～3000	≤1	100	5～100	≤3.5	25～1000	25～500	380
KP30	30	100～3000	≤2	100	8～150	≤3.5			560
KP50	50	100～3000	≤2	100	8～150	≤3.5			940
KP100	100	100～3000	≤4	115	10～250	≤4			1880

参数 数值 型号	通态平均电流 $I_{T(AV)}$ A	断态重复峰值电压、反向重复峰值电压 U_{DRM}、U_{RRM} V	断态不重复平均电流、反向不重复平均电流 $I_{DS(AV)}$ $I_{RS(AV)}$ mA	额定结温 T_{IM} ℃	门极触发电流 I_{GT} mA	门极触发电压 U_{GT} V	断态电压临界上升率 du/dt V/μs	通态电流临界上升率 di/dt A/μs	浪涌电流 I_{TSM} A
KP200	200	100～3000	≤4	115	10～250	≤4			3770
KP300	300	100～3000	≤8	115	20～300	≤5			5650
KP400	400	100～3000	≤8	115	20～300	≤5			7540
KP500	500	100～3000	≤8	115	20～300	≤5	25～1000	25～500	9420
KP600	600	100～3000	≤9	115	30～350	≤5			11 160
KP800	800	100～3000	≤9	115	30～350	≤5			14 920
KP1000	1000	100～3000	≤10	115	40～400	≤5			18 600

【例 1-1】 一只晶闸管接在 220V 的交流回路中，已知流过晶闸管的电流有效值为 50A，试选择晶闸管的型号。

解 晶闸管的额定电压为

$$U_{TN} = (2 \sim 3)U_{TM} = (2 \sim 3)\sqrt{2} \times 220 = 622 \sim 933 \ (V)$$

按晶闸管额定电压标准系列取 700V，即 7 级。

晶闸管的额定电流为

$$I_{T(AV)} = (1.5 \sim 2)\frac{I_{TM}}{1.57} = (1.5 \sim 2)\frac{50}{1.57} = 47.7 \sim 63.7 \ (A)$$

按晶闸管额定电流标准系列取 50A，故选取晶闸管的型号为 KP50-7。

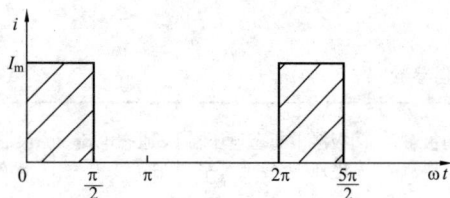

图 1-8 ［例 1-2］流过晶闸管的电流波形

【例 1-2】 某晶闸管为 KP100-8 型，流过该晶闸管的电流波形如图 1-8 所示，如不考虑安全裕量，问实际允许流过的电流平均值和电流峰值各为多少？

解 KP100-8 型的晶闸管额定（即允许流过的）电流有效值为

$$I_{TN} = 1.57 I_{T(AV)} = 1.57 \times 100 = 157 \ (A)$$

实际流过该管的电流有效值和电流平均值分别为

$$I_T = \sqrt{\frac{1}{2\pi} \int_0^{\frac{\pi}{2}} I_m^2 \mathrm{d}(\omega t)} = \frac{I_m}{2}$$

$$I_d = \frac{1}{2\pi} \int_0^{\frac{\pi}{2}} I_m \mathrm{d}(\omega t) = \frac{I_m}{4}$$

波形系数为
$$K_f = I_T/I_d = 2$$

要求实际电流有效值必须小于或等于额定电流有效值，即

$$I_T = K_f I_d \leqslant 1.57 I_{T(AV)}$$

不考虑安全裕量，则

$$K_f I_d = 1.57 I_{T(AV)}$$

故实际允许流过的电流平均值为

$$I_d = \frac{1.57 I_{T(AV)}}{K_f} = \frac{157}{2} = 78.5 \ (A)$$

实际允许流过的电流峰值为

$$I_m = 4 I_d = 314 \ (A)$$

1.1.3 晶闸管的派生型器件

一、双向晶闸管（TRIAC）

双向晶闸管具有可控的双向导电特性，在交流调压、无触点交流开关、温度控制、灯光调节及交流电动机调速等领域应用广泛。

1. 双向晶闸管的结构与特性

双向晶闸管的外形与普通晶闸管类似，也有塑封型、螺栓型和平板型三种。它的内部是 NPNPN 五层结构，外引出三个端线，其名称分别为第 1 主电极 T1、第 2 主电极 T2 和门极 G。其中 P1N1P2N2 为正向晶闸管，P2N1P1N4 为反向晶闸管，故从特性上来看，双向晶闸管可等效看作是一对反向并联的普通晶闸管。双向晶闸管的内部结构、等效电路及图形符号如图 1-9 所示。

双向晶闸管具有正反向对称的伏安特性，如图 1-10 所示，其中第 I 象限为正向特性，第 III 象限为反向特性，正反两个方向均可由门极触发导通。

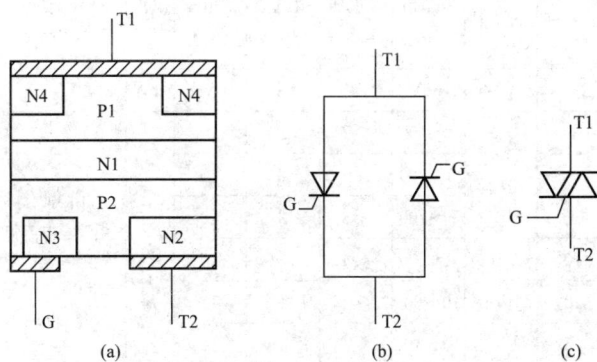

图 1-9 双向晶闸管
（a）内部结构；（b）等效电路；（c）图形符号

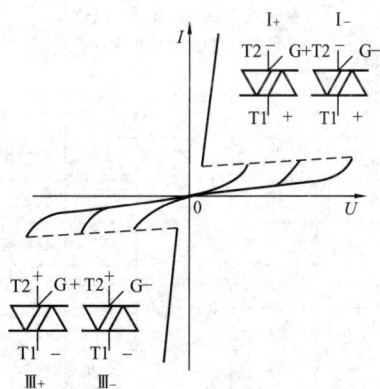

图 1-10 双向晶闸管的伏安特性

2. 双向晶闸管的触发方式

双向晶闸管的正反两个方向都能导通，门极触发电压也可正可负。主电压与触发电压相互配合，可得到 I+、I-、III+、III- 四种触发方式，见表 1-4。由表 1-4 可见，III+ 触发方式的灵敏度最低，所需的门极触发功率很大，使用时应尽量避免，常采用的触发方式为 I+ 和 III-。

表 1-4　　　　　　　　　　　　　双向晶闸管的触发方式

触发方式		T1 相对于 T2 极性	G 相对于 T2 极性	触发灵敏度（相对于 I+ 方式）
第Ⅰ象限	I+	+	+	1
	I-	+	-	近似 1/3
第Ⅲ象限	Ⅲ+	-	+	近似 1/4
	Ⅲ-	-	-	近似 1/2

3. 双向晶闸管的主要参数及型号

双向晶闸管的主要参数除额定电流以外，其他参数与普通晶闸管基本相同。由于双向晶闸管工作在交流电路中，所以它的额定电流是用有效值来表示的。其定义为：在标准散热条件下，当元件的单向导通角大于 170° 时，允许流过元件的最大正弦交流电流的有效值，用 $I_{T(RMS)}$ 表示。

双向晶闸管的额定电流与普通晶闸管的额定电流之间的换算关系为

$$I_{T(AV)} = \frac{\sqrt{2}}{\pi} I_{T(RMS)} = 0.45 I_{T(RMS)} \tag{1-9}$$

由式（1-9）可知，一个 100A 的双向晶闸管可用两个反并联的 45A 的普通晶闸管等效代替。

根据标准规定的国产双向晶闸管的型号定义，如：KS50-10-21 型表示为额定电流 50A，额定电压 10 级（1000V），断态电压临界上升率 du/dt 为 2 级（不小于 $200V/\mu s$），换向电流临界下降率 di/dt 为 1 级（不小于 $1\% I_{T(RMS)}$）的双向晶闸管。双向晶闸管的主要参数和分级规定见表 1-5。

表 1-5　　　　　　　　　　　　双向晶闸管主要参数和分级规定

参数 数值 / 型号	额定通态电流（有效值）$I_{T(RMS)}$	断态重复峰值电压（额定电压）U_{DRM}	断态重复峰值电流 I_{DRM}	额定结温 T_{im}	断态电压临界上升率 du/dt	通态电流临界上升率 di/dt	换相电流临界下降率 di/dt	门极触发电流 I_{GT}	门极触发电压 U_{GT}	门极峰值电流 I_{GM}	门极峰值电压 U_{GM}	维持电流 I_H	通态平均电压 $U_{T(AV)}$
	A	V	mA	℃	V/μs	A/μs	A/μs	mA	V	A	V	mA	V
KS1	1	100~200	<1	115	≥20	—	≥0.2% $I_{T(RMS)}$	3~100	≤2	0.3	10	实测值	上限值各厂由浪涌电流和结温的合格型式试验决定并满足 $\mid U_{T1} - U_{T2} \mid$ ≤0.5V
KS10	10		<10	115	≥20			5~100	≤3	2	10		
KS20	20		<10	115	≥20			5~200	≤3	2	10		
KS50	50		<15	115	≥20	10		8~200	≤4	3	10		
KS100	100		<20	115	≥50	10		10~300	≤4	4	12		
KS200	200		<20	115	≥50	15		10~400	≤4	4	12		
KS400	400		<25	115	≥50	30		20~400	≤4	4	12		
KS500	500		<25	115	≥50	30		20~400	≤4	4	12		

断态电压临界上升率分级规定				
等级	0.2	0.5	2	5
du/dt(V/μs)	20	50	200	500

换向电流临界下降率分级规定			
等级	0.2	0.5	1
di/dt_C(A/μs)	≥0.2% $I_{T(RMS)}$	≥0.5% $I_{T(RMS)}$	≥1% $I_{T(RMS)}$

双向晶闸管在使用时必须注意以下几个问题：

（1）不能承受较大的电压变化率，因此很难用于感性负载。

（2）门极触发灵敏度较低，需较大的门极触发功率。

（3）关断时间较长，换向能力较差，因而只能用于低频场合。

二、逆导晶闸管（RCT）

逆导晶闸管是将一个晶闸管与一个二极管反并联后制作在同一硅片上而构成的集成器件，具有正向可控导通和反向导通特性。逆导晶闸管的等效电路、图形符号和伏安特性如图 1-11 所示。

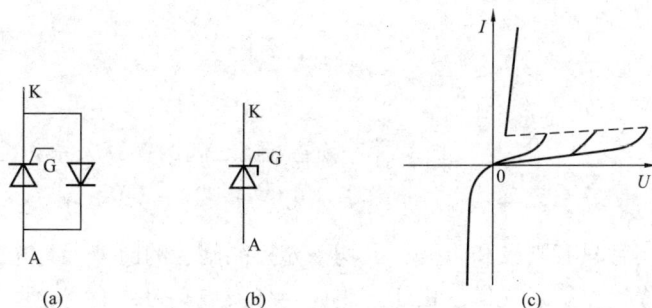

图 1-11 逆导晶闸管
(a) 等效电路；(b) 图形符号；(c) 伏安特性

与普通晶闸管比较，逆导晶闸管具有正向压降小、关断时间短、高温特性好、额定结温高等特点，可用于不需要阻断反向电压的电路中。在线路中使用逆导晶闸管可使元件数目减少、配线简单、体积减小、质量减轻以及成本降低。

逆导晶闸管的额定电流用分数表示，分子表示晶闸管电流，分母表示整流二极管电流，如 300A/200A，300A/150A，两者比值应依据应用要求而定，一般为 1～3。

三、快速晶闸管（FST）

快速晶闸管是专为提高工作频率、缩短开关时间而采用特殊工艺制造的器件，有常规的快速晶闸管和工作频率更高的高频晶闸管两种，可分别应用于 400Hz 和 10kHz 以上的斩波或逆变电路中。

快速晶闸管的外形、符号、结构及伏安特性与普通晶闸管完全相同。与普通晶闸管比较，快速晶闸管主要有以下几个特点：

（1）开关时间短，一般开通时间为 1～2μs，关断时间为几微秒至几十微秒。

（2）开关损耗小。

（3）有较高的电流上升率和电压上升率，通态电流临界上升率 $di/dt \geq 100A/\mu s$，断态电压临界上升率 $du/dt \geq 100V/\mu s$。

（4）工作频率高，允许使用频率的范围在几十赫至几千赫。

四、光控晶闸管（LTT）

光控晶闸管又称为光触发晶闸管，是一种利用光信号来代替电信号触发导通的特殊晶闸管。它与普通晶闸管的不同之处在于其门极区集成了一个光电二极管，在光的照射下，光电二极管的漏电流增加成为门极触发电流而使晶闸管导通。光控晶闸管的图形符号和伏安特性如图 1-12 所示。光控晶闸管的参数与普通晶闸管类同，只是触发参数特殊，与光功率和光谱范围有关。

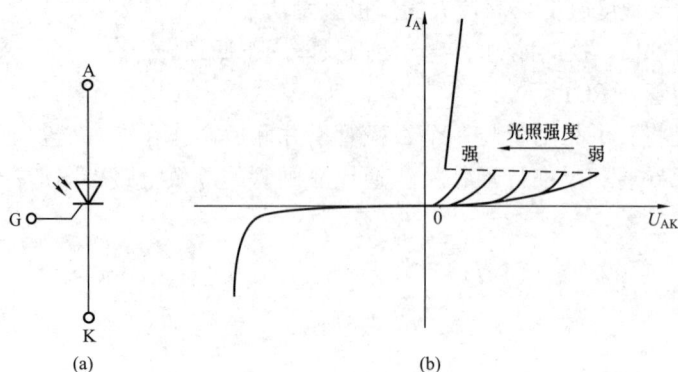

图 1-12　光控晶闸管
(a) 图形符号；(b) 伏安特性

　　小功率光控晶闸管只有阳极和阴极，大功率光控晶闸管的门极带有光缆，光缆上有发光二极管或半导体激光器作触发光源。由于主电路与触发电路之间有光电隔离，因此绝缘性能好，可避免电磁干扰。目前，光控晶闸管在高压直流输电和高压核聚变装置中得到广泛应用。

1.2　典型全控型电力电子器件

　　随着现代科学的进步与发展，信息电子技术与电力电子技术在各自发展的基础上相结合产生了新一代高频化、全控型的功率集成器件，从而使电力电子技术又跨入了一个崭新时代。门极可关断晶闸管、电力晶体管、电力场效应管和绝缘栅双极晶体管便是全控型电力电子器件的典型代表。

1.2.1　门极可关断晶闸管

　　门极可关断晶闸管简称 GTO（Gate Turn-off Thyristor）。它具有普通晶闸管的全部优点，如耐压高、电流大、控制功率小、使用方便和价格低等，同时它又具有自关断能力，即在门极正脉冲电流触发下导通，在门极负脉冲电流触发下关断。与普通晶闸管比较，门极可关断晶闸管在质量、效率及可靠性等方面有一定的优势，是一种应用广泛的大功率全控型器件。

一、GTO 的结构和工作原理

　　GTO 的内部结构与普通晶闸管相似，都是 PNPN 四层（PNPN）三端（阳极 A、阴极 K、门极 G）器件。图 1-13 所示为 GTO 的内部结构示意图、等效电路及图形符号。

　　GTO 的触发导通原理与普通晶闸管完全相同，但关断机理不同。由于 GTO 采用了特殊的制造工艺，使管子在导通后处于临界饱和状态（普通晶闸管导通后处于深饱和状态），从而在门极负脉冲电流触发下能很快退出临界饱和而迅速关断。

二、GTO 的特性和主要参数

1. 阳极伏安特性

GTO 的阳极伏安特性与普通晶闸管相同，如图 1-14 所示。

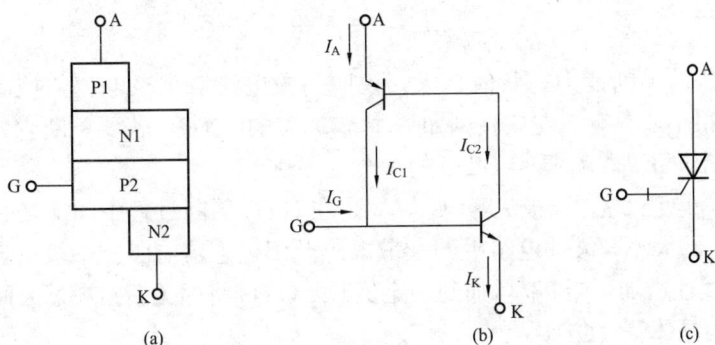

图 1-13 GTO 内部结构示意图、等效电路及图形符号

(a) 内部结构示意图；(b) 等效电路；(c) 图形符号

2. 动态特性

图 1-15 所示为 GTO 在开通和关断过程中门极电流 i_G 和阳极电流 i_A 的波形。由图可见，GTO 的开通时间 t_{on} 由延迟时间 t_d 和上升时间 t_r 组成，即 $t_{on}=t_d+t_r$。关断过程分为储存时间 t_s、下降时间 t_f 和尾部时间 t_t。关断时间 t_{off} 是指储存时间 t_s 与下降时间 t_f 之和，不包括尾部时间 t_t，即 $t_{off}=t_s+t_f$。

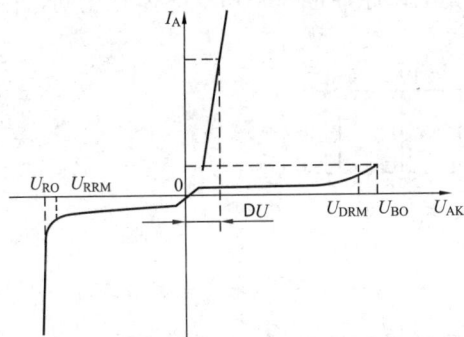

图 1-14 GTO 的阳极伏安特性

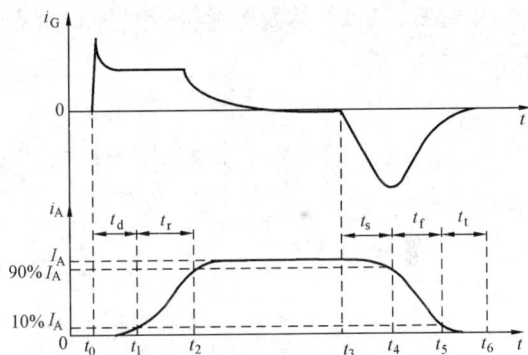

图 1-15 GTO 的开通和关断过程电流波形

GTO 的开通时间取决于元件的特性、门极电流上升率以及门极脉冲幅值的大小。一般 t_d 为 $1\sim2\mu s$，t_r 则随 I_A 的增大而增大。关断时间主要由 t_s 决定，门极负脉冲电流幅值越大，前沿越陡，抽走储存载流子的速度越快，t_s 就越短，关断时间也就越短。一般 t_s 小于 $2\mu s$。

3. 主要参数

GTO 的基本参数大多与普通晶闸管相同，不同的主要参数说明如下：

(1) 最大可关断阳极电流 I_{ATO}。最大可关断阳极电流 I_{ATO} 指通过门极关断 GTO 时，可以关断管子的阳极电流最大值。GTO 的阳极电流允许值受两方面因素的限制：一是额定工作结温；二是关断失败，因为阳极电流过大，GTO 便由临界饱和进入到深度饱和状态，从而导致门极关断失败。所以，通常将最大可关断阳极电流 I_{ATO} 作为 GTO 的额定电流。

(2) 关断增益 β_{off}。关断增益 β_{off} 为最大可关断阳极电流 I_{ATO} 与门极负电流最大值 I_{GM} 之比，即

$$\beta_{\text{off}} = \frac{I_{\text{ATO}}}{|I_{\text{GM}}|} \qquad\qquad (1-10)$$

β_{off}反映 GTO 的关断能力，其值越大，说明门极电流对阳极电流的控制能力越强。但 GTO 的 β_{off} 一般很小，只有 5 左右。例如一个 1000A 的 GTO，若要关断它，则门极负电流的幅值约需 200A。可见，β_{off}低是 GTO 的一个主要缺点。

（3）阳极尖峰电压 U_{P}。阳极尖峰电压 U_{P} 是在 GTO 关断过程中的下降时间 t_{f} 尾部出现的极值电压。U_{P} 的大小与缓冲电路中的杂散电感及阳极电流有关。阳极电流增加时，尖峰电压 U_{P} 几乎呈线性增加，当 U_{P} 增加到一定值时，GTO 将因关断损耗过大而导致损坏。

1.2.2　电力晶体管（GTR）

电力晶体管简称 GTR（Giant Transistor），是一种双极型大功率高反压晶体管，具有自关断能力，可通过基极电流信号对器件进行通断控制，属于电流控制型器件。它具有控制方便、开关时间短、通态压降低、高频特性好、价格低廉等优点，广泛应用于交流电动机调速、不间断电源、中频电源以及家用电器等中小容量的变流装置中。

一、GTR 的结构和工作原理

电力晶体管与小功率晶体管一样也有 NPN 和 PNP 两种类型。目前常用的电力晶体管有单管 GTR、达林顿 GTR 和 GTR 模块三大系列。

1. 单管 GTR

单管 GTR 的结构及图形符号如图 1-16 所示，其工作原理也与小功率晶体管相同，在此不再赘述。

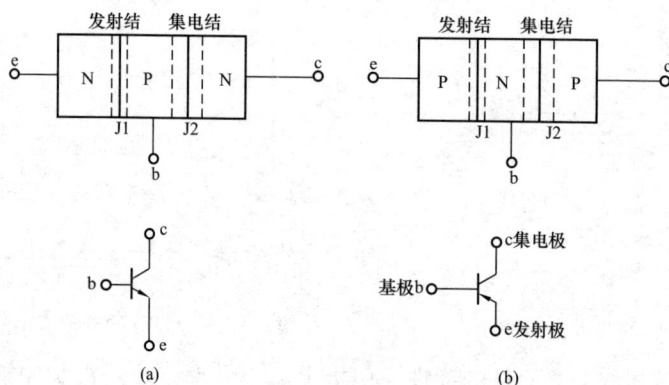

图 1-16　单管 GTR 的结构及图形符号

（a）NPN 型；（b）PNP 型

GTR 常用的是 NPN 型，其工作在正偏（$I_{\text{B}}>0$）时大电流导通，反偏（$I_{\text{B}}<0$）时处于截止状态。在应用中 GTR 一般作为功率开关使用，对其要求与小功率晶体管有所不同，主要是足够大的容量（大电流、高电压）、适当的增益、较高的开关速度和较低的功率损耗等。为满足这些要求，在 GTR 的制造过程中采取了特殊措施，如扩大结片面积，采用特殊形状的管芯图形、精细结构等制造工艺。

2. 达林顿 GTR

由于受结构特点的限制，单管 GTR 的电流增益较低，通常只有 10 倍左右，这将给基极驱动电路造成过重负担。而采用达林顿结构是提高 GTR 电流增益的一种有效方式，同时还可带来降低基极驱动功率、扩宽应用的功率范围等好处。

达林顿 GTR 由两个或两个以上晶体管复合而成，既可以是 NPN 型，也可以是 PNP 型，其管型及引脚由驱动管 V1 来决定。如图 1 - 17 （a）所示，V1 为驱动管，V2 为输出管。可以推知，电流增益 $\beta \approx \beta_1 \beta_2$，显然达林顿 GTR 的电流增益大大提高了。

达林顿结构虽然提高了电流增益，但饱和压降增加（$U_{CES} = U_{CES1} + U_{BES2}$），并且开关速度较慢。开关速度慢的主要原因是：无论 GTR 是开通或是关断，总是驱动管先动作，而后才是输出管动作，导致开关时间较长。实用达林顿 GTR 电路如图 1 - 17 （b）所示，它是将达林顿结构的 GTR，稳定电阻 R_1、R_2，加速二极管 VD1 和续流二极管 VD2 等制作在一起而构成的。图中，R_1 和 R_2 提供反向电流通路，以提高复合管的温度稳定性；加速二极管 VD1 的作用是在输入信号反向关断 GTR 时，反向驱动信号经 VD1 迅速加到 V2 基极，加速了 V2 的关断过程，从而提高开关速度。

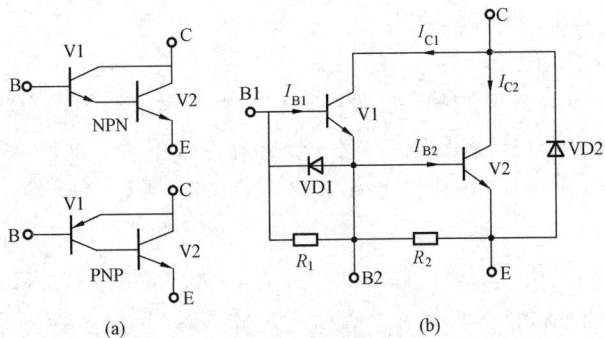

图 1 - 17　达林顿 GTR

（a）NPN、PNP 型结构；（b）实用达林顿 GTR 电路图

3. GTR 模块

目前作为大功率开关应用最多的是 GTR 模块。它将一个实用达林顿电路作为一个单元，然后根据不同用途将几个单元组装在一个管壳内或集成制作在同一硅片上构成 GTR 模块。一个 GTR 模块的内部有一单元结构、二单元结构、四单元结构和六单元结构等。图 1 - 18 （a）所示为二单元结构，它由两只三级实用达林顿电路构成，为改善器件的开关过程和并联使用方便，各晶体管的基极均有引线引出。图 1 - 18 （b）～（e）所示为简化的不同单元结构 GTR 模块。例如，利用一个四单元模块可很方便地构成单相桥式电路，利用一个六单元模块可很方便地构成三相桥式电路。

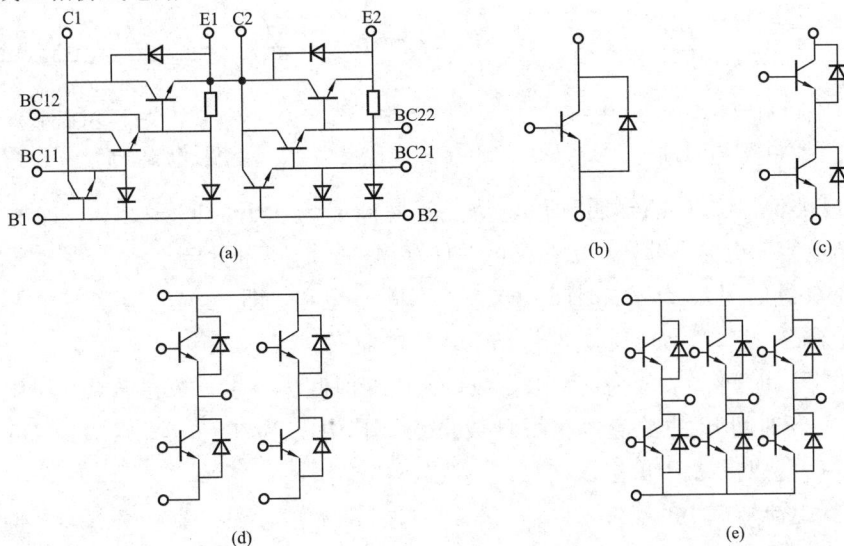

图 1 - 18　GTR 模块及内部简化结构

（a）GTR 模块；（b）一单元模块；（c）二单元模块；（d）四单元模块；（e）六单元模块

二、GTR 的特性

1. 静态特性

在 GTR 的静态特性中，仅分析共射电路的输出特性。图 1-19 所示为典型双极型晶体管的集电极输出特性，它一般可分为截止区（Ⅰ）、放大区（Ⅱ）、准饱和区（Ⅲ）和深饱和区（Ⅳ）四个区域。在截止区内，GTR 承受高电压，仅有极小的漏电流流过；在放大区内，I_C 与 I_B 呈线性关系；在准饱和区内，曲线开始弯曲，I_C 与 I_B 呈非线性关系；在深饱和区内，饱和管压降 U_{CES} 很低，且 I_B 增大时，I_C 不再继续增大。GTR 作为开关使用时，应稳定工作在截止区和饱和区。由于达林顿 GTR 由多管复合而成，不能进入深饱和区，故其饱和管压降较大。

2. 动态特性

动态特性用来描述 GTR 的开关过程，又称为开关特性。图 1-20 所示为 GTR 开关过程中的基极和集电极电流波形图。

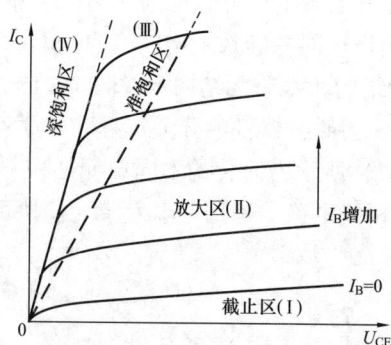

图 1-19　典型双极型晶体管的
集电极输出特性

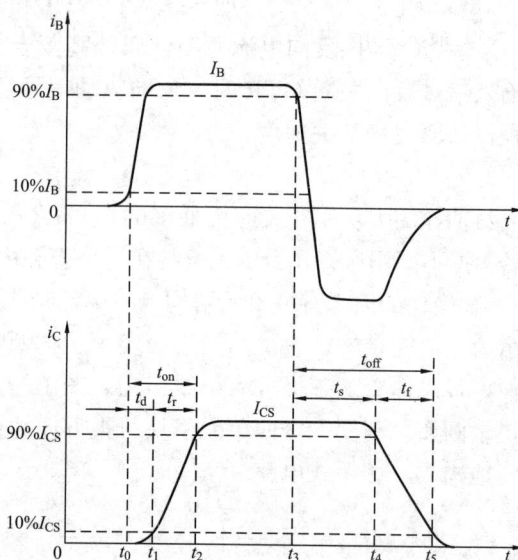

图 1-20　GTR 开关过程中的基极和
集电极电流波形图

与 GTO 类似，GTR 的开通时间 t_{on} 为延迟时间 t_d 与上升时间 t_r 之和，即 $t_{on}=t_d+t_r$，其中 t_d 由结电容充电而引起，t_r 由基区电荷储存需一定时间而引起。

GTR 的关断时间 t_{off} 为存储时间 t_s 与下降时间 t_f 之和，即 $t_{off}=t_s+t_f$，其中 t_s 由抽走基区过剩载流子需一定时间而引起，t_f 由结电容放电而引起。

GTR 的开通时间 t_{on} 一般为纳秒数量级，比关断时间少得多，故在产品手册中一般不给出该参数。关断时间 t_{off} 的数值约为微秒数量级，其中 t_s 为 $3\sim8\mu s$，t_f 大约 $1\mu s$。为缩短 GTR 的开关时间以提高工作速度，可以采取以下措施：

（1）选择电流增益小的器件；

（2）防止深饱和；

（3）增加反向驱动电流。

三、GTR 的主要参数

(1) 电压定额。①集基极反向击穿电压 BU_{CBO}，是指发射极开路时集基极所能够承受的最高电压。②集射极反向击穿电压 BU_{CEO}，是指基极开路时集射极所能够承受的最高电压。

电压定额反映了 GTR 的耐压能力。若所施加的电压超过这些规定值时，就会发生 GTR 的击穿现象。为确保安全，实际应用时的最高工作电压 U_{TM} 应低于 BU_{CEO}，一般取

$$U_{TM} = (1/3 \sim 1/2) BU_{CEO} \tag{1-11}$$

(2) 电流定额。①集电极电流最大值 I_{CM}，规定 I_{CM} 为 β 值下降到额定值的 $1/3 \sim 1/2$ 时的 I_C 值。②基极电流最大值 I_{BM}，规定为内引线允许流过的最大基极电流，通常取 $I_{BM} = (1/6 \sim 1/2) I_{CM}$。

(3) 最高结温额定值 T_{jM}。T_{jM} 是指在正常工作时不损坏器件所允许的最高结温，它由器件所用的材料、制造工艺、封装质量及可靠性等因素决定。一般情况下，塑料封装硅管 T_{jM} 为 $125 \sim 150℃$，金属封装硅管 T_{jM} 为 $150 \sim 170℃$，高可靠平面管 T_{jM} 为 $175 \sim 200℃$。

(4) 最大耗散功率 P_{CM}。P_{CM} 是指 GTR 在最高允许结温时所消耗的功率，它受结温的限制，其大小为集电极工作电压与集电极电流的乘积。由于这部分能量将转化为热能并使 GTR 发热，故使用时应采取必要的散热措施。

四、GTR 的二次击穿和安全工作区

实际使用中，GTR 允许的功耗不仅由 P_{CM} 决定，还要受二次击穿功率的限制。实践表明，二次击穿是影响 GTR 安全使用和可靠工作的一个重要因素。

当集电极电压 U_{CE} 逐渐增加至 BU_{CEO} 时集电极电流 I_C 将急剧增大，这是一次击穿现象。发生一次击穿时，只要外接限流电阻合适，一般不会引起 GTR 的损坏。但一次击穿出现后如不加限制地让 I_C 继续增加，则伴随着 I_C 增大的同时 U_{CE} 陡然下降，出现负阻效应，这种现象称为二次击穿。二次击穿发生后，在极短的时间内会在器件内部出现明显的电流集中和过热点，将可能导致元件的永久性损坏。图 1-21 所示为 GTR 的二次击穿特性，不同条件下二次击穿特性曲线转折点的轨迹成为二次击穿功率 $P_{S/B}$ 的限制线，如图中虚线所示，转折点处对应的电流即出现负阻现象时的电流称为二次击穿电流 $I_{S/B}$。

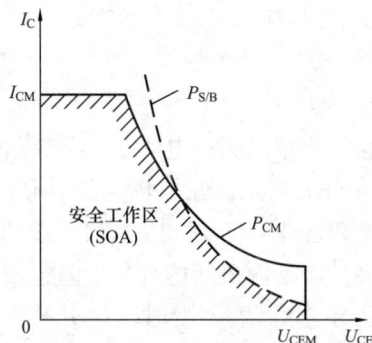

GTR 能够安全运行的范围称为安全工作区（SOA）。它由 GTR 的极限参数 U_{CEM}、I_{CM}、P_{CM} 及二次击穿功率 $P_{S/B}$ 共同构成，如图 1-22 所示。

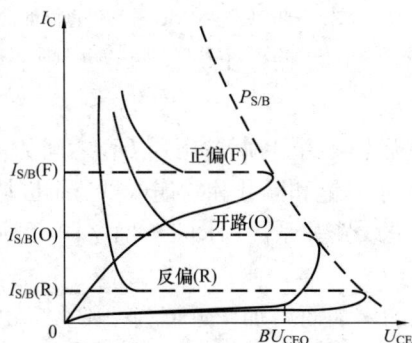

图 1-21 GTR 的二次击穿特性　　　　图 1-22 GTR 的安全工作区

1.2.3　电力场效应晶体管（Power MOSFET）

电力场效应晶体管简称电力 MOSFET，也称为功率 MOSFET（或 Power MOSFET、P‑MOSFET）。它是一种单极型电压控制器件，具有输入阻抗高、驱动功率小、控制电路简单、工作频率高、热稳定性好、无二次击穿问题、安全工作区宽等优点。但其电压、电流容量较小，且通态损耗较大，常应用于高频中小功率的电力电子装置中。

一、电力 MOSFET 的结构和工作原理

电力 MOSFET 有 N 沟道和 P 沟道两种类型，图形符号如图 1‑23 所示。它有栅极 G、源极 S 和漏极 D 三个电极。由于结构上的特殊性，在电力 MOSFET 的内部存在一个寄生二极管，使其无反向阻断能力，相当于一个逆导器件。图 1‑23 中的虚线所示即为寄生二极管。

电力 MOSFET 的工作原理与小功率 MOSFET 管基本相同。以 N 沟道增强型 MOSFET 为例，当栅源极之间加上正向电压 U_{GS}，且 U_{GS} 大于一定数值时，MOSFET 内部形成导电沟道，产生漏极电流 I_D，器件导通；反之，当栅源极之间加上反向电压时，沟道消失，器件关断。

漏极电流的大小受栅源电压 U_{GS} 的控制，U_{GS} 越大，则漏极电流 I_D 也越大，故电力 MOSFET 为电压控制器件。

二、电力 MOSFET 的特性和参数

1. 转移特性

转移特性是指在一定的漏源电压 U_{DS} 下，电力 MOSFET 的漏极电流 I_D 与栅源电压 U_{GS} 之间的关系曲线，如图 1‑24（a）所示。该特性用来表征电力 MOSFET 栅源电压 U_{GS} 对漏极电流 I_D 的控制能力。图中，U_T 称为开启电压（阈值电压），即只有当 $U_{GS}>U_T$ 时，器件才可导通。

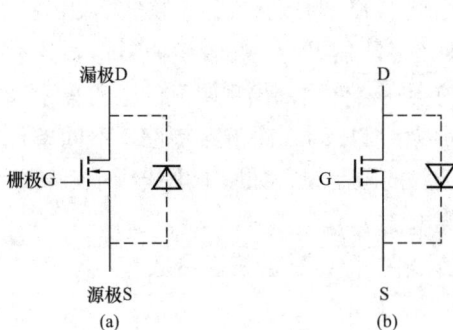

图 1‑23　电力 MOSFET 的图形符号
（a）N 沟道；（b）P 沟道

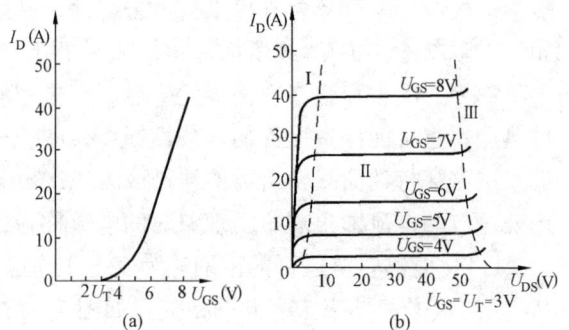

图 1‑24　电力 MOSFET 的特性曲线
（a）转移特性；（b）输出特性

2. 输出特性

输出特性是指以栅源电压 U_{GS} 为参变量，漏极电流 I_D 与漏源电压 U_{DS} 之间的关系曲线，如图 1‑24（b）所示。输出特性分为可变电阻区 I、饱和区 II 和雪崩区 III 三个区域。

可变电阻区 I：U_{GS} 一定时，I_D 与 U_{DS} 基本呈线性关系。由图 1‑24（b）可见，U_{GS} 越大，曲线越陡，漏源极间的等效电阻也就越小。

饱和区 II：当 U_{GS} 不变时，I_D 几乎不随 U_{DS} 的增加而增加，近似为一常数。电力 MOS-FET 用作线性放大时应工作在该区。

雪崩区 III：当 U_{DS} 加到某一数值时，使漏极 PN 结发生雪崩击穿，漏极电流 I_D 急剧增

加，将造成器件的损坏。使用时应避免出现这种情况。

3. 开关特性

电力 MOSFET 的开关时间很短，它的开通和关断过程仅受其极间电容影响，与电容的充放电有关。电力 MOSFET 的开关特性如图 1-25 所示。图中 u_P 为栅极驱动信号，u_{GS} 为栅源电压，i_D 为漏极电流。当 u_P 前沿到来时，栅极输入电容 $C_{in}(C_{in}=C_{GS}+C_{GD})$ 有一个充电过程，使栅源电压 u_{GS} 只能按指数规律上升，当 $u_{GS}=U_T$ 时，开始形成导电沟道，出现漏极电流 i_D，这段时间称为开通延迟时间 t_d。之后，i_D 随 u_{GS} 的增大而增加，u_{GS} 从 U_T 上升到使 i_D 达到稳态值所需时间称为上升时间 t_r。故电力 MOSFET 的开通时间 $t_{on}=t_d+t_r$。

当 u_P 下降到零后，器件开始进入关断过程，电容 C_{in} 通过驱动信号源内阻 R_S 和栅极电阻 R_G 开始放电，使 u_{GS} 按指数规律下降，当下降到 U_{GSP} 时，i_D 才开始减小，这段时间称为关断延迟时间 t_s。此后，C_{in} 继续放电，u_{GS} 继续下降，i_D 减小，当 $u_{GS}<U_T$ 时沟道消失，$i_D=0$。i_D 从稳态值下降到零所需时间称为下降时间 t_f。故电力 MOSFET 的关断时间 $t_{off}=t_s+t_f$。

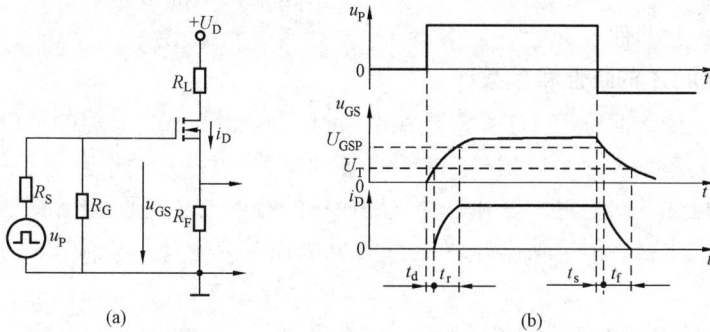

图 1-25　电力 MOSFET 的开关特性
（a）测试电路；（b）开关过程的电压波形

显然，输入电容 C_{in} 的充放电时间常数是影响电力 MOSFET 开关速度的主要因素。使用时可降低驱动信号源内阻，使栅极回路的充放电时间常数减小，从而缩短开关时间，提高开关速度。电力 MOSFET 的工作频率可达 100kHz 以上。

尽管电力 MOSFET 的栅极绝缘，输入阻抗很高，稳态时栅极电流几乎为零，但在开关状态下，驱动信号要给输入电容 C_{in} 提供充电电流，因此驱动电路仍需提供一定的功率，且开关频率越高，驱动功率就越大。

4. 主要参数

(1) 通态电阻 R_{on}。在确定的 U_{GS} 下，电力 MOSFET 由可变电阻区进入饱和区时的漏源极间直流电阻称为通态电阻。它是影响最大输出功率的重要参数。

在相同条件下，耐压等级越高的器件通态电阻越大，且器件的通态压降越大，通态损耗也越大。

(2) 开启电压 U_T。转移特性曲线与横坐标交点处的电压值即为开启电压 U_T，又称为阈值电压。当 $U_{GS}>U_T$ 时，器件导通。开启电压 U_T 一般为 2~4V。

(3) 跨导 g_m。跨导 g_m 定义为

$$g_m = \frac{\Delta I_D}{\Delta U_{GS}} \tag{1-12}$$

g_m 大小用来表征 U_{GS} 对 I_D 的控制能力。

（4）漏源击穿电压 BU_{DS}。BU_{DS} 决定了器件的最高工作电压，是为了避免器件进入雪崩区而设定的极限参数。

（5）栅源击穿电压 BU_{GS}。BU_{GS} 是为了防止绝缘栅层因栅源电压过高发生介质电击穿而设定的参数，其极限值一般为 $\pm 20\text{V}$。

（6）最大漏极电流 I_{DM}。I_{DM} 是表征器件电流容量的参数。

（7）极间电容。电力 MOSFET 的极间电容包括 C_{GS}、C_{GD} 和 C_{DS}。其中 C_{GS} 和 C_{GD} 是由器件结构中的绝缘层形成的；C_{DS} 是由 PN 结形成的。图 1-26 所示为电力 MOSFET 极间电容的等效电路。器件生产厂家通常提供的是输入电容 C_{in}、输出电容 C_{out} 和反馈电容 C_f，它们与各极间电容之间的关系为

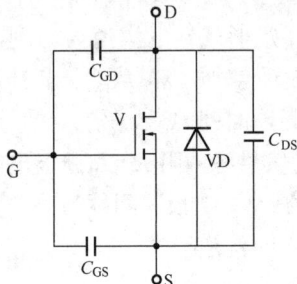

图 1-26　电力 MOSFET 极间电容的等效电路

$$C_{in} = C_{GS} + C_{GD} \tag{1-13}$$
$$C_{out} = C_{DS} + C_{GD} \tag{1-14}$$
$$C_f = C_{GD} \tag{1-15}$$

1.2.4　绝缘栅双极晶体管（IGBT）

绝缘栅双极晶体管简称 IGBT。它是在 20 世纪 80 年代中期出现的，以电力 MOSFET 为基础发展起来的新型多元集成器件。它将 MOSFET 和 GTR 的优点集于一体，既有输入阻抗高、工作速度快、热稳定性好和驱动电路简单的特点，又有通态压降低、耐压高和承受电流大等优点，在电机控制、中频电源、开关电源以及要求快速、低损耗的领域应用极为广泛。

一、IGBT 的结构和工作原理

从结构上来看，IGBT 是以 GTR 为主导元件，以 MOSFET 为驱动元件的达林顿结构的复合器件。它有集电极 C、栅极 G 和发射极 E 三个电极。图 1-27 所示为 N 沟道 IGBT 的等效电路及图形符号。

IGBT 是一种电压控制器件，它的开通与关断由栅射极间电压 U_{GE} 决定。当 U_{GE} 为正且大于开启电压 $U_{GE(th)}$ 时，MOSFET 内形成导电沟道，并为 PNP 晶体管提供基极电流，使 IGBT 导通，由于管子导通后会在其内部产生一定的电导调制作用，使基区等效电阻 R_{dr} 减小，使得高耐压的 IGBT 也具有很低的通态压降。当 U_{GE} 为负时，MOSFET 内的导电沟道消失，PNP 晶体管的基极电流被切断，使 IGBT 关断。

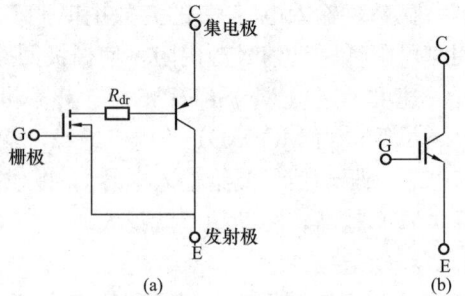

图 1-27　N 沟道 IGBT 的等效电路及图形符号
（a）等效电路；（b）图形符号

二、IGBT 的特性和参数

1. IGBT 的静态特性

IGBT 的静态特性包括转移特性及输出特性。

IGBT 的转移特性是指集电极电流 I_C 与栅射电压 U_{GE} 之间的关系曲线，如图 1-28（a）所示。它与电力 MOSFET 的转移特性相似。当 $U_{GE} < U_{GE(th)}$ 时，IGBT 处于阻断状态；当 $U_{GE} > U_{GE(th)}$ 时，IGBT 开始导通，此后 I_C 与 U_{GE} 基本呈线性关系。

IGBT 的输出特性是指以栅射电压 U_{GE} 为参变量时，集电极电流 I_C 和集射电压 U_{CE} 之间的关系曲线，如图 1-28（b）所示。它与 GTR 的输出特性相似，所不同之处在于集电极电流 I_C 受栅射电压 U_{GE} 控制，U_{GE} 越高则 I_C 越大。输出特性曲线可分为正向阻断区、饱和区和有源区三个区域。作为开关器件 IGBT 应避免工作在有源区（线性放大），否则将会增大 IGBT 的损耗。必须说明的是，IGBT 承受反压的能力很差，其反向阻断电压 U_{RM} 只有几十伏，因此限制了它在需要承受高反压场合的应用。

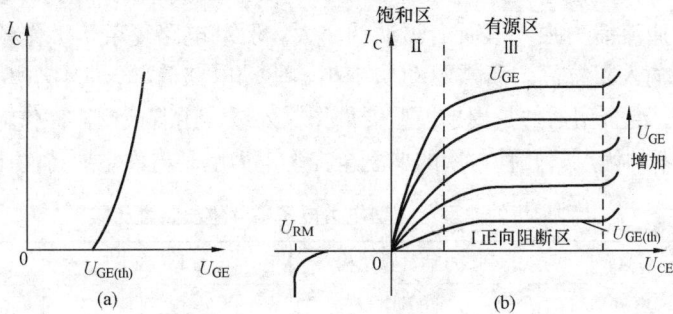

图 1-28 IGBT 的特性曲线
（a）转移特性；（b）输出特性

2. IGBT 的动态特性

IGBT 的动态特性也称开关特性，包括开通和关断两部分，如图 1-29 所示。

IGBT 的开通过程是从正向阻断状态到正向导通状态的过程，其开通时间 t_{on} 由开通延迟时间 $t_{d(on)}$ 和电流上升时间 t_r 两部分组成。开通时间通常约为 $0.5 \sim 1.2 \mu s$。在开通过程中，大部分时间是作为 MOSFET 来运行的，只是在集射电压 u_{CE} 下降过程后期，PNP 晶体管由放大区至饱和区，又增加了一段延缓时间，使集射电压波形变为两段 t_{fu1} 和 t_{fu2}。

IGBT 的关断过程是从正向导通状态转换到正向阻断状态的过程，其关断时间 t_{off} 由关断延迟时间 $t_{d(off)}$ 和电流下降时间 t_f 两部分组成。关断时间通常约为 $0.55 \sim 1.5 \mu s$。在关断过程的 t_f 内，集电极电流波形分为 t_{fi1} 和 t_{fi2} 两段，t_{fi1} 对应 IGBT 内部 MOSFET 的关断过程，t_{fi2} 对应 IGBT 内部 PNP 晶体管的关断过程。

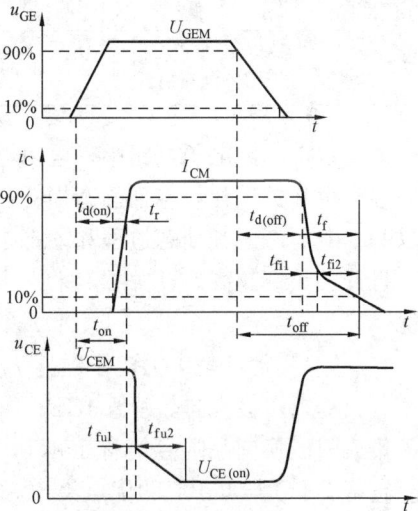

图 1-29 IGBT 的动态特性

3. IGBT 的主要参数

（1）集射极击穿电压 BU_{CES}，是指栅射极短路时 IGBT 能承受的最大集射电压。该参数规定了 IGBT 的最高工作电压，其大小取决于 IGBT 内部 PNP 晶体管的击穿电压值。

（2）开启电压 $U_{GE(th)}$，是指转移特性与横坐标交点处的电压值，是 IGBT 导通的最低栅射电压。在 25℃ 条件下，$U_{GE(th)}$ 一般为 2～6V。

（3）最大栅射极电压U_{GES}，是指栅射极之间的电压额定值。一般U_{GES}应限制在±20V以内，最佳值为15V左右。

（4）集电极额定电流I_C，是指集电极允许流过的最大连续电流。I_C表征了IGBT的电流容量，其大小主要受结温的限制。

（5）通态压降$U_{CE(on)}$，是指IGBT处于导通状态时集射极之间的管压降。它决定了IGBT的通态损耗，此值越小，管子的功率损耗越小。$U_{CE(on)}$一般为2.5～3.5V。

以上介绍了几种典型的全控型电力电子器件，其中双极型器件的共同特点是通态压降低，通态损耗小，通流能力强，但所需驱动功率大，驱动电路复杂，工作频率较低。单极型器件的共同特点是输入阻抗高，所需驱动功率小，驱动电路简单，工作频率高，但通态压降大，通流能力较差。混合型器件是用单极型器件作输入级，用双极型器件作输出级混合集成而成，因而兼备了两者的优点。几种常用的典型全控型电力电子器件主要特性比较见表1-6。

表1-6 几种常用的典型全控型电力电子器件主要特性比较

主要特性	GTO	GTR（达林顿结构）	电力 MOSFET	IGBT
驱动方式	电流	电流	电压	电压
输入阻抗	低	低	高	高
驱动功率	大	大	小	小
导电方式	双极型	双极型	单极型	混合型
通态压降	低	低	高	低
开关速度	10～40μs	≤10μs	0.1～0.5μs	1～2μs
工作频率	低	中	最高（100kHz以上）	高
容量	6000A/6500V 5000A/4500V	1000A/1800V	150A/1000V 30A/1500V	1000A/4500V 1800A/2500V

另外，在电力电子电路中，电力电子器件是作为开关元件使用的，在开关过程中不可避免地会产生开关损耗，包括静态损耗和动态损耗两类。在低频工作时，静态损耗是主要的，可以基本上不考虑其动态过程和动态损耗；但在高频工作时，动态过程和动态损耗则不容忽视，且开关频率越高，开关损耗将会越大，故在高频工作时应采用软开关技术来降低开关损耗。

1.2.5 其他新型电力电子器件
一、集成门极换向晶闸管 IGCT

集成门极换向晶闸管简称IGCT，是20世纪90年代后期出现的一种新型电力电子器件。它将GTO与IGBT的优点集于一体，即兼顾了晶体管的稳定的关断能力和晶闸管的低通态损耗的特性。IGCT是以GTO为基础，将GTO芯片与反并联二极管和门极驱动电路集成在一起，再与门极驱动器在外围以低电感方式连接。其容量与GTO相当，而开关速度比GTO快10倍，且还可以省去GTO应用时庞大而复杂的缓冲电路，只不过工作时所需的驱动功率仍很大。

1. IGCT 的结构和工作原理

IGCT的结构与GTO相似，也是四层三端器件，它的内部由成千个门极换向晶闸管GCT组成，阳极和门极共用，而阴极并联在一起。其图形符号如图1-30所示。

IGCT 是将门极换向晶闸管 GCT 与门极驱动电路集成于一体形成的，所以其工作原理主要取决于 GCT 的工作过程。GCT 的导通机理与 GTO 一样，在强烈正反馈作用下迅速饱和导通，具有携带电流能力强和通态压降低的特点。当门极电压反偏时，通过器件的全部电流瞬间（1μs）从门极抽走，即阳极电流很快由阴极转移（或换向）至门极，使器件瞬间从导通状态转变为阻断状态（而 GTO 在导通状态向阻断状态转换时有一过渡过程）。由此可见，GCT 在导通时发挥晶闸管的性能，可与晶闸管等效；关断时呈现晶体管的特性，其阻断状态下的等效电路可看成是一个基极开路的低增益 PNP 晶体管与门极电源的串联。IGCT 在导通与阻断两种状态下的等效电路如图 1-31 所示。

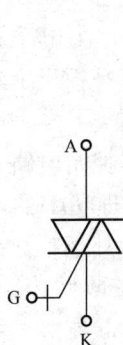

图 1-30　IGCT 的图形符号　　　　图 1-31　IGCT 在导通与阻断两种状态下的等效电路

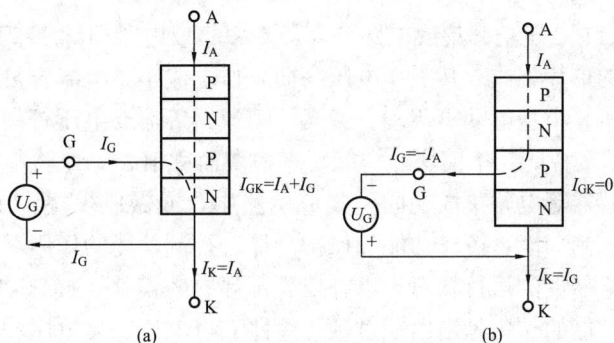

（a）导通状态；（b）阻断状态

2. IGCT 的特点

IGCT 的主要特点为：

（1）高阻断电压。

（2）大导通电流。

（3）低导通压降。

（4）可忽略不计的开关损耗。

（5）很短的关断时间（小于 3μs）。

与普通 GTO 相比，IGCT 的关断时间降低了 30%，功耗降低了 40%，不需要吸收电路，可以像 GTO 那样导通，像 IGBT 那样关断，并且具有最低的功率损耗，在使用时只需将它连接到一个 20V 的电源和一根光纤上就可以控制它的开通和关断。另外，由于它的关断时间很短，器件之间关断时间的差异很小，故可方便地将 IGCT 进行串并联使用。同时，由于 IGCT 设计理想，使得 IGCT 的开通损耗可以忽略不计，再加上它的低导通损耗，使得它可以在以往大功率半导体器件所无法满足的高频率下运行。因此，IGCT 的应用前景极好。目前，IGCT 已经商品化，ABB 公司制造的 IGCT 产品的最高性能参数为 4.5kV/4kA，最高研制水平为 6kV/4kA。

二、功率模块与功率集成电路

1. 功率模块

功率模块就是把各种电力电子器件的管芯按一定的电路连接后再封装在一个外壳内构成，如 1.2.2 节中所介绍的 GTR 模块。由于模块式电力电子器件具有体积小、质量轻、结构紧凑、可靠性及通用性强、便于维修等特点，且多个模块可以同时安装在装置接地的外壳上或装在接地的同一散热器上，从而大大简化了电路的结构，缩小了装置的体积，因此受到普遍重视。目前除有商品化的 GTR 模块外，还有整流管、普通晶闸管、双向晶闸管、电力MOSFET 及 IGBT 等功率模块。

2. 功率集成电路

功率集成电路简称为 PIC，是电力电子技术与微电子技术相结合的产物。它将电力电子器件按一定的电路拓扑，与逻辑、控制、保护、传感、自诊断等信息电子电路集成在同一芯片上制成，也称为功率组件。目前 PIC 可分为高压功率集成电路、智能功率模块和功率专用集成电路等三类。

（1）高压功率集成电路。高压功率集成电路简称 HVIC，是高耐压电力电子器件与控制电路的单片集成。其工作电压高而工作电流小，电流容量较低，常用于平板显示驱动、电话交换机、小型电动机驱动、荧光灯镇流器等需要电压较高的场合。

（2）智能功率模块。智能功率模块简称 IPM，是将电力电子器件与控制电路、保护电路及传感器等电路集成在同一集成电路中，或做成模块。IPM 除具有处理功率的能力外，还具有控制功能、接口功能和保护功能。控制功能的作用是自动检测某些外部参数并相应地调整功率器件的运行状态，以补偿外部参数的偏移；接口功能的作用是接收并传输控制信号；保护功能的作用是当出现过载、短路、过电压、欠电压和过热等非正常状态时，能测取相关的信号并能自动调整保护，使功率器件能工作在安全区范围内。由于高度集成化，结构紧凑，减少了分布参数及保护延时带来的问题，故 IPM 特别适用于电力电子技术高频化的发展需要。IPM 具有高可靠性及使用方便等优点，使其占有越来越大的市场份额，应用范围也越来越广泛，如军事、汽车电子、电动机控制、开关电源、办公自动化（OA）以及消耗类电子产品等领域。

（3）功率专用集成电路。功率专用集成电路简称 SIC，是专为某种特殊用途而设计制造的功率集成电路。SIC 的种类繁多，有智能功率开关、无刷直流电动机专用 PIC、步进电动机控制集成电路、单片桥式驱动器、单片三相逆变器等。

其他新型电力电子器件还有静电感应晶体管（SIT）、静电感应晶闸管（SITH）、MOS控制晶闸管（MCT）等，限于篇幅，这里不再一一赘述，读者可参阅有关书籍。

1.3　电力电子器件的驱动

驱动电路是控制电路与主电路之间的接口，是电力电子器件应用的重要环节，对整个电力电子装置的性能有很大的影响。采用性能良好的驱动电路，可使电力电子器件工作在较理想的开关状态，缩短开关时间，减小开关损耗，对装置的运行效率、可靠性和安全性都具有重要的意义。

驱动电路的基本任务就是将信息电子电路传来的信号按照其控制目标的要求，转换为加在电力电子器件控制端和公共端之间，可以使其开通或关断的信号。对半控型器件只需提供开通控制信号，对全控型器件则既要提供开通控制信号，又要提供关断控制信号，以保证器件按要求可靠导通或关断。

根据具体电路结构形式的不同，驱动电路可分为分立元件构成的驱动电路和集成驱动电路。目前，市场上已有许多适合于各种器件和各类用途的专用集成驱动电路，它们能很好地起到隔离（防止信号的反向传输）、扩大驱动输出能力作用，提高了线路的可靠性。

电力电子器件根据加在控制端与公共端之间信号的性质不同，分为电流驱动型和电压驱动型两大类。晶闸管为电流驱动型，但是它属于半控型器件，其驱动电路常称为触发电路，这部分内容将在第 3 章介绍。本节主要针对典型的全控型电力电子器件 GTO、GTR 和电力 MOSFET、IGBT，并按电流驱动型和电压驱动型两大类简要介绍它们的驱动电路。

1.3.1 电流驱动型器件的驱动电路

一、GTO 的驱动电路

由 1.2.1 节可知，GTO 的开通与关断条件为：正门极电流开通及负门极电流关断。由于 GTO 的开通过程与普通晶闸管基本相同，所以门极控制技术的关键在于关断。影响关断的主要因素有阳极电流的大小、负载的性质、工作频率、关断控制信号波形、缓冲电路、温度等。理想的 GTO 门极驱动信号电流波形如图 1-32 所示，其中驱动电流波形的上升沿陡度、波形的宽度和幅度及下降沿的陡度等应满足图示要求，这对 GTO 的特性有很大影响。

GTO 的门极驱动电路包括门极开通电路、门极关断电路和门极反偏电路三部分。

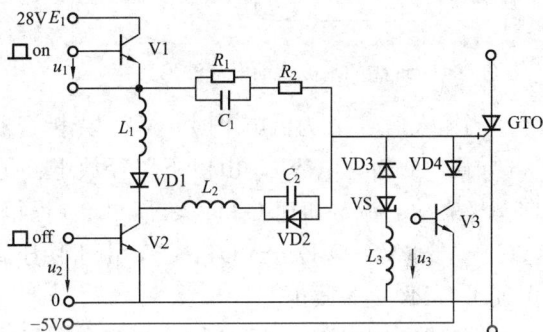

图 1-33 所示为一种典型的 GTO 驱动电路，它包括门极开通、门极关断及门极反偏等环节，其中 u_1 是 GTO 的开通信号，u_2 是关断信号，u_3 是反偏控制信号。

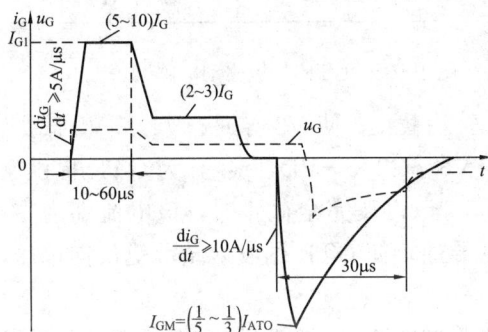

图 1-32　理想的 GTO 门极驱动信号电流波形　　　　图 1-33　典型的 GTO 驱动电路

当 $u_1>0$（即输入开通信号）时，V1 导通，电源 E_1 经 V1、R_1（C_1）、R_2 给 GTO 提供正向门极电流使 GTO 导通，同时 E_1 经 L_1、VD1、L_2 向电容 C_2 振荡充电，为关断 GTO 做好准备。

当 $u_2>0$（即输入关断信号）时，V2 导通，C_2 经 L_2、V2 及 GTO 门极放电，产生反向关断电流，使 GTO 关断。GTO 关断之后，L_2 中的电流改由 V2、L_3、VS、VD4 中流过，形成较缓慢的脉冲后沿，保持关断电流必要的脉宽。

在 GTO 关断时，加入 u_3 使 V3 导通，此时 VD4、V3 构成支路，使 GTO 门极加有 $-5V$ 的偏置电压，以增加关断的可靠性。

二、GTR 的驱动电路

GTR 基极驱动电路的作用是将控制电路输出的控制信号放大到足以保证 GTR 能可靠地导通或关断。基极驱动电路一般应有以下基本要求：

（1）提供合适的正反向基极电流，以保证 GTR 能可靠导通与关断。

（2）实现主电路与控制电路之间的电气隔离，以保证电路安全并提高抗干扰能力。

（3）应具有自动快速保护功能。

理想的基极驱动电流波形如图 1-34 所示。其前沿要陡且幅值足够（I_{B1}），以缩短开通时间，降低开通损耗。导通后，基极电流应相应减小（I_{B2}），以使 GTR 工作在准饱和状态。关断时应加足够大的反向基极电流（I_{B3}），迅速释放基区存储电荷，以缩短关断时间，减少关断损耗。

图 1-35 所示为具有负偏压、能防止过饱和的基极驱动电路。当输入信号 u_i 为高电平时，V1、光耦合器及 V2 均导通，使 V3 截止、V4 和 V5 导通、V6 截止，电源电压 V_{CC} 经 V5、加速电容 C_2 及 R_5 向 GTR 提供基极电流，GTR 导通。此时，电容 C_2 上充有左正右负的电压，其大小由电源电压和 R_4、R_5 阻值的比值决定。

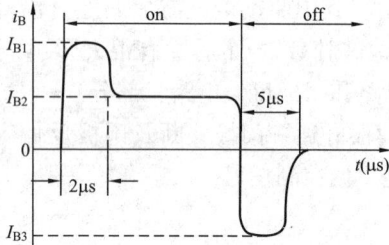

图 1-34　理想的基极驱动电流波形

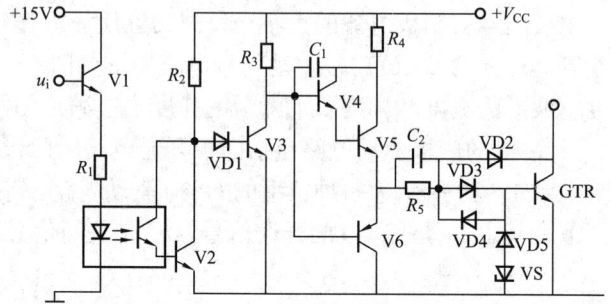

图 1-35　GTR 基极驱动电路

当输入信号 u_i 为低电平时，V1、光耦合器及 V2 均截止，使 V3 导通、V4 和 V5 截止、V6 导通，此时，电容 C_2 由以下路径放电：①C_2→V6→GTR→VD4→C_2，为 GTR 提供反向基极驱动电流，加速 GTR 关断，此过程很短暂，当 GTR 完全截止时，该电流即为零；②C_2→V6→VS→VD5→VD4→C_2，由于稳压管 VS 导通，使 GTR 的发射结承受反向偏压，保证了 GTR 可靠截止。

该电路中由 VD2、VD3 构成抗饱和电路（贝克箝位电路）。当 GTR 过饱和使集电极电位低于基极电位时，VD2 导通，将基极电流分流，从而减小 GTR 的饱和深度，使 GTR 导通时始终处于准饱和状态。

目前，GTR 专用集成驱动电路芯片系列较多，常用的有法国 THOMSON 公司生产的 UAA4002 芯片。它不仅简化了基极驱动电路，提高了基极驱动电路的集成度、可靠性和快速性，而且还具有丰富的保护功能，使 GTR 工作在自身可保护的准饱和状态下。

1.3.2　电压驱动型器件的驱动电路

一、电力 MOSFET 的驱动电路

电力 MOSFET 是单极型电压控制器件，没有少数载流子的存储效应，且其输入阻抗很高，只需对输入电容充、放电，故驱动功率较小，驱动电路简单。

对电力 MOSFET 的栅极驱动电路的要求是：

（1）触发脉冲的前后沿要陡。

（2）栅极充放电回路的电阻值要小，以提高电力 MOSFET 的开关速度。

（3）触发脉冲电压应大于开启电压，以保证电力 MOSFET 能可靠开通。

（4）在截止时应提供负栅源电压，以防止电力 MOSFET 误导通。

（5）工作时不能超过栅极电压最大值（一般为±20V），否则会造成栅极击穿，元件损坏。

图1-36所示为光电隔离式电力MOSFET的栅极驱动电路。光耦合器B导通时，V3随之导通，并向V1提供基极电流，使V1导通、V2截止，电源V_{CC}经电阻R_5向电力MOSFET的栅极输入电容充电，使电力MOSFET开通。当光耦合器B截止时，V3随之截止，切断V1基极电流，使V1截止、V2导通，将电力MOSFET的栅极接地，迫使其关断。图中，光耦合器接成射极输出，VD1、VD2构成贝克箝位电路，电容C、VD3构成加速网络，这些措施的实现弥补了光耦合器响应速度慢的缺陷，从而大大提高了开关速度。

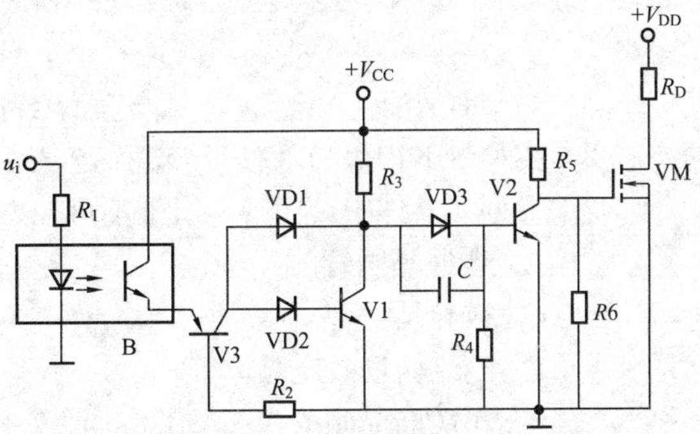

图1-36 光电隔离式电力MOSFET的栅极驱动电路

现在，已有很多可以用来直接驱动电力MOSFET的集成芯片，如美国国际整流公司的IR2110、IR2115、IR2130，日本富士电机公司的FA5310、FA5311，TOSHIBA公司的TLP250等，使用非常方便。

二、IGBT的驱动电路

IGBT是以GTR为主导元件，以MOSFET为驱动元件的复合结构器件。其栅极输入特性与MOSFET基本相同，故与电力MOSFET一样，要求驱动功率小、驱动电路简单。

根据IGBT的基本特性，对驱动电路的要求如下：

（1）触发脉冲的前后沿要陡，且幅值要足够。一般$+U_{GE}$为$+12\sim +15V$，$-U_{GE}$为$-10\sim -5V$。

（2）IGBT开通后，应提供足够的功率，使IGBT在正常工作及过载时不致退出饱和而损坏。

（3）应有合理的栅极电阻R_G。一般小容量的IGBT选取的R_G值较大，取值范围为$1\sim 400\Omega$。

（4）应有较强的抗干扰能力及对IGBT的自保护功能。

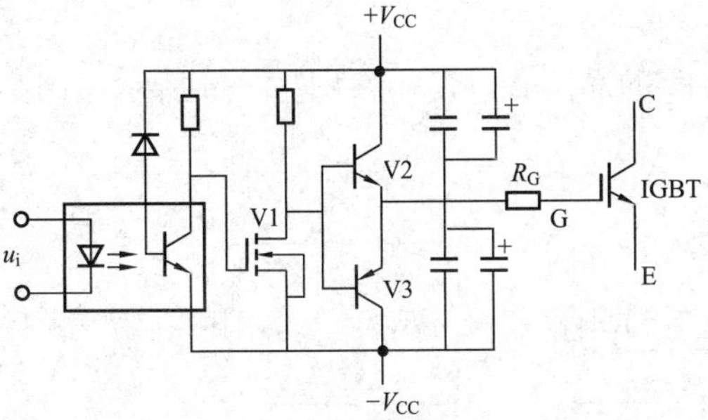

图1-37 采用光耦合器件隔离的
IGBT栅极驱动电路

采用光耦合器件隔离的IGBT栅极驱动电路如图1-37所示。当u_i为高电平时，光耦合器导通，MOS管V1截止，V2导通、V3截止，$+V_{CC}$经V2向IGBT栅极提供驱动电流，使IGBT导通。当u_i为低电平时，光耦合器截止，V1导通、V2截止、V3导通，$-V_{CC}$经V3向IGBT栅极提供反向电流，使IGBT关断。

实际使用中，IGBT的驱动多采用专用的混合集成驱动电路，如日本富士公司的EXB系列、三菱公司的M579系列，美国摩托罗拉公司的 MPD 系列等。这些专用驱动电路具有抗干扰能力强、集成化程度高、工作速度快、保护功能完善等优点，均能实现 IGBT 的最优驱动。

习　　　题

1-1　晶闸管具有＿＿＿＿＿＿＿导电特性。

1-2　在型号 KP10-12G 中，数字 10 表示＿＿＿＿，数字 12 表示＿＿＿＿。

1-3　下列元器件中，＿＿＿属于不可控型，＿＿＿属于全控型，＿＿＿属于半控型。

A. 普通晶闸管　　　　　　　　　　B. 整流二极管

C. 逆导晶闸管　　　　　　　　　　D. 大功率晶体管

E. 绝缘栅场效应晶体管　　　　　　F. 双向晶闸管

G. 可关断晶闸管　　　　　　　　　H. 绝缘栅极双极型晶体管

1-4　测得某元件 $U_{DRM}=840V$，$U_{RRM}=980V$，则该元件的额定电压为＿＿ V，相应的电压等级为＿＿级。

1-5　什么是电力电子技术？电力变换有哪四种基本类型？

1-6　常用的电力电子器件有哪些种类？

1-7　晶闸管的导通条件是什么？导通后流过晶闸管的电流和负载上的电压各取决于什么？

1-8　晶闸管的关断条件是什么？如何实现？晶闸管阻断时其两端电压由什么决定？

1-9　图 1-38 中阴影部分表示流过晶闸管的电流波形，设各波形的峰值均为 I_m，试计算各图中的电流平均值和电流有效值。

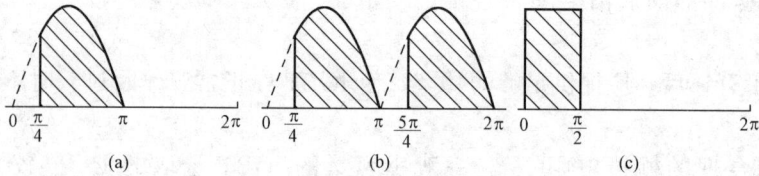

图 1-38　习题 1-9 图

1-10　习题 1-9 中，如果不考虑安全裕量，问 100A 的晶闸管允许通过的平均电流各为多少？

1-11　型号 KP100-3、维持电流 $I_H=3mA$ 的晶闸管，使用在图 1-39 所示电路中是否合理，为什么？（不考虑电压、电流裕量）

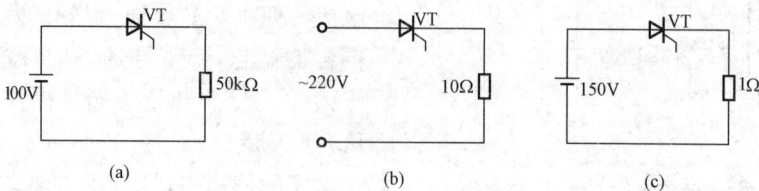

图 1-39　习题 1-11 图

1-12　说明型号 KP200-8E 代表的意义。

1-13　画出图 1-40 所示电路中负载电阻 R_d 上电压 u_d 的波形图。

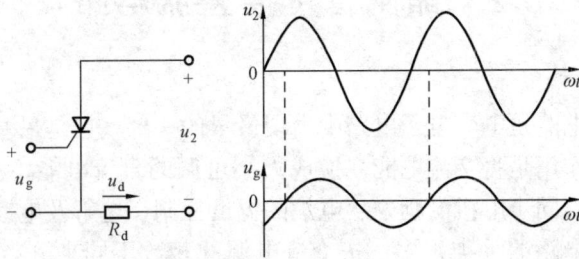

图 1-40　习题 1-13 图

1-14　用万用表怎样区分晶闸管的阳极 A、阴极 K 和门极 G？判别晶闸管的好坏有哪些简单实用的方法？

1-15　双向晶闸管有哪几种触发方式？使用时要注意什么问题？

1-16　额定电流为 100A 的两只普通晶闸管反并联，可用额定电流为多大的双向晶闸管等效代替？

1-17　说明 GTO 的开通和关断原理。它与普通晶闸管相比较有何不同？

1-18　什么叫 GTR 的一次击穿、二次击穿？有什么后果？

1-19　试说明 GTR 与电力 MOSFET 各自的优缺点。

1-20　IGBT 具有哪些特点？

1-21　IGCT 具有哪些特点？

1-22　全控型电力电子器件 GTO、GTR、电力 MOSFET 和 IGBT，哪些属于电流驱动型，哪些属于电压驱动型？

1-23　GTR 对基极驱动电路有哪些基本要求？

1-24　电力 MOSFET 对栅极驱动电路有哪些基本要求？

1-25　IGBT 对栅极驱动电路有哪些基本要求？

1-26　驱动电路的隔离有什么作用？常用的驱动电路隔离方法有哪两种？

2　晶闸管可控整流电路

晶闸管可控整流电路是电力电子电路中出现最早的一种，也是最基本的、应用最广泛的电能变换电路。它的作用是将交流电能变换成大小可调的直流电能，为直流用电设备供电。如直流电动机的调速、同步电机的励磁、电炉的温度控制、电解及电镀电源等。

晶闸管可控整流电路的种类很多，按交流电源的相数不同来分有单相、三相和多相电路，按器件的类型不同来分有半控和全控电路，按电路结构不同来分有桥式和零式电路，按整流变压器绕组电流不同有半波和全波电路，按控制方式不同来分有相控式和斩控式电路等。

本章讲述几种最基本最常用的晶闸管相控整流电路，分析它们的工作原理、工作波形、推导基本电量关系，并研究晶闸管的过电压和过电流保护及其容量扩展问题。在学习过程中要注意，不同性质负载下电路的工作波形和工作特点有所不同，要正确地掌握电路的分析方法，这是本章的重点。

2.1　单相可控整流电路

2.1.1　单相半波可控整流电路

可控整流电路所带的负载性质主要有电阻性负载、电感性负载和反电动势负载三类。不同性质负载下电路的工作波形和工作特点有较大差异。本节主要介绍带电阻性负载和电感性负载时电路的工作情况。为突出主要矛盾，在分析电路时进行如下理想化假设：

（1）功率开关元件是理想的，即导通时通态压降为零，阻断时漏电流为零。

（2）变压器是理想的，即漏阻抗为零，内阻为零，励磁电流为零。

一、带电阻性负载的单相半波可控整流电路

电炉、电热器、电炊具、白炽灯以及电焊、电解、电镀等均属于电阻性负载。它有两个特点：其一，它是一个耗能元件；其二，负载两端的电压与通过负载的电流总是成正比关系，电压和电流的波形形状相同。

1. 电路组成

图 2-1（a）所示为单相半波带电阻性负载可控整流电路，它由整流变压器 TR、晶闸管 VT 和负载电阻 R_d 组成。图 2-1（a）中，u_1、u_2 分别为变压器一、二次侧电压瞬时值，u_d、i_d 分别为负载电压和负载电流（即整流输出电压和输出电流）瞬时值，u_T、i_T 分别为晶闸管两端电压和通过晶闸管的电流瞬时值；i_2 为变压器二次绕组电流瞬时值。

2. 工作原理及波形分析

设整流变压器二次侧电压瞬时值为

$$u_2 = \sqrt{2}U_2\sin\omega t$$

在 u_2 的正半周，晶闸管 VT 承受正向电压，但在 ωt_1 之前，由于未加触发脉冲 u_g，VT 处于正向阻断状态，负载电压 $u_d = 0$，u_2 全部施加于 VT 两端，使 $u_T = u_2$。在 ωt_1 时刻，

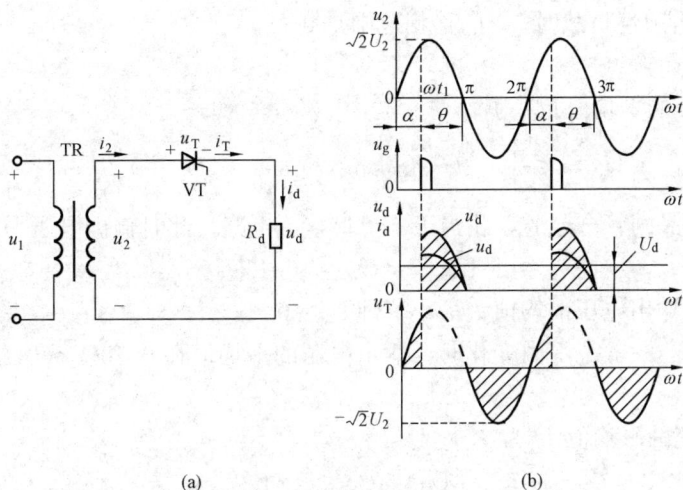

图 2-1 单相半波可控整流电路及工作波形

(a) 电路；(b) 工作波形

VT 被触发导通，若忽略 VT 导通时的管压降，则负载电压 $u_d = u_2$，而负载电流 $i_d = u_d / R_d$，因为二次绕组、晶闸管以及负载是串联的，所以 $i_d = i_T = i_2$。当 $\omega t = \pi$ 时，u_2 降为 0，相应的 u_d 和 i_d 也降为 0，使晶闸管自行关断。

在 u_2 的负半周，晶闸管 VT 始终承受反向电压，无论有无触发脉冲均工作在反向阻断状态，负载电压和负载电流均为 0，直到 u_2 的下一个周期再重复上述工作。工作波形如图 2-1（b）所示。表 2-1 列出了电阻性负载时各区间的工作情况。

表 2-1　　　　　　　　　　　　　电阻性负载时各区间的工作情况

ωt	$0 \sim \omega t_1$	$\omega t_1 \sim \pi$	$\pi \sim 2\pi$
晶闸管工作状态	正向阻断	导通	反向阻断
负载电压 u_d	0	u_2	0
晶闸管两端电压 u_T	u_2	0	u_2
电流 $i_d = i_T = i_2$	0	u_d / R_d	0

由工作波形可见，输入为正弦交流电压时，输出为极性不变的单向脉动直流电压。改变触发脉冲的加入时刻，即 u_g 的相位变化时，输出电压的平均值也随之改变，实现了可控整流。这种通过改变触发脉冲 u_g 的相位来调节输出电压的控制方式称为相位控制方式，简称为相控方式。

下面定义常用的几个基本概念：

（1）控制角 α：从晶闸管开始承受正向电压起到被触发导通之间的电角度称为控制角，亦称为触发延迟角或触发角，用 α 表示。如图 2-1（b）中 $0 \sim \omega t_1$ 期间所对应的电角度。

（2）导通角 θ：晶闸管在一个周期内的导通范围所对应的电角度称为导通角，用 θ 表示。如图 2-1（b）中 $\omega t_1 \sim \pi$ 期间所对应的电角度，可见，$\theta = \pi - \alpha$。

（3）移相：改变控制角 α 的大小，即改变触发脉冲 u_g 在每个周期出现的时刻（相位）称为移相。

（4）移相范围：一个周期内，控制角 α 的允许变化范围称为移相范围。显然，单相半波可控整流电路带电阻性负载时，α 的移相范围是 $0 \sim \pi$。

3. 基本电量计算

(1) 输出电压的平均值 U_d 为

$$U_d = \frac{1}{2\pi} \int_\alpha^\pi \sqrt{2} U_2 \sin\omega t \, \mathrm{d}(\omega t) = 0.45 U_2 \frac{1 + \cos\alpha}{2} \tag{2-1}$$

当 $\alpha = 0$ 时，晶闸管全导通，相当于不可控整流电路，此时输出电压平均值为最大，即

$$U_{d\max} = U_{d0} = 0.45 U_2 \tag{2-2}$$

当 $\alpha = \pi$ 时，输出电压平均值为最小，即 $U_d = 0$。

可见，当 α 在 $0 \sim \pi$ 范围内变化时，输出电压的平均值在 $0.45 U_2 \sim 0$ 之间连续可调，实现了可控整流。

(2) 输出电流的平均值 I_d 为

$$I_d = \frac{U_d}{R_d} = 0.45 \frac{U_2}{R_d} \frac{1 + \cos\alpha}{2} \tag{2-3}$$

(3) 输出电压有效值 U 和输出电流有效值 I。根据有效值定义，输出电压的有效值即方均根值为

$$U = \sqrt{\frac{1}{2\pi} \int_\alpha^\pi (\sqrt{2} U_2 \sin\omega t)^2 \, \mathrm{d}(\omega t)} = U_2 \sqrt{\frac{1}{4\pi} \sin 2\alpha + \frac{\pi - \alpha}{2\pi}} \tag{2-4}$$

电流有效值为

$$I = \frac{U}{R_d} = \frac{U_2}{R_d} \sqrt{\frac{1}{4\pi} \sin 2\alpha + \frac{\pi - \alpha}{2\pi}} \tag{2-5}$$

电流波形的波形系数 K_f 为

$$K_f = \frac{I}{I_d} = \frac{\sqrt{\pi \sin 2\alpha + 2\pi(\pi - \alpha)}}{\sqrt{2}(1 + \cos\alpha)} \tag{2-6}$$

表 2-2 列出了波形系数 K_f 与控制角 α 的关系。

表 2-2   波形系数 K_f 与控制角 α 的关系

控制角 α	0	$\pi/6$	$\pi/3$	$\pi/2$	$2\pi/3$	$5\pi/6$
$K_f = I/I_d$	1.57	1.66	1.88	2.22	2.78	3.99

由表 2-2 可见，α 增大时，波形系数 K_f 也增大，说明在同样的直流电流 I_d 下，相应的电流有效值也增大。

(4) 晶闸管电流的有效值 I_T 和晶闸管两端可能承受的最大正反向电压 U_{TM} 为

$$I_T = I \tag{2-7}$$

$$U_{TM} = \sqrt{2} U_2 \tag{2-8}$$

(5) 变压器二次绕组电流有效值 I_2 为

$$I_2 = I$$

(6) 功率因数 $\cos\varphi$ 为

$$\cos\varphi = \frac{P}{S} = \frac{UI}{U_2 I_2} = \frac{U}{U_2} = \sqrt{\frac{1}{4\pi} \sin 2\alpha + \frac{\pi - \alpha}{2\pi}} \tag{2-9}$$

式 (2-9) 表明，功率因数 $\cos\varphi$ 是 α 的函数，$\alpha = 0$ 时，$\cos\varphi$ 最大为 0.707。这说明，

尽管是电阻性负载，电源的功率因数也达不到1，而且 α 越大，$\cos\varphi$ 越低，设备的利用率也越低。

【例2-1】 单相半波可控整流电路带电阻性负载，已知 $R_d=10\Omega$，由交流电网220V直接供电，要求控制角 α 在 $0°\sim180°$ 可移相。试求：

(1) $\alpha=60°$ 时，负载电压 U_d 和负载电流 I_d。

(2) 若导线允许的电流密度 $j=6A/mm^2$，计算连接负载的导线截面 S。

(3) 电阻性负载消耗的最大有功功率 P_R。

(4) 选择晶闸管的型号规格（考虑2倍安全裕量）。

解 (1) $\alpha=60°$ 时，由式（2-1）得到

$$U_d = 0.45U_2 \frac{1+\cos\alpha}{2} = 0.45 \times 220 \times \frac{1+\cos60°}{2} = 74.3 \text{ (V)}$$

$$I_d = U_d/R_d = 74.3/10 = 7.43 \text{ (A)}$$

(2) 计算导线截面、电阻功率、选择晶闸管额定电流时，均应以最大电流有效值考虑。因为控制角 α 在 $0°\sim180°$ 移相范围内，只有当 $\alpha=0°$ 时电压、电流为最大，故应以 $\alpha=0°$ 计算。在 $\alpha=0°$ 时

$$U_{dmax} = 0.45U_2 = 0.45 \times 220 = 99 \text{ (V)}$$

$$I_{dmax} = U_{dmax}/R_d = 99/10 = 9.9 \text{ (A)}$$

由式（2-6）知，$\alpha=0°$ 时，电流波形的波形系数 $K_f=1.57$，所以，负载电流的最大有效值为

$$I_M = K_f I_{dM} = 1.57 \times 9.9 = 15.5 \text{ (A)}$$

导线截面 S 的选择应考虑导线所允许通过的电流有效值应大于或等于实际最大电流有效值，即

$$Sj \geqslant I_M$$

故

$$S \geqslant \frac{I_M}{j} = \frac{15.5}{6} = 2.58 \text{ (mm}^2\text{)}$$

(3) 在 $\alpha=0°$ 时电阻消耗的功率也为最大，所以

$$P_R = I_M^2 R_d = 15.5^2 \times 10 = 2402 \text{ (W)} = 2.40 \text{ (kW)}$$

(4) 由式（2-8）知，晶闸管承受的最大正反向电压为

$$U_{TM} = \sqrt{2}U_2 = \sqrt{2} \times 220 = 311 \text{ (V)}$$

考虑2倍裕量，则晶闸管额定电压

$$U_{TN} = 2U_{TM} = 2 \times 311 = 622 \text{ (V)}$$

故应选700V的晶闸管。

晶闸管的额定电流为 $I_{T(AV)}$，其额定电流有效值为 $I_{TN}=1.57I_{T(AV)}$。晶闸管额定电流的选取原则是：所选晶闸管的额定电流有效值必须大于或等于实际电路中流过管子的最大电流有效值，即 $1.57I_{T(AV)} \geqslant I_M$，故 $I_{T(AV)} \geqslant I_M/1.57$，考虑2倍裕量，则晶闸管额定电流为

$$I_{T(AV)} = 2 \times \frac{I_M}{1.57} = 2 \times \frac{15.5}{1.57} = 19.7 \text{ (A)}$$

故选20A的晶闸管。所以，晶闸管的型号为 KP20-7 型。

二、带电感性负载的单相半波可控整流电路

在实际工业应用中，大功率整流电路给纯电阻负载供电的情况是很少有的，大多数是负载中既有电阻又有电感，当负载的感抗与电阻相比不可忽略时称为电感性负载，例如各种电机的励磁绕组、输出串接有平波电抗器的负载等。为便于分析，通常将其等效为电感与电阻的串联，如图2-2（a）所示。

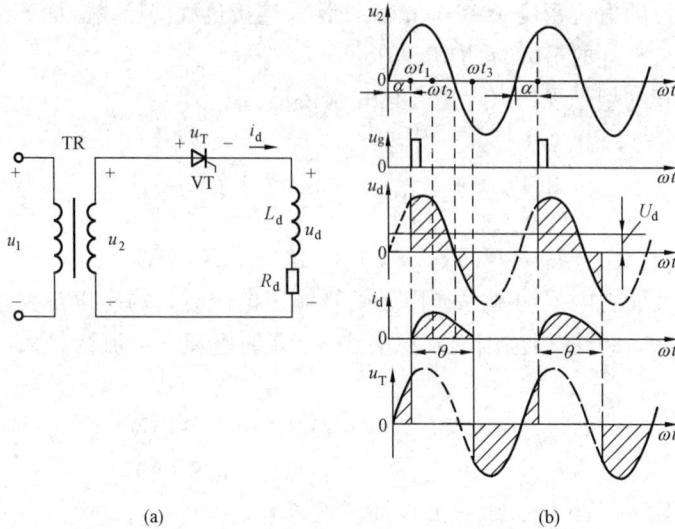

图2-2　带电感性负载的单相半波可控整流电路及工作波形
(a) 电路；(b) 工作波形

电感是储能元件，它有抗拒电流变化的作用。当通过电感的电流变化时，会在其两端产生感应电动势，用来阻碍电流的变化。如当电流增大时，感应电动势极性上正下负，以阻碍电流增大；当电流减小时，感应电动势极性上负下正，以阻碍电流减小，从而使得通过电感的电流不能突变。这是电感性负载的特点，也是理解带电感性负载的单相半波可控整流电路工作原理的关键。

1. 工作原理及波形分析

图2-2（b）所示为带电感性负载的单相半波可控整流电路工作波形。下面对其工作情况进行分段说明。

在 $0 \sim \omega t_1$ 期间，由于门极触发脉冲尚未出现，故晶闸管工作在正向阻断状态，负载电压及负载电流均为0，管子两端承受全部电源电压。

在 ωt_1 时刻加入触发脉冲，晶闸管被触发导通，使 $u_d = u_2$。由于电感 L_d 的作用，负载电流 i_d 只能从0开始上升，到 ωt_2 时电流达到最大值。随后电流 i_d 开始减小，L_d 中感应电动势改变极性（上负下正）阻碍电流减小，到 $\omega t = \pi$ 时刻 u_2 已降为0，但由于感应电动势作用使晶闸管仍承受正压而导通。在 $\pi \sim \omega t_3$ 期间，u_2 已过零变负，只要感应电动势大于 u_2 值，则晶闸管仍承受正压而继续导通，从而使 u_d 随 u_2 变化出现负值。

在 ωt_3 时刻，电感中感应电动势与 u_2 相等，使管子两端电压降为0，电流也下降到0，将晶闸管关断。此后，晶闸管开始承受反压而工作在反向阻断状态，负载电压及负载电流均为0，管子两端又承受全部电源电压，到 $\omega t = 2\pi$ 时结束一个周期的工作。

下一个周期重复上述工作过程。表2-3列出了电感性负载时各区间的工作情况。

表 2 - 3   电感性负载时各区间的工作情况

ωt		$0 \sim \omega t_1$	$\omega t_1 \sim \omega t_2$	$\omega t_2 \sim \pi$	$\pi \sim \omega t_3$	$\omega t_3 \sim 2\pi$
晶闸管工作状态		正向阻断	导通	导通	导通	反向阻断
电感	储能或释能	—	储能	释能	释能	—
	感应电动势极性	—	上正下负	上负下正	上负下正	—
u_d		0	u_2	u_2	u_2	0
$i_d = i_T = i_2$		0	增大	减小	减小	0
u_T		u_2	0	0	0	u_2

由工作波形可以看出，带电感性负载时由于有感应电动势作用，延迟了晶闸管的关断时间，使管子的导通角 θ 增大，u_d 波形出现负值，其结果使负载电压的平均值减小。电感 L_d 越大，储能越多，则导通角 θ 越大，u_d 波形中负值部分的面积也越大，负载电压的平均值就越小。当 $\omega L_d \gg R_d$ 时（大电感负载），晶闸管的导通角 $\theta \approx 2\pi - 2\alpha$，即不论 α 为何值，所得到的 u_d 波形正、负面积接近相等，使负载电压的平均值近似为 0，电路不能正常工作。

2. 接续流二极管时工作情况分析

单相半波可控整流电路带大电感负载时，要保证电路能正常工作的关键在于：在 u_2 过零变负时必须将晶闸管关断，使 u_d 波形不出现负值。方法是：在整流电路的输出端并联一个二极管 VD，如图 2 - 3（a）所示。由于该二极管可以在晶闸管关断时为负载电流继续流通提供通路，故称为续流二极管，简称为续流管。图 2 - 3（b）所示为电感性负载接续流二极管时的工作波形。

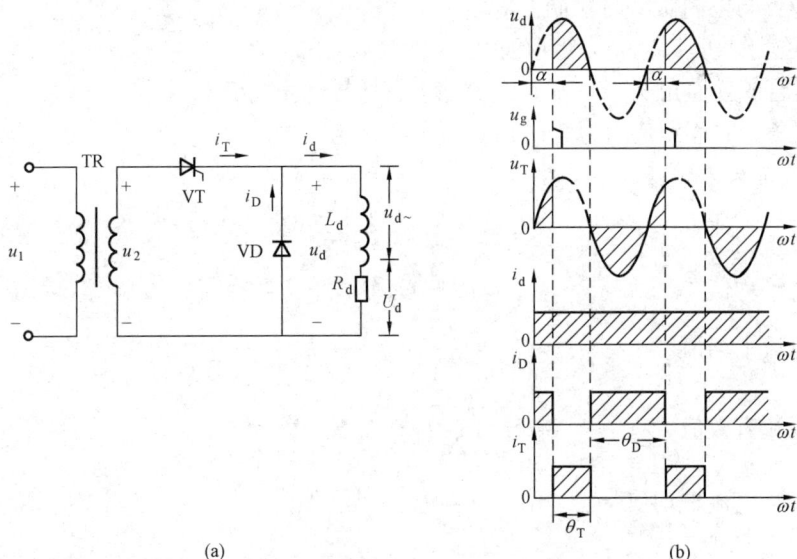

图 2 - 3   电感性负载接续流二极管时的电路及工作波形
(a) 电路；(b) 工作波形

在 u_2 正半周内触发晶闸管 VT 导通，此时 $u_d = u_2$，续流二极管 VD 承受反压而截止，不影响电路的正常工作，u_d 波形与不加 VD 时相同。当 u_2 过零变负时，续流管 VD 导通，此时已经反向的 u_2 经导通的 VD 使 VT 承受反压而关断，负载电流 i_d 改经续流管而继续流通。

续流期间，忽略 VD 的正向压降，则负载电压 $u_d \approx 0$，所以不会出现负电压。由图 2-3（b）的工作波形可见，加了续流二极管以后，负载电压 u_d 的波形与电阻负载时相同，而电流波形则完全不同。VT 导通时，负载电流 i_d 由电源供给；VT 关断后，i_d 经续流管形成回路，由续流电流维持。因此，负载电流 i_d 由两部分合成，即

$$i_d = i_T + i_D$$

若电感 L_d 足够大（$\omega L_d \gg R_d$），则在 VT 关断期间 VD 可持续导通，使 i_d 连续，i_d 波形近似为一条平行于横轴的直线，这样，i_T 与 i_D 的波形也近似为矩形波。

表 2-4 列出了电感性负载接续流二极管时各区间的工作情况（设 $\omega t = 0$ 时电路已处于稳态工作）。

表 2-4　　　　　　　　　　　　电感性负载接续流二极管时各区间的工作情况

ωt	$0 \sim \alpha$	$\alpha \sim \pi$	$\pi \sim 2\pi$	$2\pi \sim 2\pi + \alpha$
晶闸管工作状态	阻断	导通	阻断	阻断
续流管工作状态	导通（续流）	截止	导通（续流）	导通（续流）
u_d	0	u_2	0	0
i_d	I_d	I_d	I_d	I_d
i_T	0	I_d	0	0
i_D	I_d	0	I_d	I_d
u_T	u_2	0	u_2	u_2

综上所述，单相半波可控整流电路带大电感负载（$\omega L_d \gg R_d$）时，工作特点为：

（1）u_d 波形与电阻负载时相同。

（2）i_d 连续平直，i_T、i_D 为矩形波。

（3）晶闸管的导通角 $\theta_T = \pi - \alpha$，续流二极管的导通角 $\theta_D = \pi + \alpha$。

（4）控制角 α 的移相范围为 $0° \sim 180°$。

3. 接续流二极管时基本电量计算

输出电压平均值
$$U_d = 0.45U_2 \frac{1 + \cos\alpha}{2} \tag{2-10}$$

输出电流平均值
$$I_d = U_d / R_d \tag{2-11}$$

晶闸管电流平均值
$$I_{dT} = \frac{\theta_T}{2\pi} I_d = \frac{\pi - \alpha}{2\pi} I_d \tag{2-12}$$

晶闸管电流有效值
$$I_T = \sqrt{\frac{\theta_T}{2\pi}} I_d = \sqrt{\frac{\pi - \alpha}{2\pi}} I_d \tag{2-13}$$

续流二极管电流平均值
$$I_{dD} = \frac{\theta_D}{2\pi} I_d = \frac{\pi + \alpha}{2\pi} I_d \tag{2-14}$$

续流二极管电流有效值
$$I_D = \sqrt{\frac{\theta_D}{2\pi}} I_d = \sqrt{\frac{\pi + \alpha}{2\pi}} I_d \tag{2-15}$$

晶闸管和续流二极管承受的最大电压

$$U_{TM} = U_{DM} = \sqrt{2} U_2 \tag{2-16}$$

单相半波可控整流电路结构简单、调整方便，但输出电压脉动大，整流变压器利用率低，且变压器二次绕组中存在直流电流分量，将产生变压器铁心直流磁化现象，因此仅适用

于小容量，且对波形要求不高的场合。实际应用中，在中小容量的场合，大量采用的是单相桥式可控整流电路。

2.1.2　单相全控桥式整流电路

下面就三种不同的负载性质分别讨论电路的工作情况。

一、带电阻性负载的单相全控桥式整流电路

1. 电路组成

带电阻性负载的单相全控桥式整流电路如图 2-4（a）所示。图中，TR 为整流变压器。VT1～VT4 4 只晶闸管组成 4 个整流桥臂，其中 VT1 和 VT4 为一对桥臂，VT2 和 VT3 为另一对桥臂；VT1 和 VT2 阴极相连构成共阴接法组，VT3 和 VT4 阳极相连构成共阳接法组。

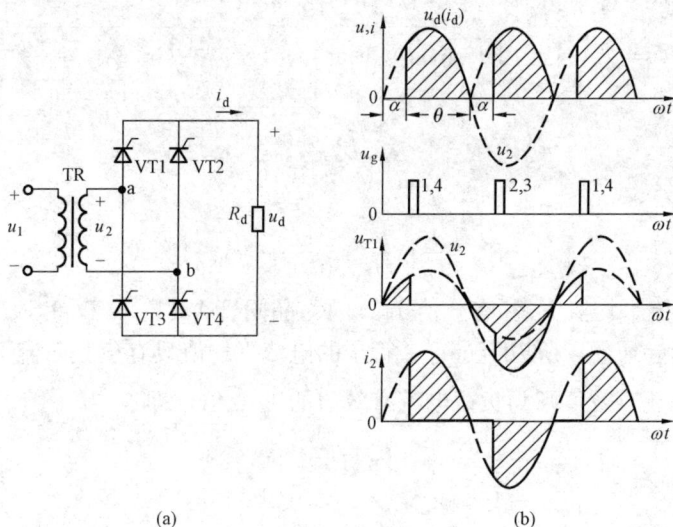

图 2-4　带电阻性负载的单相全控桥式整流电路及工作波形
(a) 电路；(b) 工作波形

2. 工作原理及波形分析

当 u_2 为正半周时（即 a 端为正，b 端为负），VT1 和 VT4 承受正压，在 $\omega t = \alpha$ 时刻触发 VT1 和 VT4 导通，电流 i_d 通路为

$$a \to VT1 \to R_d \to VT4 \to b$$

若忽略晶闸管的管压降，则负载电压 $u_d = u_{ab} = u_2$，在 u_2 正半周结束降为 0 时，u_d、i_d 也降为 0，使 VT1 和 VT4 自然关断。

当 u_2 为负半周时（即 b 端为正，a 端为负），VT2 和 VT3 承受正压，在 $\omega t = \pi + \alpha$ 时刻触发 VT2 和 VT3 导通，电流 i_d 通路为

$$b \to VT2 \to R_d \to VT3 \to a$$

此时，负载电压 $u_d = u_{ba} = -u_2$，在 u_2 负半周结束过 0 时，u_d、i_d 也为 0，使 VT2 和 VT3 自然关断。

下一个周期重复上述工作过程。

图 2-4（b）所示为带电阻性负载时电路的工作波形，其中 VT1 两端电压 u_{T1} 波形分析为：当 VT1、VT4 导通时，$u_{T1} = 0$；当 VT2、VT3 导通时，$u_{T1} = u_2$；在 α 期间 4 只管子均未导通时，若管子的阻断电阻相等，则 $u_{T1} = u_2/2$。

由工作波形可以看出，负载上得到的是全波整流电压，比半波电路多了一倍，故整流输出电压平均值也相应提高了一倍。整流变压器二次电流 i_2 为正负缺角正弦波形，平均电流为 0，无直流分量，所以不会造成变压器的直流磁化。这是桥式整流电路的主要优点。

3. 基本电量计算

（1）输出电压平均值 U_d 和输出电流平均值 I_d 分别为

$$U_d = 2 \times 0.45 U_2 \frac{1+\cos\alpha}{2} = 0.9 U_2 \frac{1+\cos\alpha}{2} \tag{2-17}$$

$$I_d = \frac{U_d}{R_d} = 0.9 \frac{U_2}{R_d} \frac{1+\cos\alpha}{2} \tag{2-18}$$

（2）输出电压有效值 U 和输出电流有效值 I 分别为

$$U = \sqrt{\frac{1}{\pi} \int_\alpha^\pi (\sqrt{2} U_2 \sin\omega t)^2 \, d(\omega t)} = U_2 \sqrt{\frac{1}{2\pi} \sin 2\alpha + \frac{\pi-\alpha}{\pi}} \tag{2-19}$$

$$I = \frac{U}{R_d} = \frac{U_2}{R_d} \sqrt{\frac{1}{2\pi} \sin 2\alpha + \frac{\pi-\alpha}{\pi}} \tag{2-20}$$

$\alpha=0$ 时，波形系数为

$$K_f = \frac{I}{I_d} = \frac{U}{U_d} = \frac{U_2}{0.9 U_2} = 1.11$$

（3）晶闸管电流平均值 I_{dT} 和有效值 I_T。因为晶闸管 VT1、VT4 和 VT2、VT3 在 u_2 的一个周期内是轮流导通的，所以流过每个管子的电流平均值只有负载电流平均值的一半，而流过每个管子的电流有效值则为负载电流有效值的 $1/\sqrt{2}$ 倍，即

$$I_{dT} = \frac{1}{2} I_d \tag{2-21}$$

$$I_T = \frac{1}{\sqrt{2}} I \tag{2-22}$$

（4）晶闸管所承受的最大峰值电压 U_{TM} 为

$$U_{TM} = \sqrt{2} U_2 \tag{2-23}$$

（5）变压器二次侧电流有效值 I_2。由图 2-4（b）可知，变压器二次侧电流有效值与输出电流有效值相等，即

$$I_2 = I \tag{2-24}$$

（6）功率因数 $\cos\varphi$ 为

$$\cos\varphi = \frac{P}{S} = \frac{UI}{U_2 I_2} = \frac{U}{U_2} = \sqrt{\frac{1}{2\pi} \sin 2\alpha + \frac{\pi-\alpha}{\pi}} \tag{2-25}$$

$\alpha=0$ 时，功率因数 $\cos\varphi$ 为最高，即 $\cos\varphi=1$。但 α 增大，功率因数将随之降低。

根据以上分析，将全控桥式整流电路的工作特点与半波电路进行比较：

1）整流输出电压比半波电路提高了一倍。

2）晶闸管的导通角 θ 及控制角 α 的移相范围与半波电路相同，即 $\theta=\pi-\alpha$，移相范围为 $0° \sim 180°$。

3）在负载电流相同情况下，流过晶闸管的电流平均值比半波电路减小了一半。

4）在相同的控制角下，电路的功率因数比半波电路提高了 $\sqrt{2}$ 倍。

【例 2-2】 单相全控桥式整流电路如图 2-4（a）所示，已知 $R_d=4\Omega$，要求 I_d 在 0～

25A 之间变化。试求：

（1）变压器二次侧电压有效值 U_2。

（2）选择晶闸管的型号（考虑 2 倍裕量）。

（3）在不考虑变压器损耗的情况下，计算整流变压器的容量。

解　（1）最大输出电压平均值为

$$U_{dmax} = I_{dmax}R_d = 25 \times 4 = 100 \text{（V）}$$

因为 $\alpha = 0°$ 时输出电压 U_d 为最大，由式（2-17）知，$U_{dmax} = 0.9U_2$，所以

$$U_2 = \frac{U_{dmax}}{0.9} = \frac{100}{0.9} = 111 \text{（V）}$$

（2）由式（2-23）可知，晶闸管承受的最大峰值电压为

$$U_{TM} = \sqrt{2}U_2 = \sqrt{2} \times 111 = 157 \text{（V）}$$

考虑 2 倍裕量，则晶闸管额定电压

$$U_{TN} = 2U_{TM} = 2 \times 157 = 314 \text{（V）}$$

故应选 400V 的晶闸管。

晶闸管额定电流的选择应以 $\alpha = 0°$ 时考虑（因为此时电流为最大）、$\alpha = 0°$ 时负载电流 i_d 的波形系数为 $K_f = 1.11$，所以，负载电流的最大有效值为

$$I_M = K_f I_{dmax} = 1.11 \times 25 = 27.75 \text{（A）}$$

由式（2-22）得晶闸管的最大电流有效值为

$$I_{TM} = \frac{I_M}{\sqrt{2}} = \frac{27.75}{\sqrt{2}} = 19.6 \text{（A）}$$

故晶闸管额定电流（考虑 2 倍裕量）为

$$I_{T(AV)} = 2 \times \frac{I_{TM}}{1.57} = 2 \times \frac{19.6}{1.57} = 25 \text{（A）}$$

选 30A 的晶闸管。所以，晶闸管的型号为 KP30-4 型。

（3）变压器容量为

$$S = U_2I_2 = U_2I = 111 \times 27.75 = 3.08(\text{kVA})$$

二、带大电感负载的单相全控桥式整流电路

带电感性负载的单相全控桥式整流电路如图 2-5（a）所示。设 $\omega L_d \gg R_d$，为大电感负载，此时负载电流连续，其波形近似为水平直线。下面分两种情况分析，设电路已处于稳态。

1. 无续流二极管

（1）工作原理及波形分析。在 u_2 正半周内，控制角为 α 时给晶闸管 VT1 和 VT4 加入触发脉冲使其导通，则负载电压 $u_d = u_2$，负载电流由 VT1 和 VT4 导电回路供应。当 u_2 过零变负时，电感中感应电动势（极性上负下正）作用，使 VT1、VT4 仍承受正向电压而继续导通，负载电压仍为 $u_d = u_2$，于是 u_d 出现负电压。直到 $\omega t = \pi + \alpha$ 时刻触发 VT2 和 VT3 导通后，原导通的 VT1、VT4 才会承受反向电压而关断，负载电流改由 VT2 和 VT3 导电回路供应，这个过程称为换流（亦称为换相）。当 u_2 过零变正时，同样由于有感应电动势作用，使 VT2、VT3 继续导通，到下一个周期再次触发 VT1 和 VT4 导通时，才会使 VT2、VT3 关断，实现换流。其工作波形如图 2-5（b）所示。

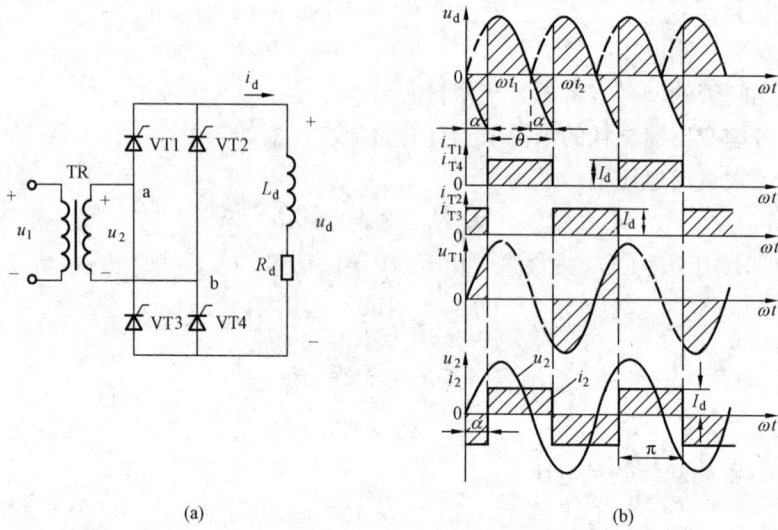

图 2-5 带大电感负载的单相全控桥式整流电路及工作波形

(a) 电路；(b) 工作波形

由以上分析及工作波形可见，带大电感负载时电路的工作特点为：

1）u_d 波形出现负值，与电阻负载比较，在同样的控制角 α 下，负载电压的平均值降低。

2）晶闸管的导通角 $\theta=180°$。

3）晶闸管在加入触发脉冲时换流。

4）控制角 α 的移相范围是 $0°\sim90°$。

（2）基本电量计算。输出电压平均值为

$$U_d = \frac{1}{\pi}\int_\alpha^{\pi+\alpha} \sqrt{2}U_2\sin\omega t\, \mathrm{d}(\omega t) = 0.9U_2\cos\alpha \qquad (2-26)$$

输出电流的平均值 I_d 和有效值 I 分别为

$$I_d = U_d/R_d,\ I = I_d \qquad (2-27)$$

晶闸管电流的平均值 I_{dT} 和有效值 I_T 分别为

$$I_{dT} = \frac{1}{2}I_d,\ I_T = \frac{1}{\sqrt{2}}I_d \qquad (2-28)$$

变压器二次侧电流有效值 I_2 为

$$I_2 = I = I_d \qquad (2-29)$$

晶闸管承受的最大正反向电压 U_{TM} 为

$$U_{TM} = \sqrt{2}U_2 \qquad (2-30)$$

根据电工基础知识，非正弦电压电流构成的有功功率为直流分量功率与各次谐波有功功率之和，即

$$P = P_d + P_1 + P_2 + \cdots$$

式中，P_d 表示直流分量功率；P_1 表示一次谐波（基波）有功功率；P_2 表示二次谐波有功功率。

由于只有相同频率的电压、电流才能形成有功功率，而大电感负载时负载电流连续平直，只含有直流成分无交流分量，所以各谐波有功功率 P_1，P_2，$\cdots$ 均为 0，故负载的有功功率等于直流功率，即负载的有功功率 P 为

$$P = P_d = U_d I_d \tag{2-31}$$

功率因数 $\cos\varphi$ 为

$$\cos\varphi = \frac{P}{S} = \frac{P_d}{U_2 I_2} = \frac{U_d I_d}{U_2 I_2} = \frac{U_d}{U_2} = 0.9\cos\alpha \tag{2-32}$$

2. 接续流二极管

为了扩大移相范围，同时避免 u_d 波形出现负值以提高输出电压平均值 U_d，可在负载两端并接续流二极管 VD，接续流二极管后电路的工作波形如图 2-6 所示。与无续流管时比较，工作原理不同之处在于，一旦 u_2 过零，续流二极管即导通续流，将原来导通的晶闸管关断，使 $u_d = 0$，故 u_d 波形与电阻性负载时相同。由图 2-6 可见，晶闸管的导通角 $\theta_T = \pi - \alpha$，续流管在一周期内有两次续流，每次续流 α 角，所以续流管的导通角 $\theta_D = 2\alpha$，控制角 α 的移相范围为 $0° \sim 180°$。

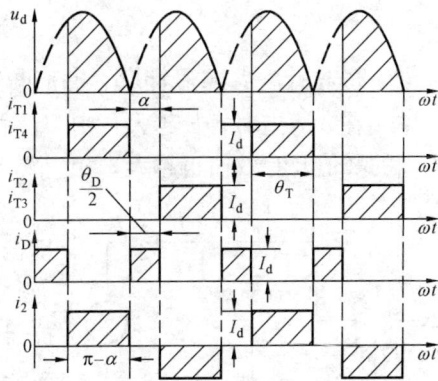

图 2-6 大电感负载接续流二极管时的工作波形

基本电量计算式为

$$U_d = 0.9 U_2 \frac{1 + \cos\alpha}{2}, \quad I_d = \frac{U_d}{R_d} \tag{2-33}$$

$$I_{dT} = \frac{\theta_T}{2\pi} I_d = \frac{\pi - \alpha}{2\pi} I_d, \quad I_T = \sqrt{\frac{\pi - \alpha}{2\pi}} I_d \tag{2-34}$$

$$I_{dD} = \frac{\theta_D}{2\pi} I_d = \frac{\alpha}{\pi} I_d, \quad I_D = \sqrt{\frac{\alpha}{\pi}} I_d \tag{2-35}$$

三、带反电动势负载的单相全控桥整流电路

蓄电池、直流电动机的电枢等这类负载本身是一个直流电源，它们对可控整流电路来说属于反电动势负载。下面着重分析带蓄电池负载的单相全控桥整流电路工作情况。

图 2-7（a）中，E 为蓄电池的电动势，R 为蓄电池内阻。根据晶闸管的导通条件可知，只有满足 $|u_2| > E$ 时，晶闸管才有可能被触发导通。而一旦 u_2 的绝对值减小至 $|u_2| \leqslant E$ 时，电流 i_d 也相应降至 0 使晶闸管关断。在晶闸管导通期间，$u_d = u_2$，$i_d = \dfrac{u_d - E}{R}$；而在晶闸管关断期间，$u_d = E$，$i_d = 0$。其工作波形如图 2-7（b）所示。

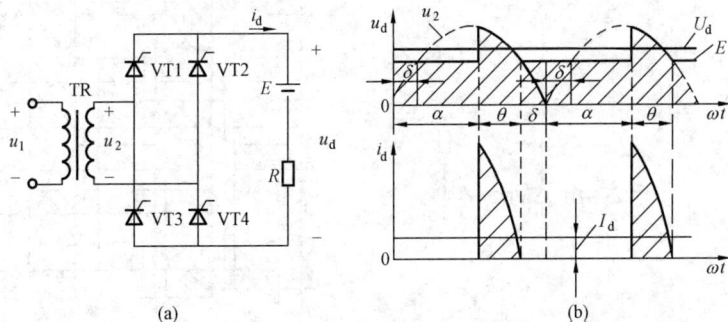

(a)

(b)

图 2-7 带反电动势负载时的单相全控桥整流电路及工作波形
(a) 电路；(b) 工作波形

与电阻性负载比较，反电动势负载的工作特点为：

（1）整流输出电压的平均值 U_d 增大了。

（2）晶闸管提前了 δ 电角度关断，使晶闸管的导通角 θ 减小，即 $\theta = \pi - \alpha - \delta$。

δ 称为停止导电角（亦称为最小起始导电角），当 u_2 和 E 已知时，可以求出 δ 为

$$\delta = \arcsin \frac{E}{\sqrt{2}U_2} \qquad (2-36)$$

（3）负载电流 i_d 呈脉冲状，波形断续。

（4）在 α 一定时，E 越大，则 U_d 就越大，δ 角也越大，θ 就越小，在同样的平均电流 I_d 下，i_d 的峰值及有效值也越大，相应要求管子的额定电流和电源容量也增大。

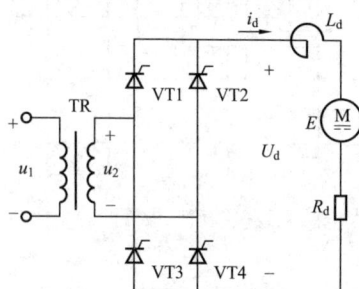

图 2-8 电动机负载串接平波
电抗器的整流电路

如果负载是直流电动机，由于电流断续将使电动机运行条件恶化，机械特性变软，换向时容易产生火花。为此，对于直流电动机负载常在负载回路中串联一个电抗器 L_d，称为平波电抗器，起平稳电流以减小电流的脉动并延长晶闸管导通时间的作用，如图 2-8 所示。若平波电抗器电感量 L_d 足够大，则可使负载电流连续平直，此时电路的工作原理和工作波形与带大电感负载时的相同，各电量的计算除 $I_d = \dfrac{U_d - E}{R_d}$ 以外，其余计算公式均与带大电感负载时的相同。

单相全控桥式整流电路具有输出电压脉动较小、平均电压较大以及整流变压器利用率较高且没有直流磁化现象等优点；但使用的晶闸管元件较多，工作时需要同时触发两只晶闸管，使控制线路较复杂，所以，一般适用于可逆系统及宽调速的不可逆系统中。

2.1.3 单相半控桥式整流电路

在实际应用中，如果仅仅是用于整流，为了简化电路，通常将单相全控桥式整流电路中的两只晶闸管用两只整流二极管来代替，这样就构成了单相半控桥式整流电路，如图 2-9（a）所示。它与全控桥整流电路相比，具有简单、经济、可靠的特点，所以在中小容量的可控整流装置中得到了广泛应用。

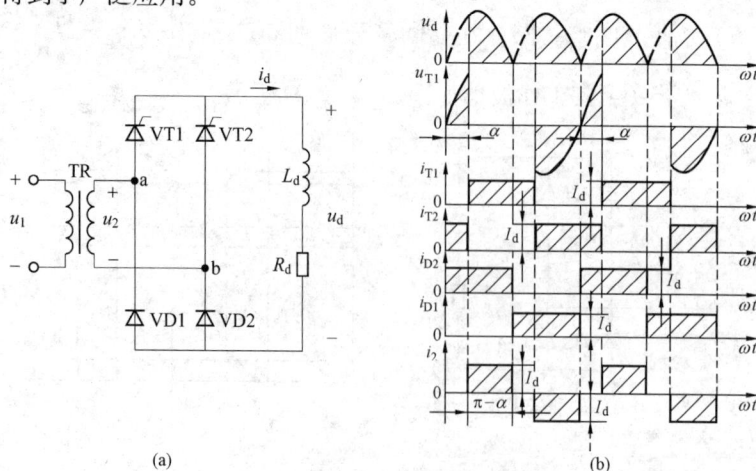

图 2-9 带大电感负载的单相半控桥式整流电路及工作波形
（a）电路；（b）工作波形

单相半控桥式整流电路在带电阻性负载时的工作情况与全控桥整流电路相同，各电量的计算公式也一样，下面仅分析带大电感负载的单相半波桥式整流电路工作情况。

一、工作原理及波形分析

图 2-9（b）所示为单相半控桥式整流电路带大电感负载时的工作波形图。

在 u_2 的正半周内，控制角为 α 时触发晶闸管 VT1 导通，负载电流 i_d 经 VT1、VD2 流通形成导电回路，$u_d=u_2$。当 u_2 过零开始变负时，由于电感中感应电动势作用使 VT1 承受正向电压而继续保持导通，但此时 a 点电位已低于 b 点电位，故两只二极管中的 VD1 承受正向电压导通，VD2 承受反向电压截止，负载电流 i_d 经 VT1、VD1 流通形成续流回路，这种续流作用称为自然续流或内续流。在续流期间，若忽略 VT1、VD1 的管压降，$u_d\approx0$。

在 u_2 的负半周且 $\omega t=\pi+\alpha$ 时触发 VT2，这时 VT1 与 VT2 换流，VT2 导通、VT1 关断，电源经导通的 VT2、VD1 向负载供电。同样，当 u_2 负半周结束开始变正时，VD2 承受正向电压自然导通，VD1 承受反向电压截止，i_d 经 VT2、VD2 形成自然续流，$u_d\approx0$。

通过以上分析及工作波形可归纳出电路的工作特点：

（1）u_d 波形与全控桥整流电路带电阻负载（或大电感负载接有续流管）时相同。

（2）i_T 和 i_D 波形均为幅度 I_d、宽度 $180°$ 的矩形波，即 $\theta_T=\theta_D=180°$。

（3）晶闸管在加入 u_g 时刻换流，二极管在 u_2 过零时刻换流。

（4）α 的移相范围为 $0°\sim180°$。

二、"失控"现象

单相半控桥整流电路带大电感负载时由于桥路内部有自然续流作用，看起来不需另接续流二极管也能正常工作。但在实际运行中，当突然把控制角 α 增大到 $180°$，或突然切断触发电路时，就会产生"失控"现象。例如，当 VT1 导通时切断触发电路，则 VT2 再不可能导通，这样，在 u_2 正半周时，电源经导通的 VT1、VD2 向负载供电使 $u_d=u_2$；在 u_2 负半周时，二极管 VD2 截止、VD1 导通，由 VT1、VD1 形成自然续流使 $u_d\approx0$。于是出现了电源正半周 VT1、VD2 导电，电源负半周 VT1、VD1 续流，造成了原导通的 VT1 一直导通，而两只二极管轮流导通，使 u_d 波形为不可控的正弦半波电压，这就是失控现象。

为了避免失控现象的发生，单相半控桥整流电路带大电感负载时必须加接续流二极管，如图 2-10 所示。加了续流二极管后，当电源 u_2 过零时，负载电流经续流二极管续流，使 $u_d\approx0$。这样，u_d 波形与不接续流管时相同。另外，由于电路利用外续流代替了原来由晶闸管与二极管串联形成的内续流，使通过原导通晶闸管的电流小于维持电流而将原导通的晶闸管关断，所以也就不会出现失控现象了。

单相半控桥整流电路接续流二极管时的工作情况与单相全控桥整流电路接续流二极管时的工作情况相同，各电量计算公式也完全一样。单相桥式可控整流电路还有其他形式，如图 2-11 所示。电路的工作原理可由读者自行分析。

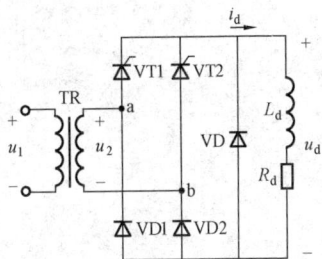

图 2-10　单相半控桥整流电路
接续流二极管时的电路

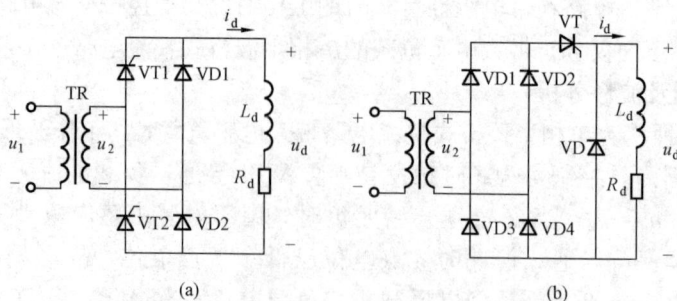

图 2-11 单相桥式可控整流电路的其他形式
（a）晶闸管串联的单相桥式可控整流电路；（b）一个晶闸管的单相桥式可控整流电路

2.2 三相可控整流电路

单相可控整流电路结构简单、调整方便，对触发电路的要求较低。但它输出电压的平均值较低、脉动较大，且由于接在三相电网的某一相上，当负载容量较大时易造成三相电网的不平衡，所以一般用于中小容量的设备中。在负载容量大于 4kW 的情况下，大多采用三相可控整流电路。

2.2.1 三相半波可控整流电路

一、带电阻性负载的三相半波可控整流电路

1. 电路组成

三相半波可控整流电路也称三相零式可控整流电路，如图 2-12（a）所示。图中 TR 为三相整流变压器，三只晶闸管 VT1、VT2、VT3 的阳极分别与变压器二次侧 A、B、C 三相相连，三只晶闸管的阴极接在一起经负载电阻与变压器中性点相连，构成了共阴极接法电路。

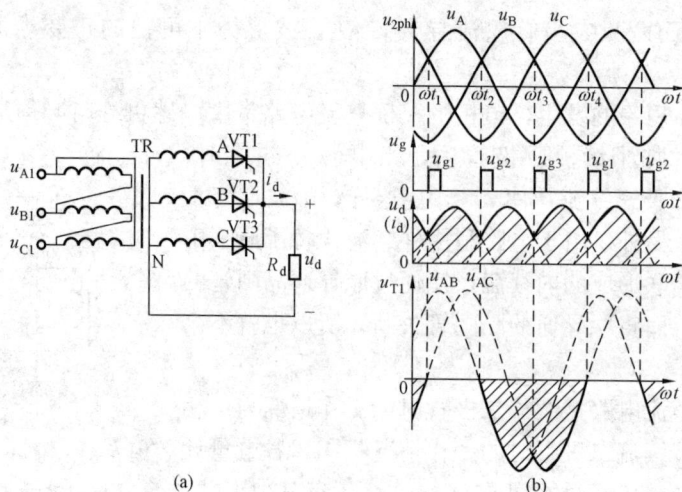

图 2-12 带电阻性负载时的三相半波可控整流电路及 $\alpha=0°$ 时的波形
（a）电路；（b）$\alpha=0°$ 的波形

2. 工作原理及波形分析

设整流变压器二次侧为三相对称交流电源，其相电压有效值为 U_{2ph}，波形如图 2-12 （b）所示。由晶闸管的导通条件可知，三相电源 u_A、u_B、u_C 中相电压瞬时值最高的这一相所接的晶闸管可被触发导通，而一旦该相管子被触发导通后则另外两相的晶闸管必承受反压而阻断。下面分析不同控制角 α 时，整流电路的工作原理。

（1）$\alpha=0°$ 时的工作情况。规定：在三相可控整流电路中，将自然换相点（也称自然换流点）作为控制角 α 的起算点，即该处控制角 $\alpha=0°$。

什么是自然换相点呢？如果将电路中的晶闸管换成二极管组成不可控整流电路，则在相电压正半周的交点 ωt_1，ωt_2，ωt_3，…处二极管将自然换流，即后相二极管会自然导通，前相二极管会自然截止，整流电流总是向相电压最高的这一相转移。所以将变压器二次侧相电压正半周相邻波形的交点（图中 ωt_1，ωt_2，ωt_3，…时刻）称为自然换相点。显然，对于晶闸管来说，自然换相点是各相晶闸管能够触发导通的最早时刻。

$\alpha=0°$ 时的电压、电流波形如图 2-12（b）所示。由于就在自然换相点处加入触发脉冲，所以此时可控整流电路相当于不可控整流电路，在 $\omega t_1 \sim \omega t_2$ 期间 A 相晶闸管 VT1 被触发导通，$u_d=u_A$，$u_{T1} \approx 0$；在 $\omega t_2 \sim \omega t_3$ 期间 B 相晶闸管 VT2 被触发导通，$u_d=u_B$，$u_{T1}=u_{AB}$；在 $\omega t_3 \sim \omega t_4$ 期间 C 相晶闸管 VT3 被触发导通，$u_d=u_C$，$u_{T1}=u_{AC}$。依次循环，三只晶闸管按相序轮流导电，每管导通 120° 在自然换相点处换流，三相电源轮流向负载供电，负载电压 u_d 为三相电源二次相电压正半周包络线，此时整流输出电压 U_d 为最大。电阻负载时各区间的工作情况见表 2-5。

表 2-5 　　　　　　　　　电阻负载时各区间工作情况（$\alpha=0°$）

ωt	$\omega t_1 \sim \omega t_2$	$\omega t_2 \sim \omega t_3$	$\omega t_3 \sim \omega t_4$
晶闸管工作状态	VT1 导通 VT2、VT3 阻断	VT2 导通 VT1、VT3 阻断	VT3 导通 VT1、VT2 阻断
u_d	u_A	u_B	u_C
u_{T1}	0	u_{AB}	u_{AC}
i_{T1}	u_A/R_d	0	0

（2）$\alpha \leqslant 30°$ 时的工作情况。图 2-13（a）所示为 $\alpha=15°$ 时的电压、电流波形。设 $\omega t=0$ 时电路已处于稳态工作，C 相 VT3 导通，$u_d=u_C$。经过第一个自然换相点时，由于 A 相 VT1 还没有触发脉冲，VT1 不能导通，所以 VT3 继续导通。当触发脉冲 u_{g1} 在自然换相点后移 15°处加入时，VT1 被触发导通，由于此时 A 相电压高于 C 相电压，原导通的 VT3 立即承受反压而被关断，负载电流从 C 相换到 A 相，使 $u_d=u_A$。同样，其他两相晶闸管也都后移 15°换流。由波形可见，各管的导通角仍为 120°，u_d、i_d 波形保持连续。

（3）$\alpha > 30°$ 时的工作情况。图 2-13（b）所示为 $\alpha=60°$ 时的电压、电流波形。导通的晶闸管在本相相电压过零时因阳极电流小于维持电流而自行关断，后相的晶闸管由于触发脉冲未到还不能导通，所以此期间负载电压、电流均为零，使 u_d、i_d 波形出现断续，各晶闸管的导通角小于 120°。

当触发脉冲后移到 $\alpha=150°$ 时，晶闸管已不再承受正向电压而无法导通，此时整流输出电压 U_d 为最小，即 $U_d=0$。

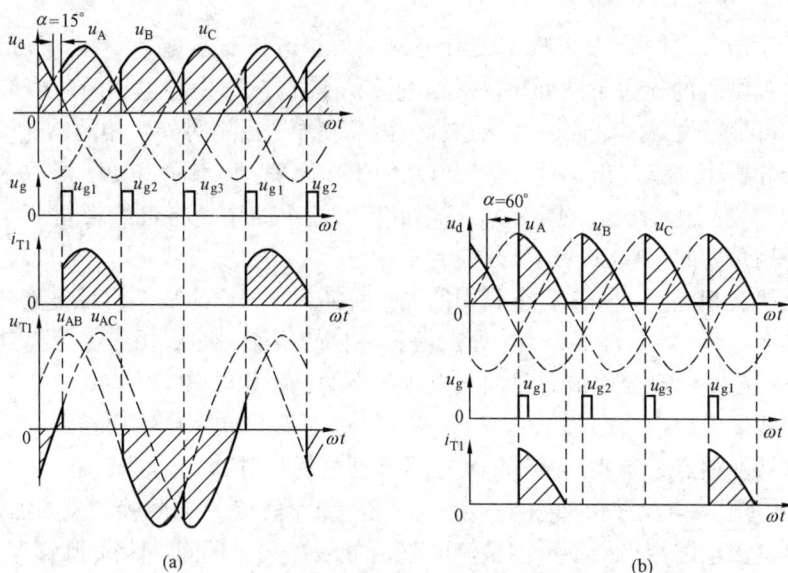

图 2-13　带电阻性负载时的三相半波可控整流电路工作波形

(a) $\alpha=15°$；(b) $\alpha=60°$

综上所述，可归纳出带电阻性负载时电路的工作特点：

1）u_d、i_d 波形形状相同，$\alpha\leqslant30°$时波形连续，$\alpha>30°$时波形断续。

2）晶闸管的导通角与 α 有关，$\alpha\leqslant30°$时 $\theta_T=120°$；$\alpha>30°$时 $\theta_T=150°-\alpha<120°$。

3）控制角 α 的移相范围是 $0°\sim150°$。

3. 基本电量计算

输出电压平均值 U_d 为

$$0°\leqslant\alpha\leqslant30°时 \qquad U_d=\frac{1}{2\pi/3}\int_{\frac{\pi}{6}+\alpha}^{\frac{5\pi}{6}+\alpha}\sqrt{2}U_{2ph}\sin\omega t\,d(\omega t)=1.17U_{2ph}\cos\alpha \qquad (2-37)$$

$$30°<\alpha\leqslant150°时 \qquad U_d=\frac{1}{2\pi/3}\int_{\frac{\pi}{6}+\alpha}^{\pi}\sqrt{2}U_{2ph}\sin\omega t\,d(\omega t)=1.17\,U_{2ph}\frac{1+\cos(\alpha+30°)}{\sqrt{3}} \qquad (2-38)$$

输出电流平均值 I_d 为

$$I_d=U_d/R_d \qquad (2-39)$$

晶闸管电流平均值 I_{dT} 为

$$I_{dT}=\frac{1}{3}I_d \qquad (2-40)$$

晶闸管承受的最大正、反向电压分别为 $\sqrt{2}U_{2ph}$ 和 $\sqrt{6}U_{2ph}$。

二、带大电感负载的三相半波可控整流电路

带大电感负载时的三相半波可控整流电路及工作波形如图 2-14 所示。

1. 工作原理及波形分析

只要是大电感负载，负载电流 i_d 的波形总是连续平直的，即 $i_d=I_d$，但负载电压 u_d 的波形与控制角 α 有关。

$\alpha\leqslant30°$时，u_d 波形与电阻负载时相同。$\alpha>30°$时（图中 $\alpha=60°$），当 VT1 导通到其阳极

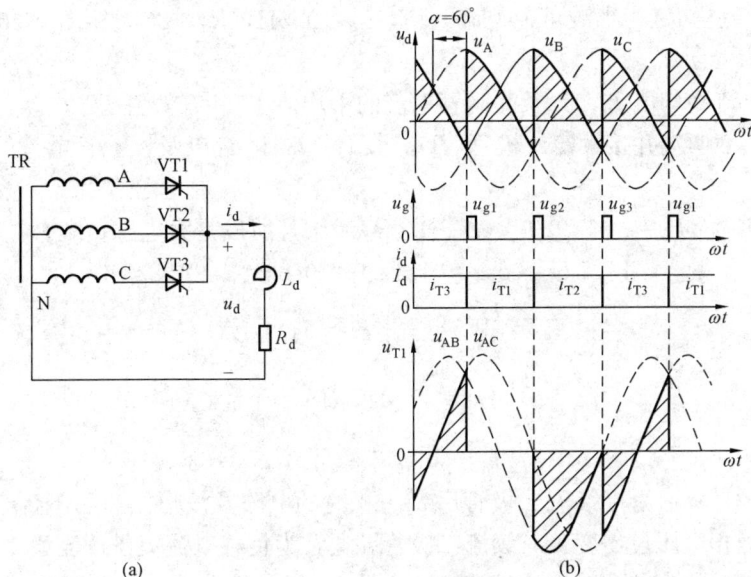

图 2-14 带大电感负载时的三相半波可控整流电路及工作波形

(a) 电路；(b) 工作波形

电压 u_A 过零变负时，由于电感中感应电动势作用，VT1 仍承受正向电压而继续导通，直到 VT2 的触发脉冲到来触发 VT2 导通后，VT1 才承受反向电压而关断，因而 u_d 波形出现部分负电压。可以看出，α 越大，则 u_d 波形负电压部分的面积也越大，u_d 的平均值也就越小。当 α 增大到 $90°$ 时，u_d 波形的正负面积相等使 $U_d = 0$。

与带电阻性负载时的工作情况相比，可以看出带大电感负载时的工作特点为：

（1）u_d 波形连续，但 $\alpha > 30°$ 时出现负值。

（2）3 只晶闸管按相序轮流导通，各导通 $120°$ 后与下一相的晶闸管换流。

（3）晶闸管的换流发生在触发脉冲出现时刻。

（4）i_T 波形为幅度 I_d、宽度 $120°$ 的矩形波。

（5）控制角 α 的移相范围是 $0° \sim 90°$。

2. 基本电量计算

输出电压平均值 U_d 为

$$U_d = \frac{1}{2\pi/3} \int_{\frac{\pi}{6}+\alpha}^{\frac{5\pi}{6}+\alpha} \sqrt{2} U_{2ph} \sin\omega t \, \mathrm{d}(\omega t) = 1.17 \, U_{2ph} \cos\alpha \qquad (2-41)$$

输出电流平均值 I_d 为

$$I_d = U_d / R_d \qquad (2-42)$$

晶闸管电流平均值 I_{dT} 和有效值 I_T 为

$$I_{dT} = \frac{1}{3} I_d \qquad (2-43)$$

$$I_T = \frac{1}{\sqrt{3}} I_d = 0.577 I_d \qquad (2-44)$$

晶闸管承受的最大正反向电压 U_{TM} 为

$$U_{TM} = \sqrt{6} U_{2ph} \qquad (2-45)$$

【例2-3】 已知三相半波可控整流电路，$L_d=0.2H$，$R_d=2\Omega$，$U_{2ph}=220V$，当$\alpha=60°$时，试求：

(1) 负载电流平均值I_d，以及晶闸管电流的平均值I_{dT}和有效值I_T。

(2) 若在负载两端并接续流二极管VD，求I_d、I_{dT}和I_T以及续流管电流的平均值I_{dD}和有效值I_D。

解 (1) 因为$\omega L_d=314\times0.2=62.8\Omega\gg R_d=2\Omega$，所以是大电感负载。

$$U_d = 1.17U_{2ph}\cos\alpha = 1.17\times220\cos60° = 128.7 \text{ (V)}$$

$$I_d = \frac{U_d}{R_d} = \frac{128.7}{2} = 64.4 \text{ (A)}$$

$$I_{dT} = \frac{1}{3}I_d = \frac{1}{3}\times64.4 = 21.5 \text{ (A)}$$

$$I_T = 0.577I_d = 0.577\times64.4 = 37.2 \text{ (A)}$$

(2) 图2-15所示为接续流二极管后$\alpha=60°$时的电路及波形图。与不接续流管时相比，所不同的是：当相电压过零变负时续流二极管导通，为负载电流提供续流通路，同时将原导通的晶闸管关断，故u_d波形与电阻负载时相同，U_d的计算公式也与电阻负载时一样，此时晶闸管的导通角$\theta_T=150°-\alpha$，续流管一周内有三次续流，其导通角$\theta_D=3(\alpha-30°)$。

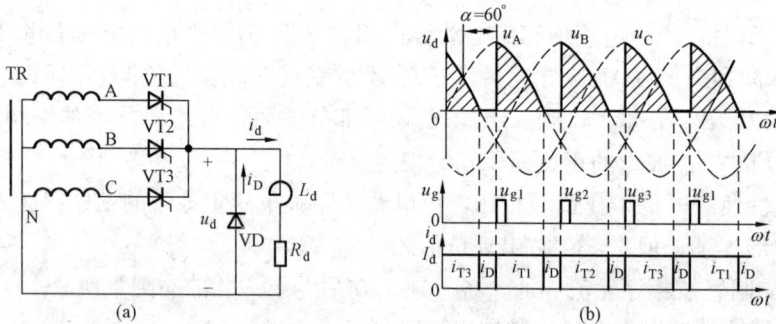

图2-15　接续流二极管时的电路及工作波形（$\alpha=60°$）

(a) 电路；(b) 工作波形

$$U_d = 1.17U_{2ph}\frac{1+\cos(\alpha+30°)}{\sqrt{3}} = 1.17\times220\times\frac{1+\cos(60°+30°)}{\sqrt{3}} = 148.6 \text{ (V)}$$

$$I_d = \frac{U_d}{R_d} = \frac{148.6}{2} = 74.3 \text{ (A)}$$

$$I_{dT} = \frac{\theta_T}{2\pi}I_d = \frac{150°-\alpha}{360°}I_d = \frac{150°-60°}{360°}\times74.3 = 18.6 \text{ (A)}$$

$$I_T = \sqrt{\frac{\theta_T}{2\pi}}I_d = \sqrt{\frac{150°-\alpha}{360°}}I_d = \sqrt{\frac{150°-60°}{360°}}\times74.3 = 37.2 \text{ (A)}$$

$$I_{dD} = \frac{\theta_D}{2\pi}I_d = \frac{\alpha-30°}{120°}I_d = \frac{60°-30°}{120°}\times74.3 = 18.6 \text{ (A)}$$

$$I_D = \sqrt{\frac{\theta_D}{2\pi}}I_d = \sqrt{\frac{\alpha-30°}{120°}}I_d = \sqrt{\frac{60°-30°}{120°}}\times74.3 = 37.2 \text{ (A)}$$

三、反电动势负载

带电动机负载的三相半波可控整流电路如图2-16（a）所示，与单相电路相类似，为使负载电流连续平稳，须在负载回路中串接平波电抗器 L_d。

当 L_d 足够大时，其工作情况等同于大电感负载，所以工作波形及各电量计算与大电感负载时相同，仅 I_d 的计算改用 $I_d = \dfrac{U_d - E}{R_d}$，其中 E 为电动机的反电动势，R_d 为负载回路的总电阻。

当 L_d 不够大或负载电流过小时，i_d 波形将出现断续，u_d 波形则形成阶梯波，如图 2-16 (b) 所示，此时 U_d 增大，直流电动机转速升高，使电动机的机械特性变差，影响电动机的正常运行。

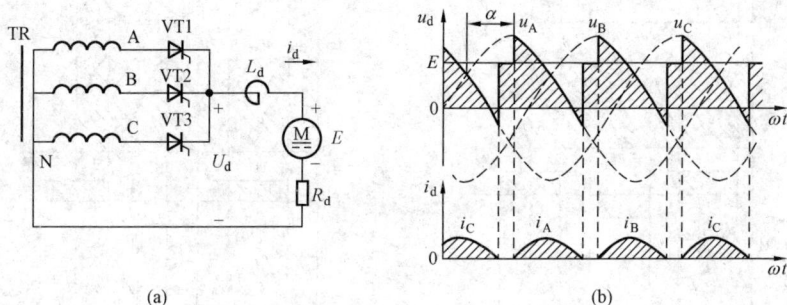

图 2-16 带电动机负载的三相半波可控整流电路及波形
(a) 电路；(b) L_d 不够大或负载电流过小时的波形图

与单相可控整流电路比较，三相半波可控整流电路输出电压的脉动减小，平均值提高，但变压器二次绕组的利用率较低，且二次电流含有直流分量，所以实际中应用较少。

2.2.2 三相桥式全控整流电路

目前，应用得最为广泛的是三相桥式全控整流电路，如图 2-17 所示。它由一组共阴接法的三相半波电路与一组共阳接法的三相半波电路串联而成。习惯上希望晶闸管按 1～6 的管号顺序依次导通，因此将共阴组中与 A、B、C 三相相接的晶闸管分别编号为 VT1、VT3、VT5，将共阳组中与 A、B、C 三相相接的晶闸管分别编号为 VT4、VT6、VT2，这里仅介绍三相全控桥式电路带大电感负载的工作情况。

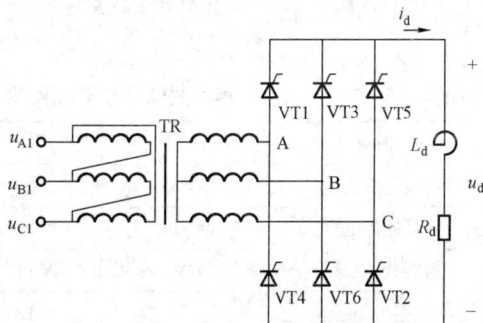

图 2-17 三相桥式全控整流电路

一、工作原理及波形分析

由三相半波可控整流电路的分析可知，共阴极组的自然换相点在相电压正半周相邻波形的交点（图中 ωt_1，ωt_3，ωt_5，…时刻），可推知，共阳极组的自然换相点必然在相电压负半周相邻波形的交点（图中 ωt_2，ωt_4，ωt_6，…时刻），两组的自然换相点对应相差 $60°$，下面分析不同控制角 α 时电路的工作原理及工作波形。

1. $\alpha = 0°$

图 2-18 (a) 所示为 $\alpha = 0°$ 时的工作波形图，触发脉冲就在自然换相点处加入，为了说明电路的工作情况，将波形中的一个周期分成 6 个时段，每个时段为 $60°$，各时段中导通管

及电压、电流见表 2-6。

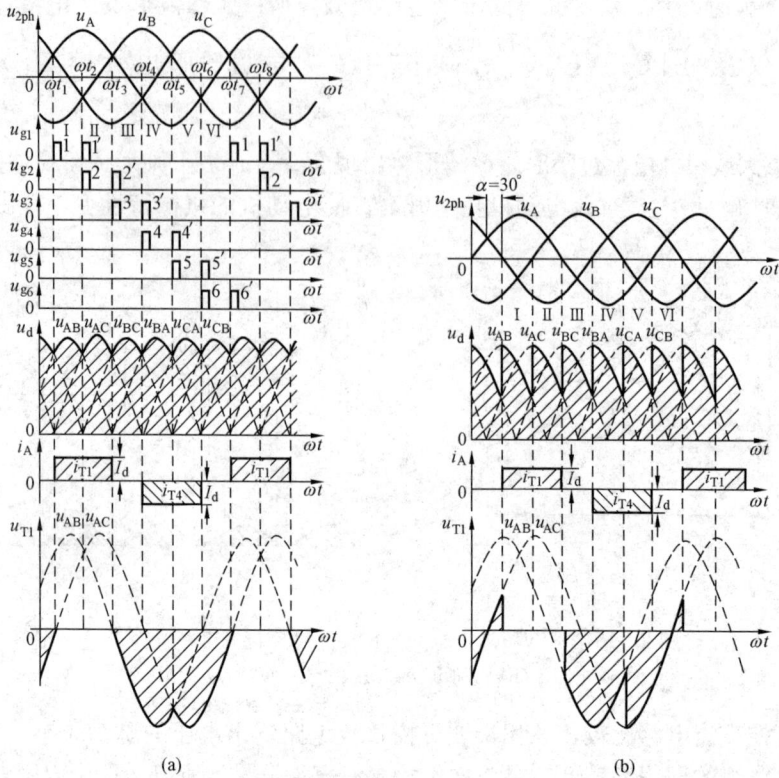

图 2-18　三相桥式全控整流电路带大电感负载 $\alpha=0°$、$\alpha=30°$ 时的工作波形

（a）$\alpha=0°$ 时的工作波形；（b）$\alpha=30°$ 时的工作波形

表 2-6　　　　三相桥式全控整流电路带大电感负载 $\alpha=0°$ 时的工作情况

时段	I	II	III	IV	V	VI
最高相电压	u_A	u_A	u_B	u_B	u_C	u_C
最低相电压	u_B	u_C	u_C	u_A	u_A	u_B
共阴组导通管	VT1	VT1	VT3	VT3	VT5	VT5
共阳组导通管	VT6	VT2	VT2	VT4	VT4	VT6
整流输出电压 u_d	u_{AB}	u_{AC}	u_{BC}	u_{BA}	u_{CA}	u_{CB}
晶闸管电流 i_{T1}	I_d	I_d	0	0	0	0
变压器二次电流 i_A	I_d	I_d	0	$-I_d$	$-I_d$	0
晶闸管承受的电压 u_{T1}	0	0	u_{AB}	u_{AB}	u_{AC}	u_{AC}

由以上分析可以看出：

（1）任一时刻必须要有两只晶闸管导通才能形成导电回路，其中一只必须是共阴极组的，另一只必须是共阳极组的。

（2）自然换相点是相邻相电压正负半周波形的交点，在线电压波形上，也是相邻线电压波形的交点，它距相电压波形原点 $30°$，距线电压波形原点 $60°$。

（3）6 只晶闸管按管号顺序在自然换相点处依次被触发导通，每只晶闸管导通 120°后与本组中的下一相晶闸管在自然换相点处换流。

（4）u_d 波形是三相电源二次线电压正半周的包络线，每周期脉动 6 次，故为 6 脉波整流电路。

2. $\alpha > 0°$

图 2-18（b）所示为 $\alpha = 30°$ 时的工作波形，图 2-19（a）、（b）分别是 $\alpha = 60°$ 和 $\alpha = 90°$ 时的波形。与 $\alpha = 0°$ 相比，在 $\alpha < 60°$ 时，一周期中 u_d 波形仍由 6 段线电压构成，每段导通的晶闸管编号顺序仍符合表 2-1 的规律。区别仅在于晶闸管起始导通的时刻分别延迟了 30°和 60°。由波形可见，此时 u_d 波形始终为正值，输出电压的平均值随控制角 α 的增大而减小。

若 $\alpha > 60°$，则在线电压过零变负时，由于电感 L_d 中感应电动势作用，可使原导通的两只晶闸管继续导通，结果使 u_d 波形出现负值。当 α 增大到 $\alpha = 90°$ 时 [见图 2-19（b）]，u_d 波形的正负面积相等，使输出电压平均值 $U_d \approx 0$。

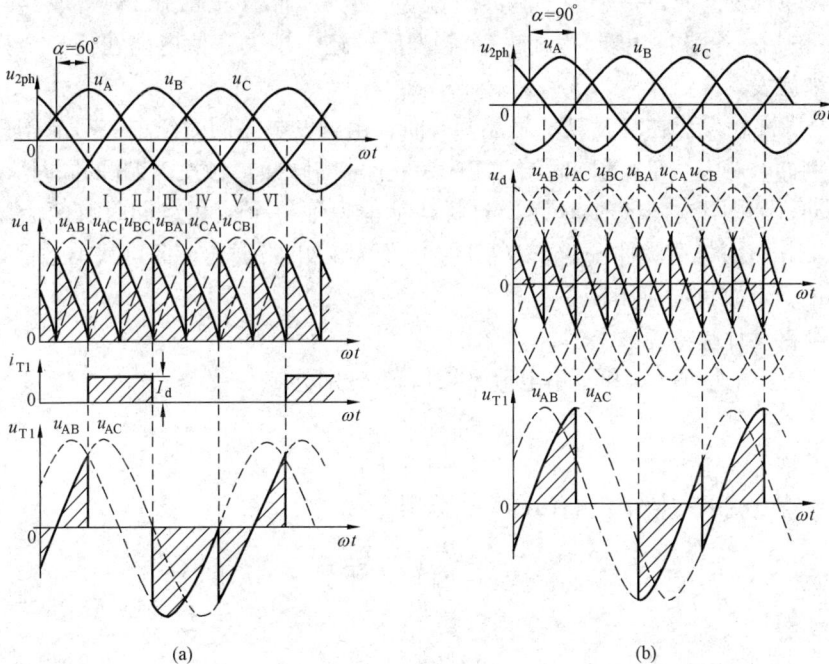

图 2-19 三相桥式全控整流电路带大电感负载 $\alpha = 60°$、$\alpha = 90°$ 时的工作波形

（a）$\alpha = 60°$ 时的工作波形；（b）$\alpha = 90°$ 时的工作波形

由以上分析，可归纳出带大电感负载时电路的工作特点为：

（1）u_d 波形由 6 个线电压组合而成：$\alpha \leqslant 60°$，u_d 波形均为正值；$\alpha > 60°$，u_d 波形出现负值。

（2）晶闸管的导通角 $\theta_T = 120°$。

（3）晶闸管在触发脉冲加入的时刻换流。

（4）晶闸管的换流只在本组内进行，每隔 120°换流一次。

（5）共阴组和共阳组的换流交替进行，每隔 60°就有一次换流。

（6）控制角 α 的移相范围为 0°～90°。

若改为带电阻性负载，可分析出：当 $\alpha \leqslant 60°$ 时，u_d 波形与大电感负载时相同，且其工作过程与大电感负载时也相同；而当 $\alpha > 60°$ 时，u_d 波形将出现断续，此时晶闸管的导通角 $\theta_T = 2(120° - \alpha) < 120°$；$\alpha$ 的移相范围是 $0° \sim 120°$。读者可自行分析其工作原理及工作波形。

二、对触发脉冲的要求

要保证电路正常工作，三相全控桥电路对触发脉冲有特定的要求。

1. 相位上的要求

触发脉冲的顺序应为 $u_{g1} \rightarrow u_{g2} \rightarrow u_{g3} \rightarrow u_{g4} \rightarrow u_{g5} \rightarrow u_{g6}$，各触发脉冲的相位依次相差 $60°$，使同一组中各管的触发脉冲相差 $120°$，而同一相中所接两管的触发脉冲相差 $180°$。

2. 触发方式上的要求

为保证电路在接通电源后能启动工作或在电流断续后能正常工作，必须给两组中应导通的两只晶闸管同时提供触发脉冲，为此可采用以下两种触发方式：

（1）宽脉冲触发：使每一个触发脉冲的宽度大于 $60°$ 而小于 $120°$（通常取 $90°$ 左右），这样在相隔 $60°$ 的后一个脉冲出现时，前一个触发脉冲还未消失，使电路在任一个换相点均有两个晶闸管被触发。

（2）双窄脉冲触发：在触发某一号晶闸管时，由触发电路同时给前一号晶闸管补发一个辅助脉冲。例如，触发 VT2 的同时给 VT1 发一个辅助脉冲，触发 VT3 的同时又给 VT2 发一个辅助脉冲，如图 2-18（a）所示。这样，就能保证每个换相点同时有两个脉冲触发相邻的晶闸管，其作用与宽脉冲一样。双窄脉冲虽然触发电路复杂，但可减小触发电路功率与脉冲变压器体积，故目前应用较多。

三、基本电量计算

（1）输出电压平均值 U_d 和输出电流平均值 I_d 分别为

$$U_d = 2.34 U_{2ph} \cos\alpha \tag{2-46}$$

$$I_d = U_d / R_d \tag{2-47}$$

（2）晶闸管电流平均值 I_{dT} 和有效值 I_T 分别为

$$I_{dT} = \frac{\theta_T}{2\pi} I_d = \frac{1}{3} I_d \tag{2-48}$$

$$I_T = \sqrt{\frac{\theta_T}{2\pi}} I_d = \frac{1}{\sqrt{3}} I_d \tag{2-49}$$

（3）整流变压器二次电流有效值 I_2 为

$$I_2 = \sqrt{\frac{1}{2\pi}\left[I_d^2 \times \frac{2}{3}\pi + (-I_d)^2 \times \frac{2}{3}\pi \right]} = \sqrt{\frac{2}{3}} I_d = 0.816 I_d \tag{2-50}$$

（4）晶闸管承受的最大正反向电压 U_{TM} 为

$$U_{TM} = \sqrt{6} U_{2ph} \tag{2-51}$$

三相桥式全控整流电路的输出电压脉动小、脉动频率高，与三相半波可控整流电路相比，在电源电压相同、控制角相等情况下，其输出电压平均值提高了一倍，且变压器二次电流无直流分量，不存在直流磁化现象，故变压器绕组和铁芯的利用率高，适用于大功率、高电压的场合或中大容量要求可逆调速的直流电动机负载。由于电路必须用 6 只晶闸管，触发电路也相应较复杂，对于电阻性负载或不可逆的直流调速系统，采用三相桥式半控整流电路较为经济、简单。

2.3　可控整流电路的换相压降

前面分析和计算可控整流电路时，都忽略了整流电路交流侧电感对换相的影响，理想地认为晶闸管的换相过程是瞬时完成的。实际上整流变压器总是存在一定的漏电感，交流回路也总存在一定的电感，由于电感电流不能突变，所以晶闸管的换相不可能瞬时完成，因而在换相过程中会出现两只换相的晶闸管重叠导电的现象。下面以三相半波电路为例来分析变压器漏电感对可控整流电路的影响。

2.3.1　换相期间电压、电流波形分析

图 2-20 所示为考虑变压器漏电感后的三相半波可控整流电路带大电感负载的电路图及波形图，图中 L_B 为变压器每相绕组折合到二次侧的漏电感。由本章 2.2 节分析可知，电路在交流电源的一个周期内有三次换相过程，且每次换相情况相同，所以这里只分析从 VT1 换相至 VT2 的过程。

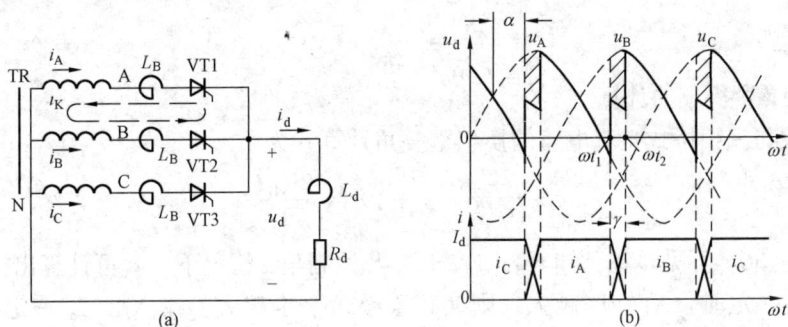

图 2-20　考虑变压器漏电感后的三相半波可控整流电路带大电感负载的电路图及波形
(a) 电路；(b) 波形

在 ωt_1 之前 VT1 导通，当 ωt_1 时刻触发 VT2 时，由于变压器漏电感 L_B 存在，B 相电流不能瞬时上升到 I_d 值，同时 A 相电流也不能瞬时下降到 0。于是出现了 VT1 尚未完全关断，VT2 已开始导通，即 VT1 和 VT2 同时导通（重叠导电）的现象，相当于将 A、B 两相线间短路。在短路电压 $u_B - u_A$ 的作用下，产生了一个假想的环流 i_K [见图 2-20 (a)]，i_K 叠加在原有的电流上，使 B 相电流 $i_B = i_K$ 逐渐增大，A 相电流 $i_A = I_d - i_K$ 逐渐减小。当 i_B 增大到 I_d，同时 i_A 减小到 0 时，VT1 关断，换相过程结束。换相过程中两管重叠导电的时间用电角度 γ 来表示，称为换相重叠角。

在 γ 期间，由于环流 i_K 作用，在变压器漏电感 L_B 中产生了感应电压 $u_l = L_B \dfrac{\mathrm{d}i_K}{\mathrm{d}t}$，若忽略晶闸管的管压降及换相回路电阻，则 $u_B - u_A = 2u_l$，即

$$u_l = \frac{1}{2}(u_B - u_A) \tag{2-52}$$

所以整流输出电压的瞬时值为

$$u_d = u_B - u_l = u_A + u_l = \frac{1}{2}(u_A + u_B) \tag{2-53}$$

式（2-53）表明，在换相期间，整流输出电压是两个换相管所对应的相电压的平均值。

2.3.2 换相压降和换相重叠角的计算

一、换相压降 U_γ 的计算

与不考虑变压器漏电感时相比，由于换相过程的存在，输出电压波形在每次换相时均少了一块阴影面积，结果使输出电压的平均值减小。在三相半波可控整流电路中，一个周期内有三次换相，即有三块阴影面积，这三块阴影面积在一周期内的平均值即为输出平均电压的减少量，称为换相压降，用 U_γ 表示。

先求一块阴影面积，有

$$S = \int_0^\gamma (u_B - u_d)d(\omega t) = \int_0^\gamma u_1 d(\omega t) = \int_0^\gamma L_B \frac{di_K}{dt} d(\omega t) = \int_0^{I_d} \omega L_B di_K$$

$$= \omega L_B I_d = X_B I_d$$

式中，X_B 为变压器每相绕组折合到二次侧的漏电抗，$X_B = \omega L_B$。由此可得换相压降为

$$U_\gamma = \frac{3}{2\pi} X_B I_d \tag{2-54}$$

对于三相桥式全控整流电路，一周期内有 6 次换相，故换相压降为

$$U_\gamma = \frac{6}{2\pi} X_B I_d \tag{2-55}$$

二、换相重叠角 γ 的计算

三相半波与三相桥式整流电路的换相重叠角计算式为

$$\cos\alpha - \cos(\alpha + \gamma) = \frac{2X_B I_d}{\sqrt{6} U_{2ph}} \tag{2-56}$$

由式（2-56）可见，在已知 X_B、I_d、U_{2ph} 及控制角 α 情况下，就可计算出换相重叠角 γ 的大小。当 α 一定时，X_B、I_d 越大，则换相重叠角 γ 也越大。在 X_B、I_d 一定时，α 越大，则换相重叠角 γ 就越小。

综上所述，变压器漏电感对可控整流电路的影响归纳起来表现为以下几点：

（1）出现换相重叠角 γ，产生换相压降 U_γ。

（2）整流输出电压平均值 U_d 降低，且 X_B、I_d 越大，则换相压降 U_γ 越大、U_d 降低得越多。

（3）换相时输出电压波形出现缺口，使电网电压波形产生畸变，形成干扰源，影响其他用电设备正常工作。

2.4 晶闸管的保护与容量扩展

由于晶闸管（包括整流二极管和其他电力电子器件）承受过电压和过电流的能力较差，短时间的过电压、过电流都有可能造成管子的损坏。所以在实际应用中，为保证电路安全正常地工作，除了应合理地选择晶闸管的额定值以外，还必须在电路中采取必要的保护措施。

2.4.1 晶闸管的过电压保护

过电压是指超过晶闸管在正常工作时所承受的最大峰值电压，即 $u_T > U_{TM}$。其主要有两种类型：一是器件及电路的开关过程引起的冲击过电压（也称为操作过电压）；二是雷击或其他外来冲击与干扰引起的浪涌过电压。过电压保护的主要任务就是采取有效措施将频繁发

生的操作过电压和偶然发生的浪涌过电压抑制在安全范围之内，以确保晶闸管不受过电压损坏。

一、晶闸管关断过电压及其保护

1. 关断过电压的产生

晶闸管在承受反压而关断的过程中，管子内部的残存载流子在反向电压作用下形成瞬时反向电流。由于反向电流的消散速度极快，即 di/dt 很大，于是在线路电感中产生很大的感应电动势，该电动势与电源电压串联，并通过导通的晶闸管加在刚关断的晶闸管两端，使刚关断的晶闸管出现瞬时过电压（见图 2-21），其过电压峰值可达正常工作电压峰值的 5～6 倍。

2. 保护措施

关断过电压保护的最简单、最常用的方法是在晶闸管两端并联电容 C，利用电容两端电压不能突变的特性来吸收尖峰过电压。实用时，为了阻尼 LC 振荡并限制晶闸管的开通损耗和电流上升率，还应在电容支路中串接电阻 R，称为阻容吸收电路，如图 2-22 所示。阻容吸收电路应尽量靠近晶闸管，且引线要尽量短。

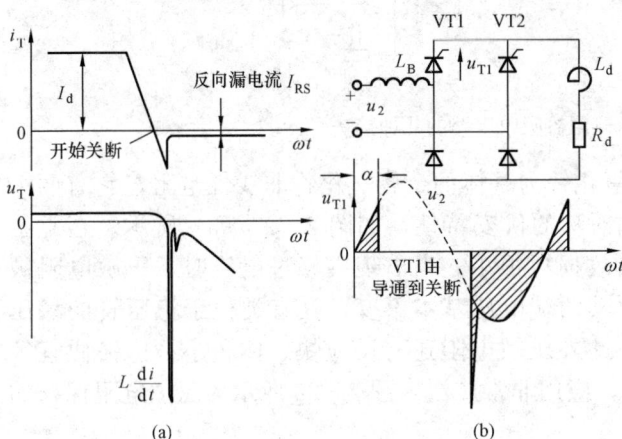

图 2-21　晶闸管关断时的尖峰过电压波形

(a) 关断过电压；(b) 晶闸管瞬时过电压

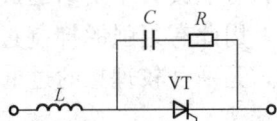

图 2-22　晶闸管阻容吸收电路

二、交流侧过电压及其保护

1. 交流侧过电压的产生

交流侧过电压通常发生在以下几种情况下：

(1) 由高压电源供电或变比很大的变压器供电，在一次侧合闸瞬间，由于一、二次绕组间存在分布电容，一次侧高压通过分布电容耦合到二次侧，使二次侧出现瞬时过电压。

(2) 与整流装置并联的其他负载切断时，由于电源提供的总电流突然减小，会在变压器漏电感中产生感应电动势，使变压器二次侧出现瞬时过电压。

(3) 在整流变压器空载且电源电压过零时一次侧拉闸，由于变压器励磁电流突变导致二次侧感应出很高的瞬时过电压。

(4) 由于雷击或从电网侵入的高电压干扰而产生的浪涌过电压。

2. 保护措施

(1) 阻容吸收保护。抑制交流侧操作过电压的最常用、最有效的方法就是并联阻容吸收电路，接法如图 2-23 所示。阻容吸收保护应用广泛、性能可靠，但体积较大，且在正常运行时电阻要消耗能量，特别是不能完全抑制能量较大的浪涌过电压，所以它只适用于峰值不高、过电压能量不大以及要求不高的场合。

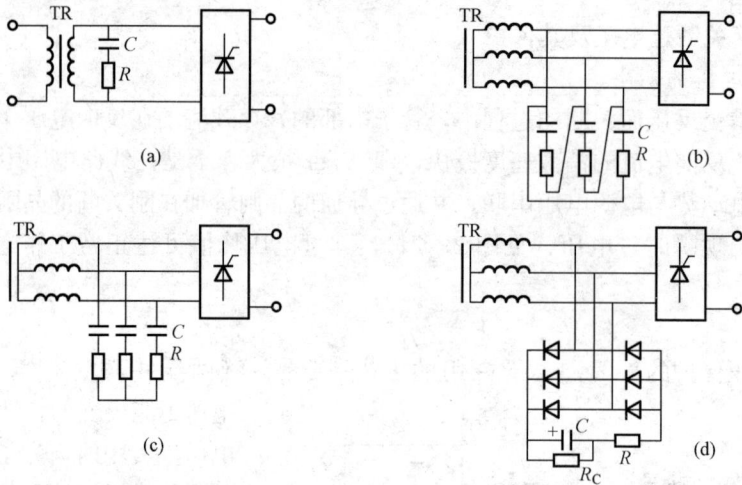

图 2-23　交流侧阻容吸收电路的几种接法

（2）压敏电阻保护。压敏电阻是以氧化锌为基体的金属氧化物非线性电阻，它有两个电极 [见图 2-24（b）]，具有正、反向对称的伏安特性，如图 2-24（a）所示。正常工作时，压敏电阻的漏电流仅为微安级，故损耗很小。当出现尖峰过电压时，压敏电阻被击穿，可泄放数千安培的放电电流，而其两端电压基本不变，具有类似于稳压管的稳压特性，因此有很强的抑制过电压能力。此外压敏电阻还有反应快、体积小、价格便宜等优点，是一种较理想的过电压保护元件，应用非常广泛。图 2-25 所示为压敏电阻保护的几种接法。

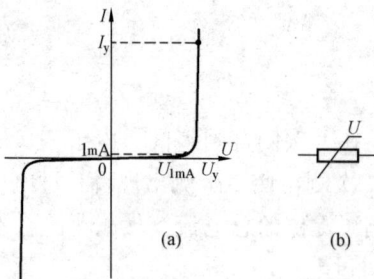

图 2-24　压敏电阻的伏安特性与图形符号
（a）伏安特性；（b）图形符号

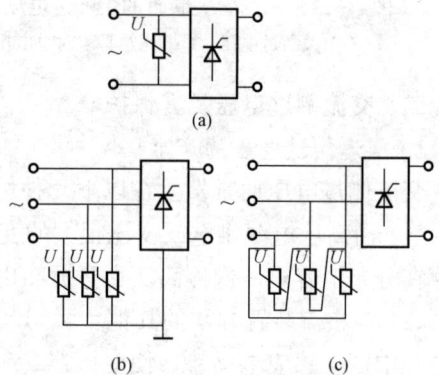

图 2-25　压敏电阻保护的几种接法

（3）硒堆保护。硒堆由成组串联的硒整流片构成，其接线方式如图 2-26 所示。正常工作时，总有一组硒堆处于反向工作状态，漏电流很小。当出现尖峰过电压时，硒堆被反向击穿，反向电流迅速增大以吸收过电压能量，从而限制了过电压数值。由于硒片面积较大，故击穿时只是烧焦几个点，待过电压消失后，硒片还可恢复正常工作，继续起保护作用。但硒片体积大、反向伏安特性不陡，且长期不用时会产生"储存老化"现象，从而导致失效，所以目前较少采用。

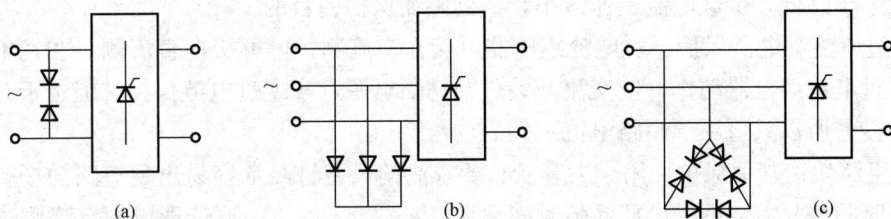

图 2-26　硒堆保护的几种接法

三、直流侧过电压及其保护

直流侧也可能发生过电压。产生直流侧过电压的主要原因有两个：一是直流侧快速开关或熔断器断开时，变压器中的储能释放而产生过电压；二是整流桥臂中晶闸管烧断或熔断器熔断时，因大电感释放能量而产生过电压。

直流侧过电压的保护措施与交流侧一样，也可以在直流侧并接阻容吸收电路、压敏电阻或硒堆，起过电压保护作用。一般来说，对于容量较小的装置，可采用阻容吸收保护；对于容量较大的装置，选择压敏电阻或硒堆保护。

2.4.2　晶闸管的过电流保护与电压、电流上升率的限制

一、晶闸管的过电流保护

若通过晶闸管的电流超过了其正常工作时的最大电流，就称为过电流。

1. 过电流的产生

产生过电流的主要原因有：

（1）晶闸管损坏或触发电路故障。

（2）生产机械过载或直流侧短路。

（3）交流电源过高、过低或缺相。

（4）可逆系统中产生环流或有源逆变失败等。

过电流保护的任务就是当电路一旦出现过电流时，能在晶闸管尚未被损坏之前，迅速地抑制过电流或快速切断电路，以达到保护晶闸管的目的。

2. 过电流保护措施

常用的过电流保护措施有以下五种，如图 2-27 所示。实用时，可根据需要同时选择其中的几种配合起来使用，以提高保护的可靠性与合理性。

（1）进线电抗限制保护。在交流侧串接进线电抗器，或采用漏抗较大的整流变压器，利用电感电流不能突变的特点来限制过电流。此方法虽有效，但负载电流大时存在较大的交流压降。

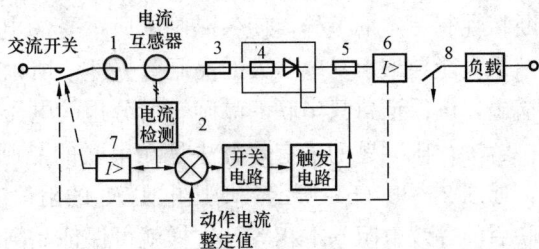

图 2-27　晶闸管装置可采用的几种过电流保护措施
1—进线电抗限流；2—电子电路保护；3、4、5—快速熔断器；
6、7—过电流继电器；8—直流快速开关

（2）电子电路控制保护。其一般由检测、比较和执行等环节组成。当出现过电流时，产生相应的控制信号来控制晶闸管的触发电路，使触发脉冲快速后移（即控制角 α 增大），主电路输出电压降低，负载电流迅速减小，达到限流保护的目的。

（3）过电流继电器保护。过电流继电器可接在交流侧，也可接在直流侧，在发生过电流故障时，过电流继电器动作，使交流开关跳闸切断电源，实现过电流保护。但由于开关动作需几百毫秒，所以只适用于短路电流不大的场合。

（4）直流快速开关保护。用于大容量、要求高的设备且经常容易出现短路的场合。其特点是动作时间快只需 2ms，全部断弧时间只要 20～30ms，是一种较理想的直流侧过电流保护装置，但由于其价格昂贵且结构复杂，故实际使用不多。

（5）快速熔断器保护。它是最有效、最常用的一种过电流保护措施。与普通熔断器相比，具有快速熔断的特性，熔断时间一般小于 0.02s，可在晶闸管被损坏之前迅速切断短路电流，故适用于短路保护场合。快速熔断器的接法有串接于桥臂、串接在交流侧以及串接在直流侧三种，其中，接入桥臂与晶闸管串联保护效果最好，但使用的熔断器较多。由于快速熔断器的价格较高且更换不方便，所以实用中必须与其他过电流保护措施配合使用，作为最后一道保护屏障。

二、电压与电流上升率的限制

晶闸管在阻断时，其阳、阴极间相当于一个结电容，当突然加上正向阳极电压时就会产生充电电流，此电流流过门极相当于门极触发电流，结果可能导致晶闸管发生误导通，所以要限制电压上升率 du/dt。另外，晶闸管在导通时，若阳极电流上升太快，电流来不及扩散到整个 PN 结结面，结果可能引起门极附近电流密度过大而烧坏元件，因此对电流上升率 di/dt 也应有一定的限制。限制 du/dt 和 di/dt 的最简单有效的方法就是在桥臂中串入桥臂电抗器（20～30μH）或套入 1～2 个铁淦氧磁环。

2.4.3　晶闸管的串联和并联

在高电压和大电流的晶闸管装置中，当单只晶闸管的电压或电流定额满足不了实际要求时，就需要将多只晶闸管串联或并联起来使用。

一、晶闸管的串联

当晶闸管的额定电压小于实际要求时，可将两只或两只以上的同型号晶闸管串联起来使用。由于制造工艺上的分散性，即使是同型号的晶闸管其伏安特性也不可能完全相同。如图 2-28（a）所示，在反向阻断状态下，两只串联的晶闸管流过的漏电流相等，而由于反向阻断特性有一定的差异，使各晶闸管所承受的电压不相等，即出现了电压分配不均衡现象，其结果可能导致承受电压大的晶闸管损坏。所以，在晶闸管串联使用时，必须采取一定的均压措施，以保证每只串联的晶闸管所分担的电压基本相等。

解决均压问题的最有效方法是在串联的晶闸管上并联阻值相等的电阻 R_j，称为均压电阻，如图 2-28（b）所示。均压电阻 R_j 的阻值应远远小于晶闸管的漏电阻，使晶闸管与 R_j 并联后的等效电阻基本相等，这样就可保证晶闸管在正反向阻断状态时所承受的电压基本相等。均压电阻只能使直流电压或变化缓慢的电压均匀分配在串联的各晶闸管上，解决的是静态不均压问题。而晶闸管在导通和关断的过程中由于动态参数和特性的差异，也会出现瞬时电压分配不均衡问题，称为动态不均压。解决的方法是在晶闸管两端并联阻容吸收电路，如图 2-28（b）中虚线所示，利用电容两端电压不能突变的特性既可起过电压保护作用，又

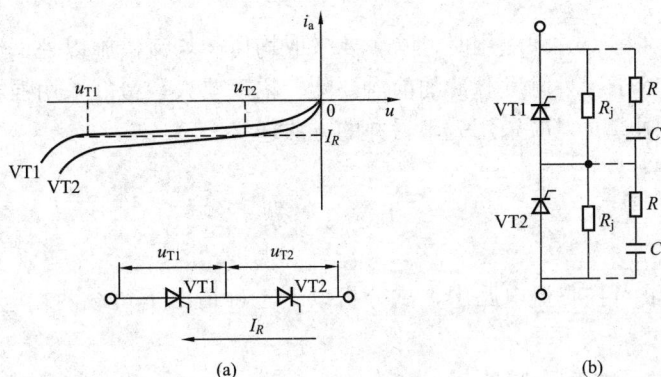

图 2-28　晶闸管的串联与均压措施
（a）串联电路及伏安特性；（b）均压电路

可实现动态均压。

　　在晶闸管串联使用时，虽然采取了均压措施，但仍不能保证绝对均压。因此在选择每只管子的额定电压时还应留有充分的裕量。

二、晶闸管的并联

　　在大功率晶闸管装置中，常用两只或两只以上的同型号晶闸管并联来承担较大的工作电流。图 2-29（a）所示为两只晶闸管并联时，在正向导通情况下，两只管子的正向压降相等，但由于正向导通伏安特性有差异，使各管所分担的电流相差很大，即出现了电流分配不均衡现象。所以晶闸管在并联使用时，必须采取均流措施，以保证每只并联的晶闸管所分担的电流基本相等。常用的均流措施有电阻均流和电抗均流两种。

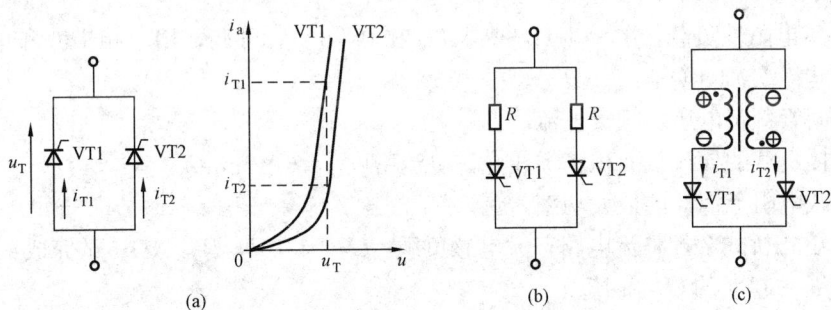

图 2-29　晶闸管的并联与均流措施
（a）并联电路及伏安特性；（b）电阻均流；（c）电抗均流

　　（1）电阻均流。如图 2-29（b）所示，在并联的各晶闸管中串联均流电阻 R。此方法电阻功耗较大，故只适用于小电流的晶闸管。

　　（2）电抗均流。如图 2-29（c）所示，用一个铁芯带有两个相同的线圈，同铭端相反接在并联的晶闸管电路中。当两管在导通过程中电流不相等时，如 $i_{T1} > i_{T2}$，则在电感中产生如图所示的感应电动势，使两管与电感回路中产生环流，迫使 i_{T1} 减小、i_{T2} 增大，从而使两管电流基本均衡，实现均流。

　　采取了均流措施后，仍不能保证绝对均流，故晶闸管额定电流的选择也应留有充分的裕量。

总之，晶闸管在串、并联应用时，除了要采取均压、均流措施以外，还应选用特性和动态参数尽量一致的管子。且触发脉冲的前沿要陡、幅度要大，最好采用强触发脉冲。当需要同时串联和并联晶闸管时，应采用先串后并的方法连接。

习　题

2-1　单相半波可控整流电路中，试分析以下三种情况下负载两端电压 u_d 和晶闸管两端电压 u_T 的波形：

（1）晶闸管门极不加触发脉冲。

（2）晶闸管内部短路。

（3）晶闸管内部断路。

2-2　可控整流电路带纯电阻负载时，负载电阻上的 U_d 与 I_d 的乘积是否等于负载功率？带大电感负载时，负载电阻上的 U_d 与 I_d 的乘积是否等于负载功率？为什么？

2-3　某单相桥式全控整流电路给电阻性负载供电和给大电感负载供电，在流过负载电流平均值相同的条件下，哪一种负载的晶闸管额定电流应选大一些？为什么？

2-4　单相桥式全控整流电路带电阻性负载，若其中一只晶闸管的阳、阴极之间被烧断，结果会怎样？画出此时的 u_d 和 u_T 波形。若这只晶闸管的阳、阴极之间被烧成短路，结果又会怎样？

2-5　某单相半波可控整流电路带电阻性负载，要求输出直流电压 $U_d=75\text{V}$，直流电流 $I_d=20\text{A}$，采用220V交流电网直接供电，试计算晶闸管的控制角和导通角、负载电流的有效值及电路的功率因数。

2-6　某电阻性负载，$R_d=50\Omega$，要求 U_d 在 $0\sim600\text{V}$ 可调，用单相半波和单相全控桥两种电路供电，分别计算：

（1）晶闸管额定电压、额定电流。

（2）连接负载的导线截面积（导线允许电流密度 $j=6\text{A/mm}^2$）。

（3）负载电阻上消耗的最大功率。

2-7　单相桥式全控整流电路，大电感负载，$U_2=110\text{V}$，$R_d=4\Omega$。试完成：

（1）求 $\alpha=30°$ 时的 U_d 和 I_d。

（2）若负载端并接续流管，求 $\alpha=30°$ 时的 U_d、I_d 以及 I_{dT}、I_{dD}、I_T 和 I_D。

（3）画出以上两种情况下的电压、电流波形。

2-8　单相半控桥式整流电路对恒温电炉供电，电炉电热丝电阻为 34Ω，直接由220V交流输入，试选择晶闸管的型号规格（考虑2倍裕量），并计算电炉功率。

2-9　三相半波可控整流电路带电阻性负载，试画出 $\alpha=30°$ 时 u_d、i_{T1} 和 u_{T1} 波形。

2-10　三相半波可控整流电路带电阻性负载，当A相VT1无触发脉冲时，试画出 $\alpha=15°$ 和 $\alpha=60°$ 两种情况下的 u_d 波形。

2-11　三相半波可控整流电路带大电感负载，试画 $\alpha=45°$ 时：

（1）不接续流管时的 u_d、i_{T1} 和 u_{T1} 波形。

（2）并接续流管后的 u_d、i_{T1} 和 i_D 波形。

2-12　三相半波可控整流电路带大电感负载，$R_d=10\Omega$，$U_{2ph}=220V$，求 $\alpha=45°$时的 U_d、I_d、I_{dT}、I_T 和 I_2。

2-13　三相半波可控整流电路，带电动机负载并串入足够大的平波电抗器，接续流二极管。已知$U_{2ph}=220V$，电动机负载电流为40A，负载回路总电阻为 0.2Ω，求 $\alpha=60°$时流过晶闸管和续流管的电流平均值、有效值以及电动机的反电动势。

2-14　三相全控桥式整流电路如图2-30所示，当$\alpha=60°$时，试分别画出以下几种故障情况下的 u_d 波形。

(1) 熔断器 FU1 熔断。

(2) 熔断器 FU2 熔断。

(3) 熔断器 FU2 和 FU3 同时熔断。

2-15　三相全控桥式整流电路带大电感负载，$R_d=4\Omega$，要求 U_d 在0～220V之间连续可调。试求：

(1) 不考虑控制角裕量时，整流变压器二次线电压有效值U_{2l}。

(2) 选择晶闸管型号规格（考虑2倍裕量）。

(3) 整流变压器二次侧容量 S_2。

(4) $\alpha=0°$时电路的功率因数 $\cos\varphi$。

图2-30　习题2-14图

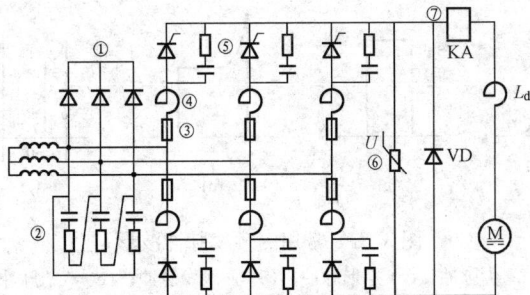

2-16　三相全控桥式整流电路带大电感负载，$U_{2ph}=100V$，$R_d=10\Omega$，求 $\alpha=45°$时的 U_d、I_d、I_{dT}、I_T 和 I_2。

2-17　三相半波可控整流电路，大电感负载，$I_d=10A$ 不变，$U_{2ph}=\dfrac{100}{\sqrt2}V$，换相重叠角 $\gamma=10°$。当 $\alpha=60°$时，求换相压降U_γ和整流输出电压U_d。

2-18　三相全控桥式整流电路串电抗器带电动机负载，已知变压器二次相电压$U_{2ph}=100V$，变压器每相绕组漏感（折合至二次侧）$L_B=100\mu H$，负载电流 $I_d=150A$，求由于漏抗引起的换相压降，该压降所对应整流器的等效内阻，以及$\alpha=0°$时的换相重叠角。

2-19　晶闸管两端并联阻容吸收电路可起哪些保护作用？

2-20　限制过电压、过电流通常有哪些措施？

2-21　不用过电压、过电流保护，选用较高电压等级和较高电流等级的晶闸管行不行？

2-22　指出图2-31中①～⑦各保护元件及 VD、L_d 的名称和作用。

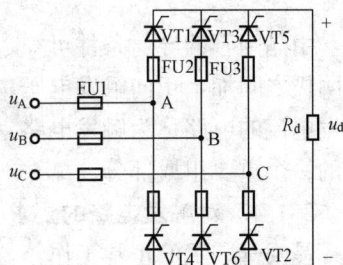

图2-31　习题2-22图

3　晶闸管的触发电路

3.1　概　　述

由晶闸管的导通条件可知，在晶闸管的阳极与阴极之间加上正向电压后，还必须在门极与阴极之间加上正向触发电压，晶闸管才能从阻断变为导通。为晶闸管提供门极触发电压与触发电流的电路称为触发电路（门极驱动电路），它确定了晶闸管的导通时刻，是晶闸管装置的一个重要组成部分。

3.1.1　对触发电路的要求

晶闸管装置的正常工作，与门极触发电路正确和可靠的运行密切相关，门极触发电路必须按主电路的要求来设计。晶闸管装置主电路对门极触发电路一般有如下要求：

（1）触发脉冲应有足够的功率。触发脉冲的电压和电流应大于晶闸管要求的数值，并留有一定的裕量。

（2）触发脉冲应满足主电路所要求的移相范围。

（3）触发脉冲应与主电路电压保持同步。两者频率应该一致，而且要有固定的相位关系，使晶闸管在每一周期都能以相同的相位触发导通。

（4）触发脉冲的波形要符合要求（前沿要陡、宽度要足够）。例如，对电感性负载，脉冲应有足够的宽度，一般对应 50Hz 的 $18°$。对于多个晶闸管作串并联运用时，为改善均流和均压，脉冲前沿陡度应大于 $1\text{A}/\mu\text{s}$。

另外，为满足三相全控桥电路中晶闸管的导通要求，触发电路应能输出双窄脉冲或宽脉冲。而为满足反并联可逆电路的要求，防止逆变失败，触发电路应有 $\alpha_{\min}$、$\beta_{\min}$ 限制。

3.1.2　常用的触发脉冲

几种常用的触发脉冲波形如图 3-1 所示。其中，正弦波触发脉冲由于前沿不陡，触发准确性较差，故仅用在对触发要求不高的场合；尖脉冲的触发电路简单，生成容易，触发脉冲较窄，常用于对触发要求不高、小功率且为电阻负载的场合；强触发脉冲前沿陡，宽度可变，有强触发功能，适用于大功率场合；双窄脉冲有强触发功能，用于控制精度较高，特别是三相全控桥电路及带电感性负载的场合。

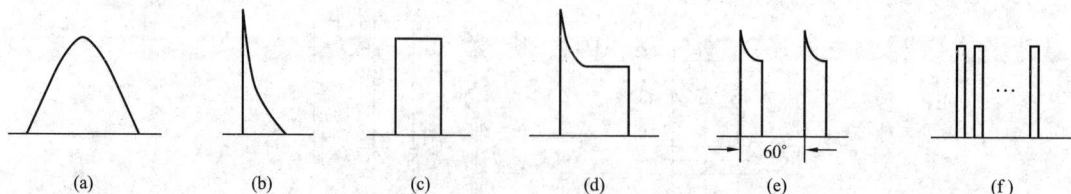

图 3-1　常用的触发脉冲波形

（a）正弦波；（b）尖脉冲；（c）矩形脉冲；（d）强触发脉冲；（e）双窄脉冲；（f）脉冲列

触发电路通常以组成的主要器件名称分类，可分为简易触发电路、单结管触发电路、晶体管触发电路、集成电路触发器、计算机控制数字式移相触发电路等。目前晶闸管主要应用于相控整流电路和交流调压电路，适用于这些应用的各种触发电路都已集成化、系列化，例如国内生产的 KC 系列和 KJ 系列的产品，可供使用者直接选用。

3.2 简易触发电路

这类触发电路所用元件少，仅由几个电阻、电容和二极管构成，结构简单，调试方便，一般不用同步变压器，常用于控制精度要求不高的小功率负载电路。

3.2.1 简易触发电路举例

图 3-2 所示为由可变电阻引入本相电压作为门极触发电压的电路和波形。图中，晶闸管 VT 与负载 R_d 构成主电路，电阻 R、可变电阻 RP 及二极管 VD 构成触发电路。当电源电压 u_2 为正半周时，晶闸管承受正向电压，电源电压通过门极电阻 R、RP 产生门极电流。当门极电流上升到触发电流 I_G 时，晶闸管被触发导通，管压降近似为零，电源电压都加到了负载 R_d 上。改变门极回路可变电阻 RP 的阻值，就改变了门极电流的大小，即可改变晶闸管在一个周期中开始导通的时刻，从而调节 R_d 上电压的大小。由波形图可知，该电路移相范围小于 90°。

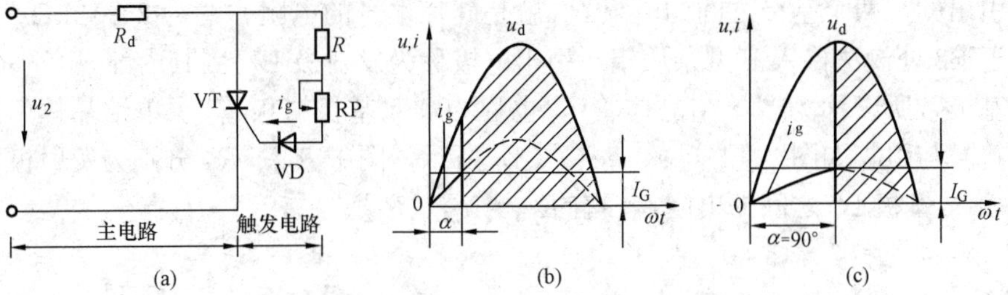

图 3-2 可变电阻引入本相电压作为门极触发电压的电路及波形
(a) 电路；(b) RP 变小时波形；(c) RP 最大时波形

3.2.2 应用举例

图 3-3 (a) 所示为阻容移相触发的晶闸管点火电路，它可用于点燃煤气、天然气及其他可燃性气体的炉灶。当开关 S 闭合时，220V 交流电经桥式整流后给储能电容 C_3 充电，同时还通过 RP、R_1、R_2 对电容 C_1、C_2 充电，延时时间可控制在 0.2s 以内，这样可保证 C_3 充电到电源电压时，使晶闸管被触发导通，以确保准确点火。如果电容 C_3 未充电到电源电压而触发晶闸管，则点火率大大下降。

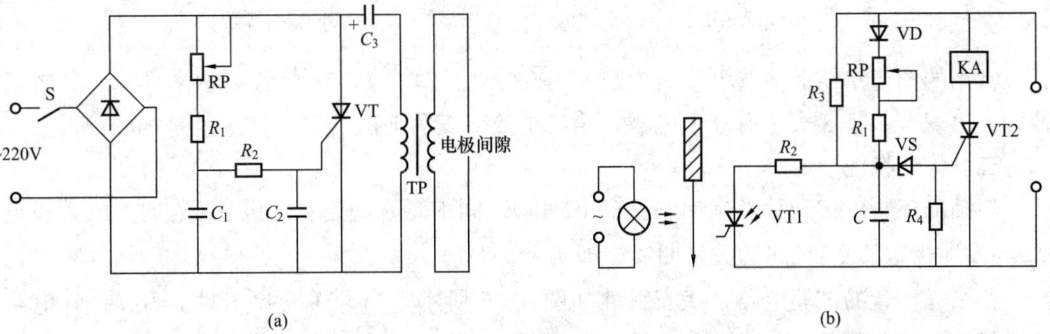

图 3-3 两种简易移相触发实用电路
(a) 晶闸管点火电路；(b) 自动生产线运行监控电路

图 3-3（b）所示为自动生产线运行监控电路。当生产线上正常运动着的零部件挡住光源时，光控晶闸管 VT1 关断，电容 C 充电。当零部件穿过后，VT1 光触发导通，电容 C 通过 R_2、VT1 放电。当生产线发生故障，零部件或其他物品挡住光源时间超过一定数值后，电容 C 因连续充电其端电压超过稳压管的击穿电压，使 VT2 触发导通，继电器吸合发出信号或使生产线停止运行，延时动作时间由 RP 调节。

3.3 单结晶体管触发电路

单结晶体管触发电路结构简单，输出脉冲前沿陡，抗干扰能力强，运行可靠，调试方便，广泛应用于对小容量晶闸管的触发控制。

3.3.1 单结晶体管

一、结构

单结晶体管简称为单结管，其结构示意如图 3-4（a）所示，它有三个电极：两个基极（第一基极 B1、第二基极 B2）和一个发射极 E。这两个基极是在一块高电阻率的 N 型半导体硅片上引出的，两个基极之间的电阻 R_{BB} 就是硅片本身的电阻，约为 $2\sim12\text{k}\Omega$。在两个基极之间靠近 B2 处设法掺入 P 型杂质铝，引出电极称为发射极 E。因其内部只有一个 PN 结，又有两个基极，所以称为"单结晶体管"，也称为"双基极二极管"。单结晶体管的等效电路、图形符号与引脚如图 3-4（b）、（c）、（d）所示，图中 R_{B1}、R_{B2} 分别为发射极 E 与第一基极 B1、第二基极 B2 之间的电阻，即有 $R_{BB}=R_{B1}+R_{B2}$。

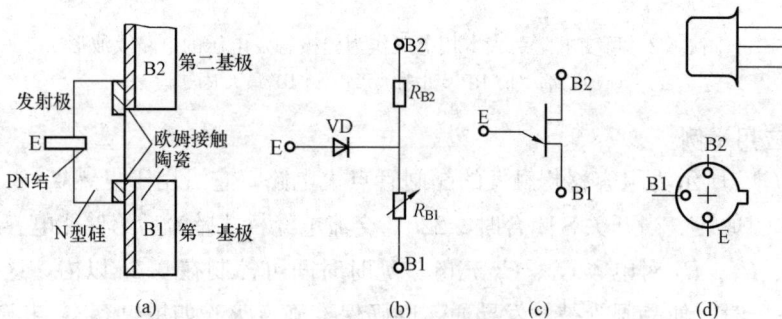

图 3-4 单结晶体管的结构、等效电路、图形符号及引脚
(a) 结构示意；(b) 等效电路；(c) 图形符号；(d) 外形及引脚

常用的国产单结晶体管型号有 BT31、BT33、BT35 等，其中 B 表示半导体，T 表示特种管，第一个数字 3 表示有 3 个电极，第二个数字表示耗散功率，如 3 就是 300mW。

二、伏安特性

单结晶体管的伏安特性指当两基极 B2 和 B1 间加某一固定直流电压 U_{BB} 时，发射极电压 U_E 与发射极电流 I_E 之间的关系曲线，即 $I_E=f(U_E)$。

单结晶体管的试验电路及伏安特性如图 3-5 所示。当开关 S 断开时，$I_{BB}=0$，电路中二极管 VD 与电源 E_E 及电阻 R_F、R_{B1} 相串联，此时，U_E 与 I_E 的关系曲线与普通二极管的正向伏安特性曲线相似，如图 3-5（b）中最下边的一条曲线。

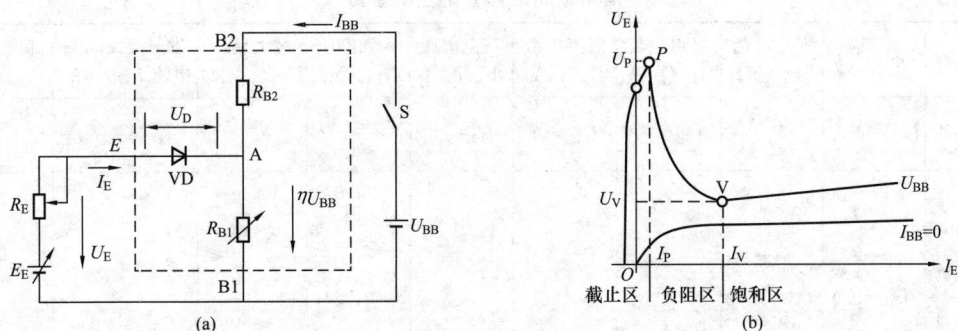

图 3-5 单结晶体管的试验电路及伏安特性

(a) 试验电路；(b) 伏安特性曲线

1. 截止区

当开关 S 闭合，基极电压 U_{BB} 通过电阻 R_{B2} 和 R_{B1} 分压，使 A 点对 B1 的电位为

$$U_A = \frac{R_{B1}}{R_{B1} + R_{B2}} U_{BB} = \frac{R_{B1}}{R_{BB}} U_{BB} = \eta U_{BB} \tag{3-1}$$

式中，η 为单结晶体管的分压比 $\eta = \dfrac{R_{B1}}{R_{BB}}$。

η 是单结晶体管的主要参数之一，其值一般为 0.3～0.9。

调整电源 E_E，使 U_E 从零逐渐增加，当 $U_E \leqslant \eta U_{BB}$ 时，等效二极管 VD 处于反偏或零偏状态，此时只有很小的反向漏电流，单结晶体管工作在截止状态。

当 $U_E = \eta U_{BB} + U_D$ 时，等效二极管 VD 开始导通，使单结晶体管由截止状态进入导通状态，状态转换的转折点对应于图 3-5 (b) 中的 P 点。P 点称为峰点，P 点所对应的电压和电流称为峰点电压 U_P 和峰点电流 I_P。显然，峰点电压 $U_P = \eta U_{BB} + U_D$。

2. 负阻区

当 $U_E > U_P$ 时，等效二极管 VD 导通，电流 I_E 增大，发射极 P 区中大量的空穴载流子注入 N 区，即 A 点到 B1 的硅片，使 R_{B1} 迅速减小。而 R_{B1} 的减小，导致 U_A 降低，等效二极管 VD 承受更大的正偏电压，引起更多的空穴载流子注入硅片中，促使 R_{B1} 进一步减小，I_E 又进一步增大，形成强烈的正反馈过程。从元件 EB1 端观察，在此区间，I_E 增大而 U_E 却减小，即动态电阻 $r_{eb1} = \Delta U_E / \Delta I_E$ 为负值，这就是单结晶体管的负阻特性。

当 I_E 增大到一定程度，硅片中载流子的浓度趋于饱和，R_{B1} 已减小至最小值，U_A、U_E 也降低到最小值，对应于图 3-5 (b) 中的 V 点（称为谷点）。V 点所对应的电压和电流称为谷点电压 U_V 和谷点电流 I_V。P 点与 V 点之间的区域称为特性曲线的负阻区。

3. 饱和区

当硅片中载流子饱和后，欲使 I_E 继续增大，必须增大发射极电压 U_E，单结晶体管恢复正阻特性，进入饱和导通状态。

要使已导通的管子截止，必须减小发射极电压 U_E，当 $U_E < U_V$ 时，单结晶体管由导通转变为截止。显然，谷点电压 U_V 是维持管子导通的最小电压。

常用单结晶体管的主要参数见表 3-1。

表 3-1　　　　　　　　　　　　　　　常用单结晶体管的主要参数

参数名称	分压比 η	基极电阻 R_{BB}（kΩ）	峰点电流 I_P（μA）	谷点电流 I_V（mA）	谷点电压 U_V（V）	饱和电压 U_{ES}（V）	最大反压 U_{BZmax}（V）	发射极反向漏电流 I_{CO}（μA）	耗散功率 P_{max}（mV）
测试条件	$U_{BB}=20V$	$U_{BB}=3V$ $I_E=0$	$U_{BB}=0$	$U_{BB}=0$	$U_{BB}=0$	$U_{BB}=0$ $I_E=I_{Emax}$		U_{B2E} 为最大值	
BT33 A	0.45~0.9	2~4.5			<3.5	<4	≥30		300
BT33 B							≥60		
BT33 C	0.3~0.9	>4.5~12	<4	>1.5	<4	<4.5	≥30	<2	
BT33 D							≥60		
BT35 A	0.45~0.9	2~4.5			<3.5	<4	≥30		500
BT35 B					>3.5		≥60		
BT35 C	0.3~0.9	>4.5~12			>4	<4.5	≥30		
BT35 D							≥60		

3.3.2　单结晶体管自激振荡电路

利用单结晶体管的负阻特性和 RC 电路的充放电特性，可以组成单结晶体管自激振荡电路，如图 3-6（a）所示。

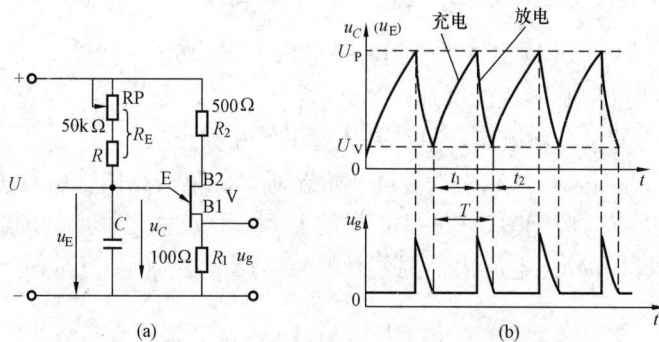

图 3-6　单结晶体管自激振荡电路与波形
（a）电路；（b）波形

设电源接通之前电容 C 上的初始电压为零。电源接通后，U 通过电阻 R_E 对电容 C 充电，充电时间常数为 $R_E C$。当电容电压 u_C 达到单结晶体管的峰点电压 U_P 时，单结晶体管进入负阻区，并很快饱和导通，电容 C 通过 EB1 向电阻 R_1 放电，在 R_1 上产生脉冲电压 u_g。随着电容放电，当 u_C 下降到谷点电压 U_V 时，单结晶体管由导通又转为截止，R_1 上的脉冲电压终止。此后电容 C 又开始下一次充电，重复上述过程，形成振荡。由于放电时间常数 $(R_1+R_{B1})C$ 远远小于充电时间常数 $R_E C$，故在电容两端得到的是锯齿波电压，在电阻 R_1 上得到的是尖脉冲电压。

值得注意的是，R_E 的值太大或太小时，电路不能产生振荡。R_E 太大时，充电电流在 R_E 上的压降太大，使电容 C 上的充电电压始终达不到峰点电压 U_P，单结晶体管不能进入负阻区，一直处于截止状态，电路无法振荡；当 R_E 太小时，单结晶体管导通后的 I_E 将一直大于 I_V，单结晶体管关断不了。因此满足电路振荡的 R_E 的取值范

围应为

$$\frac{E-U_P}{I_P} \geqslant R_E \geqslant \frac{E-U_V}{I_V} \tag{3-2}$$

为了防止 R_E 取值过小，电路不能振荡，一般采取满足振荡条件的最小值固定电阻 R 与另一可调电阻 RP 相串联的接法。若忽略电容 C 放电时间，则电路的振荡频率近似为

$$f = \frac{1}{T} = \frac{1}{R_E C \ln \dfrac{1}{1-\eta}} \tag{3-3}$$

电路中，R_1 上的脉冲电压宽度取决于电容放电时间常数，R_2 是温度补偿电阻，作用是保持振荡频率的稳定，使其不随温度而变化。电阻 R_1 通常取 $50 \sim 100\Omega$，R_2 通常取 $200 \sim 600\Omega$，电容 C 通常取 $0.1 \sim 1\mu F$。

3.3.3 单结晶体管同步触发电路

依照晶闸管对触发电路的要求，触发电路送出的触发脉冲必须与晶闸管所加阳极电压同步，这样才能保证晶闸管在每个周期以相同的控制角 α 触发导通，得到稳定的直流输出电压。

图 3-7 (a) 所示为单相半控桥单结晶体管同步触发电路。它由同步电源、移相控制、脉冲形成与输出等部分组成。

同步变压器 TS、二极管整流及稳压管削波组成同步电路。为实现同步，采用了触发电路与主回路接至同一个电源的方法，使同步变压器二次电压与主电压同频率、同相位。经双半波整流，再经稳压管削波便得到梯形波同步电压 u_B，如图 3-7 (b) 所示。

梯形波电压 u_B 既是同步信号又是单结晶体管触发电路的电源电压。每当主电压 u_2 过零时，梯形波电压 u_B 也正好过零，单结晶体管的电压 U_{BB} 也降为零，使电容 C 经 E-B1-R_1 迅速放电至零，这样电容 C 在每半周开始均能从零开始充电。只要峰点电压 U_P 及充电时间常数一定，则电容 C 充电达到 U_P 的时间也就一定，使每周期触发电路送出第一个脉冲距电源过零点的时刻（即控制角 α）一致，保证了每周期晶闸管的控制角及导通角相等，从而实现了同步。

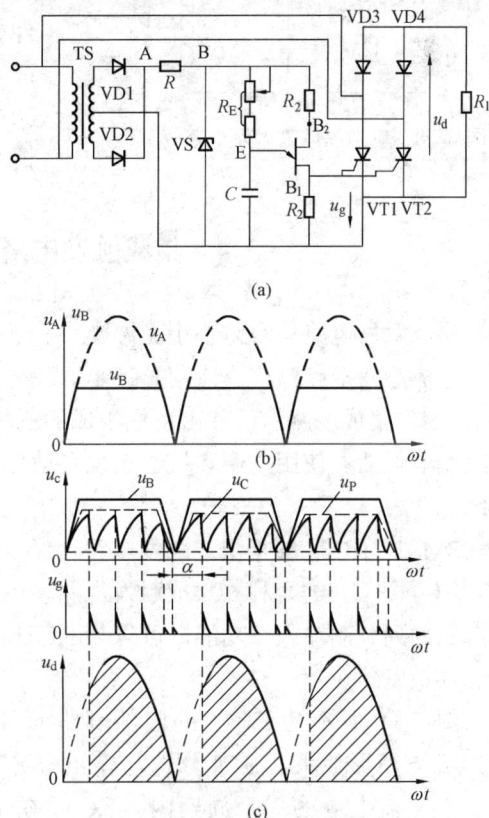

(a)

(b)

(c)

图 3-7 单相半控桥单结晶体管同步触发电路及波形

(a) 同步触发电路；(b) 同步电压波形；(c) 工作波形

由图 3-7 (c) 可以看出，每半周中电容 C 有多次充放电过程，相应的每半周中触发电路也有多个脉冲输出，但晶闸管只由每半周中的第一个脉冲触发导通，后面的脉冲不起作用。

改变电阻 R_E 的大小，即可实现移相控制。例如，增大 R_E，电容 C 的充电时间常数增大，单结晶体管充电到峰点电压 U_P 的时间 t_1 增长，第一个脉冲出现的时刻延迟，即控制角 α 增大，整流输出电压 U_d 减小。反之，减小 R_E，则控制角 α 减小，输出电压 U_d 增大，从而实现了整流输出电压的可控性。

在电源一定的条件下，R_E 的变化范围决定了触发电路的移相范围，由于 R_E 的调节范围有限，故电路的移相范围也受限。另外，梯形波同步电压 u_B 的两腰使 U_{BB} 太小，这也限制了移相范围。再考虑到电容的充电时间，所以，单结晶体管触发电路的实际移相范围一般小于 $140°$。在电路元件耐压允许的条件下，提高电源电压的幅值使梯形两腰更陡，可在一定程度上增大移相范围。

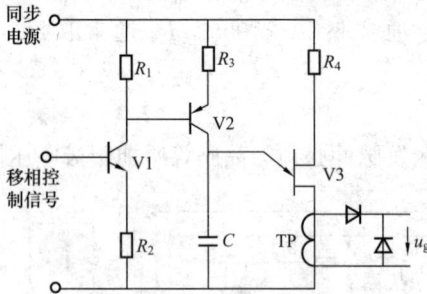

图 3-8　单结晶体管触发电路的其他形式

实际应用中，常用晶体管代替电阻 R_E，以便实现自动移相，同时脉冲的输出一般通过脉冲变压器 TP，以实现触发电路与主电路的电气隔离，如图 3-8 所示。

单结晶体管触发电路优点是电路简单、使用元件少、体积小、脉冲前沿陡、峰值大，缺点是只能产生窄脉冲，不宜用于大电感负载，故一般多用于 50A 以下的单相晶闸管装置及非大电感负载的情况。

3.4　集成触发电路和数字式移相触发电路

集成触发电路具有体积小、温漂小、功耗小、性能稳定、工作可靠、调试方便等优点。目前集成触发电路已广泛应用，逐步取代分立元件电路。本节简要介绍 KC 系列中的 KC04 和 KC41C 集成电路组件和由它们组成的三相全控桥集成触发电路。微机控制数字触发电路具有调节灵活、使用方便和易于实现自动化的优点，在工业装置中应用广泛，本节也作简要介绍。

3.4.1　KC04 移相集成触发电路

KC04（KJ004）移相集成触发电路输出双路脉冲，可以方便地组成各种电路的触发器。它有脉冲列调制输入等功能，可以与 KC41 双脉冲形成器、KC42 脉冲列形成器构成 6 路双窄脉冲触发器。

图 3-9 所示为 KC04 的内部电路原理图，它由同步、锯齿波形成、移相控制、脉冲形成与整形放大、脉冲分选与输出等环节组成。KC04 外引脚排列如图 3-10（a）所示。在交流电源的一个周期内，KC04 在 1 脚和 15 脚输出相位相差 $180°$ 的两个窄脉冲，可以作为三相全控桥主电路同一相上下桥臂晶闸管的触发脉冲；16 脚接 +15V 电源；8 脚输入同步电压 u_s；4 脚形成的锯齿波可以通过调节 $6.8k\Omega$ 的电位器 RP1 改变其斜率；9 脚为锯齿波电压 u_4、负直流偏移电压 $-U_b$、移相控制直流电压 U_c 的综合比较输入；13、14 脚提供脉冲列调制和脉冲封锁控制。KC04 各引脚的电压波形如图 3-10（b）所示。

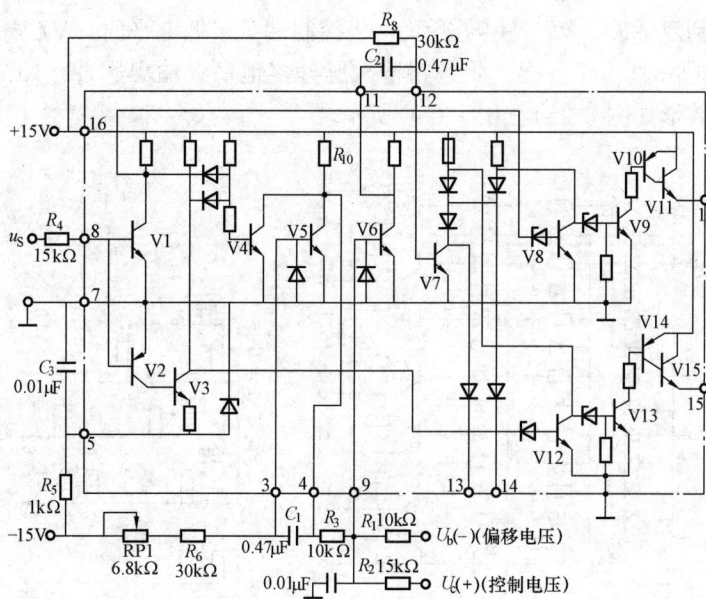

图 3-9 KC04 内部电路原理图

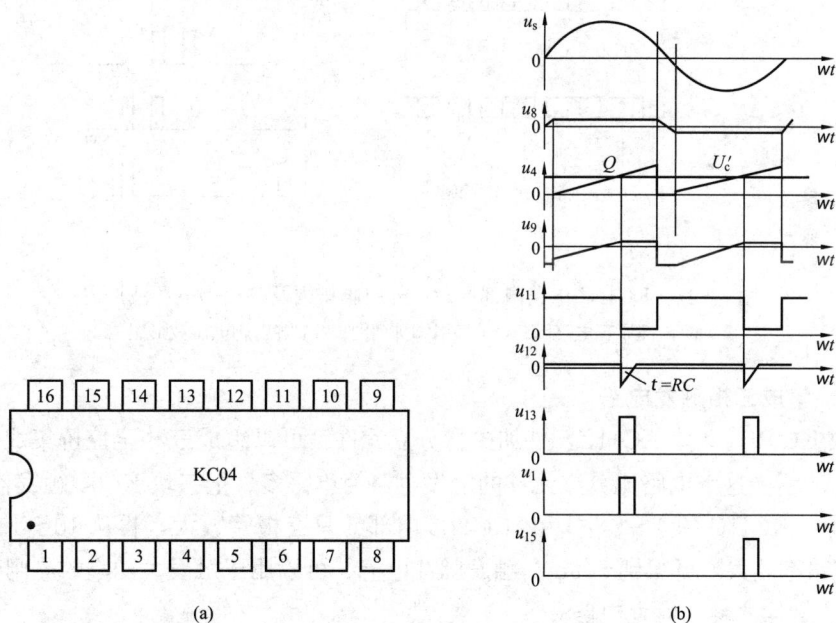

图 3-10 KC04 外引脚排列及各引脚电压波形图
(a) 外引脚排列图；(b) 各引脚电压波形图

3.4.2 KC41C 六路双脉冲形成电路

KC41C 六路双脉冲形成器是三相全控桥触发电路中必备的组件。KC41C 内部原理电路如图 3-11（a）所示。由三块 KC04 输出六个脉冲按照主电路需要的脉冲相序依次输入到

1～6 端，每个脉冲由输入二极管送给本相和前相，再由 V1～V6 电流放大分六路输出脉冲，每一路输出都得到双脉冲。V7 是电子开关，当控制端 7 接低电平时，V7 截止，各路有输出脉冲。7 端接高电平时，V7 导通，将各路输入脉冲接地，无输出脉冲。KC41C 外引脚排列及各引脚的电压波形如图 3-11 (b)、(c) 所示。

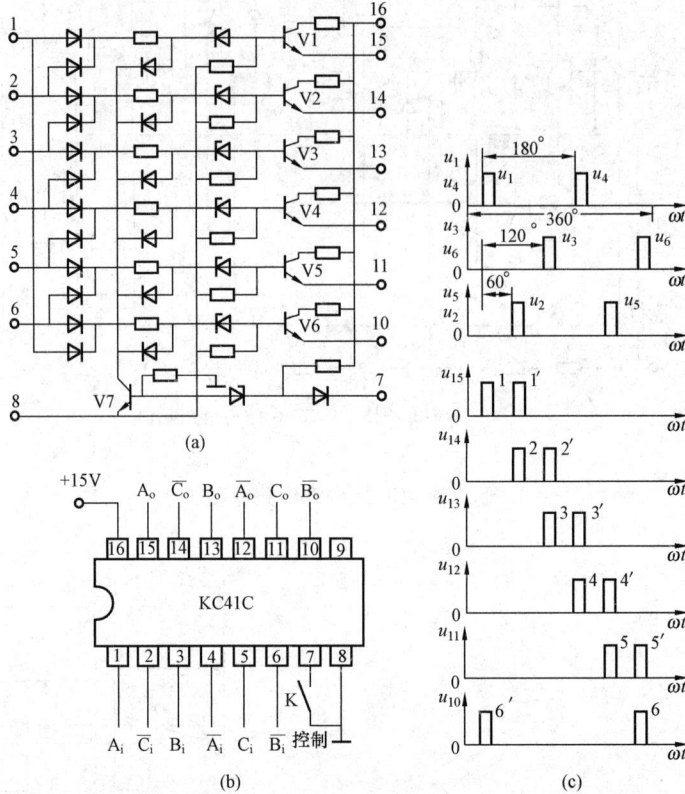

图 3-11 KC41C 电路内部原理、外引脚排列及各引脚电压波形图

(a) 内部原理电路图；(b) 外引脚排列图；(c) 各引脚电压波形图

3.4.3 集成三相触发电路

由三块 KC04 与一块 KC41C，外加少量分立元件，可以组成三相全控桥集成触发电路，如图 3-12 所示。这一电路比分立元件的触发电路简单得多。把三块 KC04 触发器的 6 个输出端分别接到 KC41C 的 1～6 端，由 KC41C 内部 6 只三极管放大，再从 10～15 端外接的 V1～V6 作功率放大，可得到 800mA 触发脉冲电流，可以用于触发大功率的晶闸管。

3.4.4 数字式移相触发电路

前述触发电路均属模拟式触发方式，其缺点是由于元件参数的分散性、同步电压波形发生畸变等，会导致各个触发器的移相不一致，影响触发精度。一般当同步电压不对称度为 $\pm 1°$ 时，输出脉冲不对称度可达 $3°～5°$，这样会使整流电源附加的谐波电压增大，造成电网电压波形发生附加畸变。整流装置功率越大，这种现象就越严重。

数字式移相触发电路可较好地提高输出脉冲的对称度，现场运行表明，在上述情况下，其输出脉冲的不对称度不超过 $\pm 1.5°$。下面简单介绍数字式触发电路的工作原理。

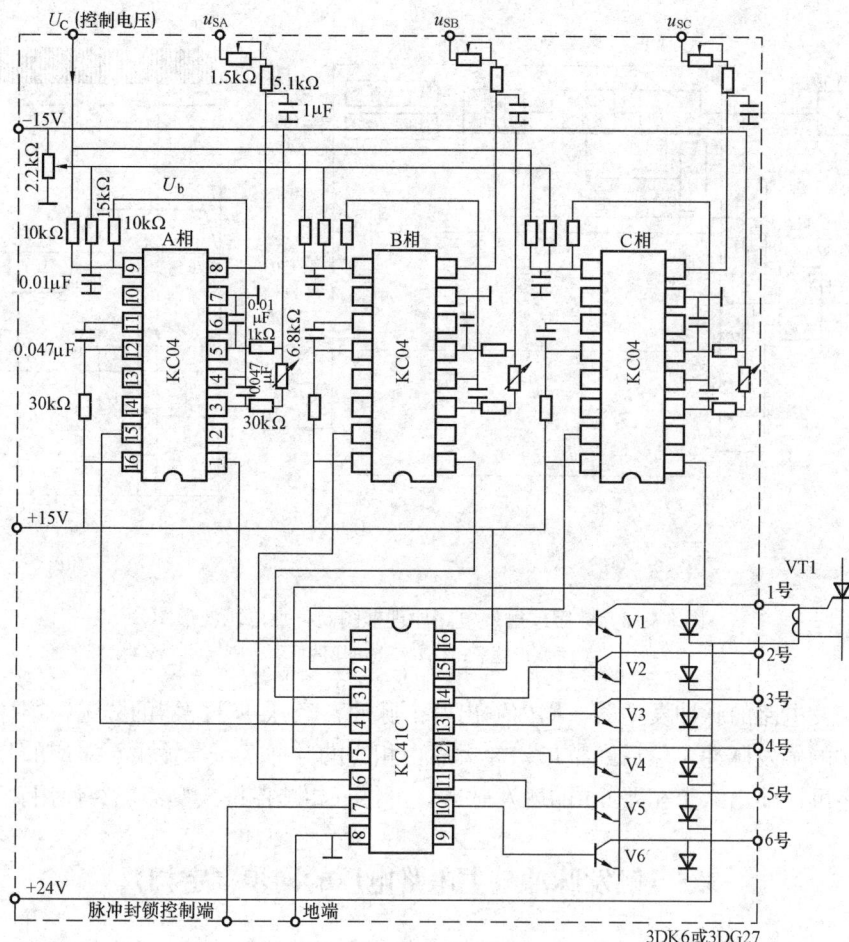

图 3-12 三相全控桥集成触发电路

图 3-13（a）所示为数字式触发电路的原理框图。A/D 为模—数转换器，模拟量的控制电压 u_C 经 A/D 转换后，变换为相应频率的计数脉冲。例如：当 $u_C = 0V$ 时计数脉冲频率 $f = 13 \sim 14kHz$，当 $u_C = 10V$ 时 $f = 130 \sim 140kHz$，然后将此计数脉冲分别送到三个分频器。电路工作时，模—数转换器 A/D 不停地输出计数脉冲 CP，CP 输入到分频器，这时，计数器不停地计数，但由于分频器尚未清零，此时，分频器不能输出脉冲。u_S' 是正弦波同步电压 u_S 经滤波、移相、限幅后形成的梯形波，利用同步电压 u_S' 过零做两项工作：其一对计数器进行清零，其二使脉冲发生器解除封锁。分频器清零后，便开始对输入的脉冲 CP 重新计数，当计满 128 个脉冲时，分频器输出第一个脉冲到脉冲发生器，使脉冲发生器输出触发脉冲，各点电压波形如图 3-13（b）所示，即触发电路在 ωt_2 时刻输出第一个脉冲。与此同时，脉冲发生器封锁，在同步电压半个周期内只能输出一个脉冲。以后分频器每计满 128 个脉冲有输出时（ωt_3 时刻），由于脉冲发生器封锁，触发电路不再发出脉冲。当同步电压再次过零时（ωt_4 时刻），分频器清零，脉冲发生器解除封锁，计数器在计满 128 个脉冲时，触发电路发出第二个脉冲。这样，一个周期内，每相触发电路输出两个互差 180° 的脉冲，若改变控制电压 u_C，也就改变了计数脉冲的频率，即改变了单位时间内产生脉冲的数目，则计入 128 个脉冲的时间就可改变，于是触发电路输出脉冲的时刻就改变了，使触发脉冲得以移相。

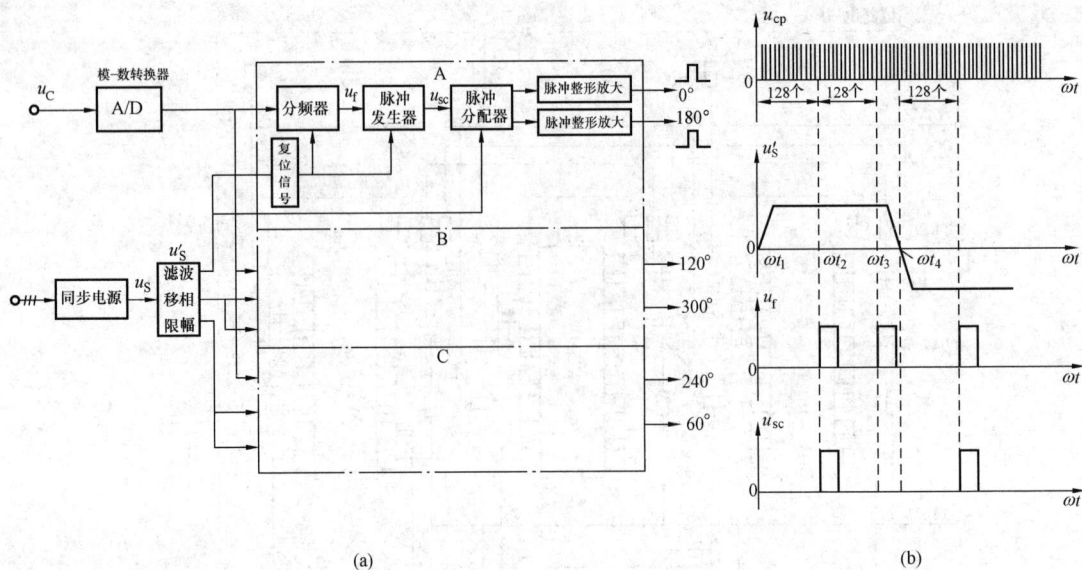

图 3-13　数字式触发电路原理框图及各点电压波形图
(a) 原理框图；(b) 各点电压波形图

每相触发电路的脉冲发生器一周内输出两个脉冲，经脉冲分配器的分选，选择出两个彼此相差 180°的触发脉冲，然后经整形、放大后由相应的脉冲变压器输出至对应的晶闸管。三相触发电路可以输出六个相差 60°的触发脉冲，可供三相全控桥式变流电路使用。

3.5　触发脉冲与主电路电压的同步（定相）

3.5.1　基本概念
一、同步的概念

要使晶闸管装置的负载得到稳定的电压和电流，必须保持各周期中控制角 α 不变，即要求各晶闸管均具有相同的控制角。为了达到这个目的，触发脉冲和主电压之间必须保持频率一致和相位固定的关系。

反映主电压频率和相位的信号可以从加在晶闸管装置上的电源电压获得，让它作用于触发电路，使所产生的触发脉冲能同步地触发晶闸管。这种包含主电压频率和相位信息的正弦交流信号 u_S 称为同步电压。同步电压可以直接取自电网，但由于同步电压取值较小，一般都配接一个同步变压器。同步变压器的一次侧与整流变压器的一次侧接在一起一同接入电网，由同步变压器的二次侧对触发电路提供所需的同步电压。这里把产生和分配同步电压的电路称为同步电路。晶闸管装置的组成框图如图 3-14 所示。

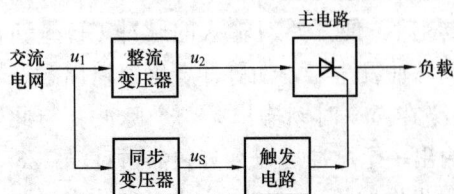

图 3-14　晶闸管装置的组成框图

为了实现同步，必须根据被触发晶闸管的阳极电压 u_2 的相位，正确供给触发电路特定相位的同步电压 u_S，以保证 u_S 与 u_2 具有固定的相位关系。这种正确选择同步电压相位的方法，称为晶闸管装置的同步或定相。

二、影响定相的主要因素

1. 整流变压器与同步变压器的连接组别

晶闸管装置通过变压器接入电网时，变压器可以采用不同的连接组别，其一次侧与二次侧的相位关系可用时钟法表示。由电机学知识可知，三相变压器共有 24 种接法。由于同步变压器二次电压要分别接到各单元触发电路中，一套主电路的各单元触发装置一般有公共"接地"端点，所以同步变压器的二次侧只能采用星形连接。其中 Yy 连接包含所有偶数点钟，Dy 连接包含所有奇数点钟，各有六种连接组别，这样共有十二种接法可供选用，如图 3-15 所示。一、二次侧相应线电压的相位差为 30°，60°，90°，120°，…，330°，360°。如需获得其他数值的相位差值，可以借助于阻容移相电路将相移微调到所需的数值。

2. 所采用的触发电路类型

常见的触发电路有正弦波同步触发电路和锯齿波同步触发电路两种。下面分别介绍这两种触发电路的同步电压与主电压之间的相位关系要求。

（1）正弦波同步触发电路。正弦波同步触发电路的同步电压 u_S 如图 3-16（a）、（b）所示。三相桥式变流电路大量用于直流电机调速系统，通常要求电路既可工作在整流状态又可工作在逆变状态，所以要求输出平均电压 $U_d = 0$ 时的控制角 $\alpha = 90°$。当 $\alpha < 90°$ 时为整流工

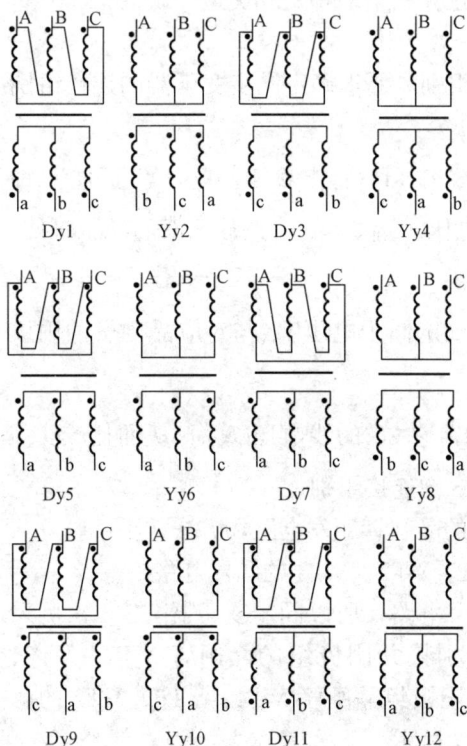

图 3-15 三相同步变压器的接法与钟点数

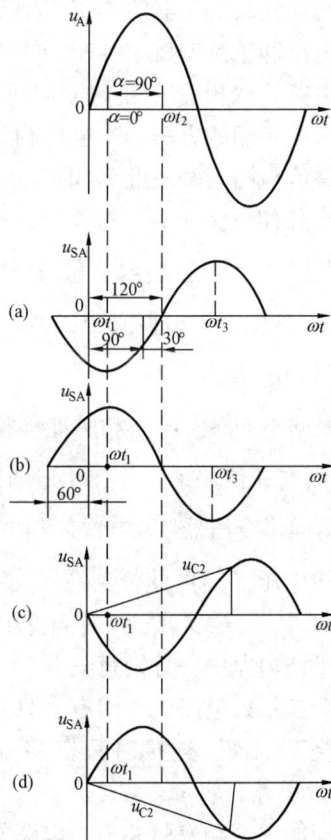

图 3-16 同步电压 u_S 与主电压的对应关系

（a）正弦波移相（NPN 管）；（b）正弦波移相（PNP 管）；

（c）锯齿波移相（NPN 管）；（d）锯齿波移相（PNP 管）

作，$\alpha>90°$ 时为逆变工作。以 A 相为例，由 NPN 管组成的正弦波同步触发电路的特点是利用正弦同步电压 u_{SA} 单调上升段 $\omega t_1 \sim \omega t_3$ 段的范围移相。这样就要求同步电压 u_{SA} 的最大负值对准 $\alpha=0°$，$u_{SA}=0$ 处对准 A 相电压 u_A 的 $\alpha=90°$ 处。以 $\alpha=90°$ 为中心，左移时 $\alpha<90°$，整流工作；右移时 $\alpha>90°$，逆变工作。因此，采用 NPN 管组成的正弦波同步触发电路时，A 相的同步电压 u_{SA} 应滞后于对应晶闸管阳极电压 u_A 120°。若改用 PNP 管组成的触发电路时，则 u_{SA} 应超前于 u_A 60°。

（2）锯齿波同步触发电路。锯齿波同步触发电路的同步电压 u_S 如图 3-16（c）、（d）所示。将 $\alpha=90°$ 处对准锯齿波 u_{C2} 的中点，向前向后应各有 90° 的移相范围。考虑到锯齿波两端的非线性，两端各留出 30° 裕量（即锯齿波底宽 240°）。由图 3-16（c）可见，锯齿波的起点正好是相电压 u_A 的上升过零点，这说明 NPN 管组成的锯齿波同步触发电路要求同步电压 u_{SA} 与相应的晶闸管阳极电压 u_A 反相。同理可知，PNP 管组成的触发电路则要求 u_{SA} 应与 u_A 同相。

此外，定相还与主电路的结构型式、负载性质及所要求的移相范围等因素有关。

3.5.2　定相举例

定相可分为两种类型：一是在整流电路、触发电路和整流变压器 TR 连接组别已确定的前提下，选择同步变压器的连接组别和给各晶闸管的触发电路选取同步电压；二是在整流电路、触发电路和整流变压器 TR、同步变压器 TS 的连接组别都已确定的条件下，给各晶闸管的触发电路选取相应的同步电压。限于篇幅，此处仅介绍第一种定相类型。

下面介绍定相的方法——电压相量分析法。

已知整流电路、触发电路和整流变压器 TR 连接组别，要求确定同步变压器的连接组别和接法，步骤如下：

（1）根据已知整流变压器 TR 连接组别，以电网线电压 $\dot{U}_{A1B1}$ 作参考相量（置于 12 点钟位置）。在相量图上画出整流变压器一、二次侧的线电压 $\dot{U}_{A1B1}$、$\dot{U}_{AB}$。然后在滞后 $\dot{U}_{AB}$ 30° 处，画出二次侧相电压 $\dot{U}_A$。

（2）根据不同触发电路和脉冲移相范围的要求，确定同步电压 $\dot{U}_{SA}$ 与对应晶闸管的阳极电压 $\dot{U}_A$ 之间的相位关系，并在相量图中画出 $\dot{U}_{SA}$。

（3）由同步变压器 TS 二次侧相电压 $\dot{U}_{SA}$，得到超前它 30° 的线电压 $\dot{U}_{SAB}$，从而比较 $\dot{U}_{SAB}$ 与一次侧线电压 $\dot{U}_{A1B1}$ 的相位关系，确定同步变压器 TS 的连接组别。

（4）将同步变压器 TS 二次侧电压 u_S 分别接相应的晶闸管触发电路，方法如下：

三相半波电路中，分别将 u_{SA}、u_{SB}、u_{SC} 接到 VT1、VT2、VT3 的触发电路。

三相全控桥式电路中，因有六只晶闸管需六套触发电路，所以同步变压器 TS 二次侧采用两组三绕组线圈。连接时只需将 u_{SA}、u_{SB}、u_{SC} 分别接共阴极组的晶闸管 VT1、VT3、VT5 的触发电路；将 $u_{S(-A)}$、$u_{S(-B)}$、$u_{S(-C)}$ 分别接共阳极组晶闸管 VT4、VT6、VT2 的触发电路，即能保证触发脉冲与主电路同步，如图 3-17 所示。

【例 3-1】　三相半波变流电路，整流变压器 TR 为 Yy12 接法，采用 NPN 管正弦波同步触发电路，要求移相范围 180°，求同步变压器 TS 的钟点数与接法。

解　（1）画出整流变压器 TR 的电压相量图：$\dot{U}_{A1B1} \xrightarrow{\text{整流变压器钟点数}} \dot{U}_{AB} \xrightarrow{\text{滞后 } 30°} \dot{U}_A$。

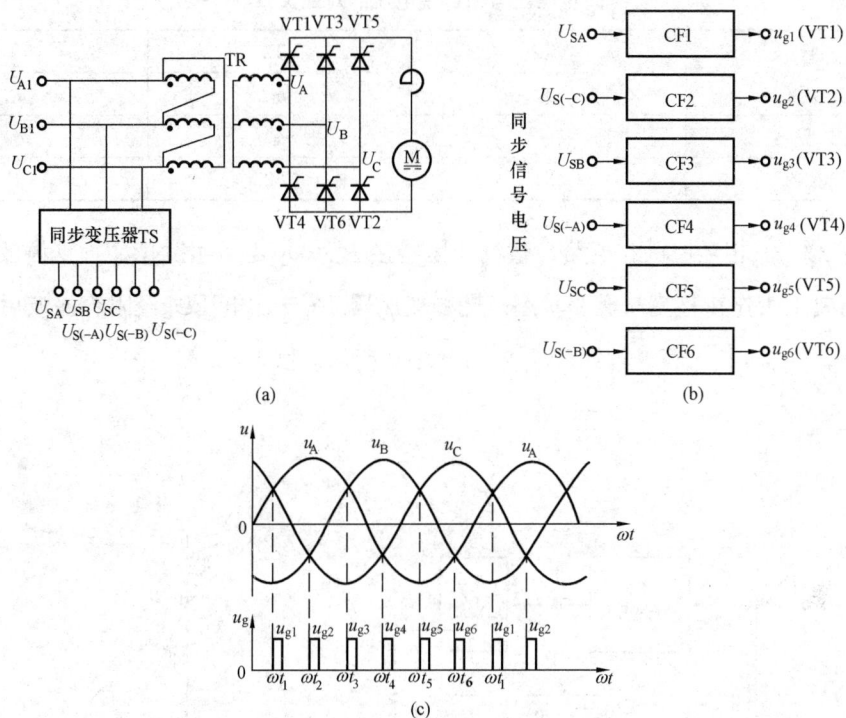

图 3-17 三相全控桥主电路与触发电路的同步

(a) 主电路；(b) 六个触发电路；(c) $\alpha=0°$时的波形关系

（2）根据 NPN 管正弦波同步触发电路要求，同步电压$\dot{U}_{SA}$应滞后对应阳极电压$\dot{U}_A$120°，画出同步变压器 TS 的相电压$\dot{U}_{SA}$：$\dot{U}_A \xrightarrow{\text{滞后}120°} \dot{U}_{SA}$。

（3）画出同步变压器 TS 的线电压$\dot{U}_{SAB}$：$\dot{U}_{SA} \xrightarrow{\text{超前}30°} \dot{U}_{SAB}$。比较$\dot{U}_{SAB}$与一次侧线电压$\dot{U}_{A1B1}$的相位关系可知，同步变压器 TS 的钟点数为 Yy4。其相量图如图 3-18（a）所示。

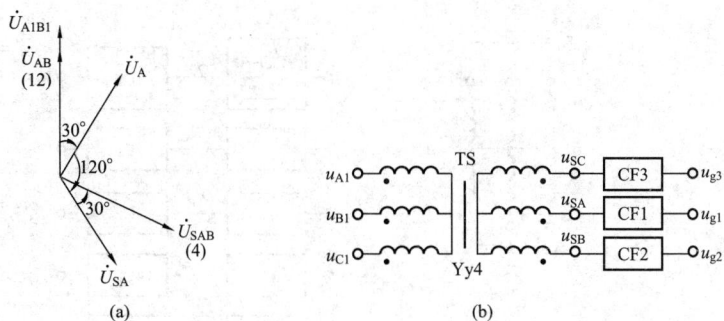

图 3-18 ［例 3-1］图

(a) 相量图；(b) 同步变压器与触发电路的接线图

（4）根据同步电压与相应主电压的对应关系（见表 3-2），画出同步变压器 TS 与触发电路的接线图，如图 3-18（b）所示。

表 3 - 2   同步电压与相应主电压的对应关系

晶闸管	VT1	VT2	VT3
主电压	u_A	u_B	u_C
同步电压 u_S	u_{SA}	u_{SB}	u_{SC}
触发电路	CF1	CF2	CF3

【例 3 - 2】 三相全控桥式电路，整流变压器接法为 Dy5，采用 NPN 管锯齿波移相触发电路，电路要求工作在整流与逆变状态。同步变压器 TS 二次电压 $\dot{U}_S$ 经阻容滤波后为 $\dot{U}'_S$ 再接到触发电路，$\dot{U}'_S$ 滞后 $\dot{U}_S 30°$，框图如图 3 - 19（a）所示。试求：

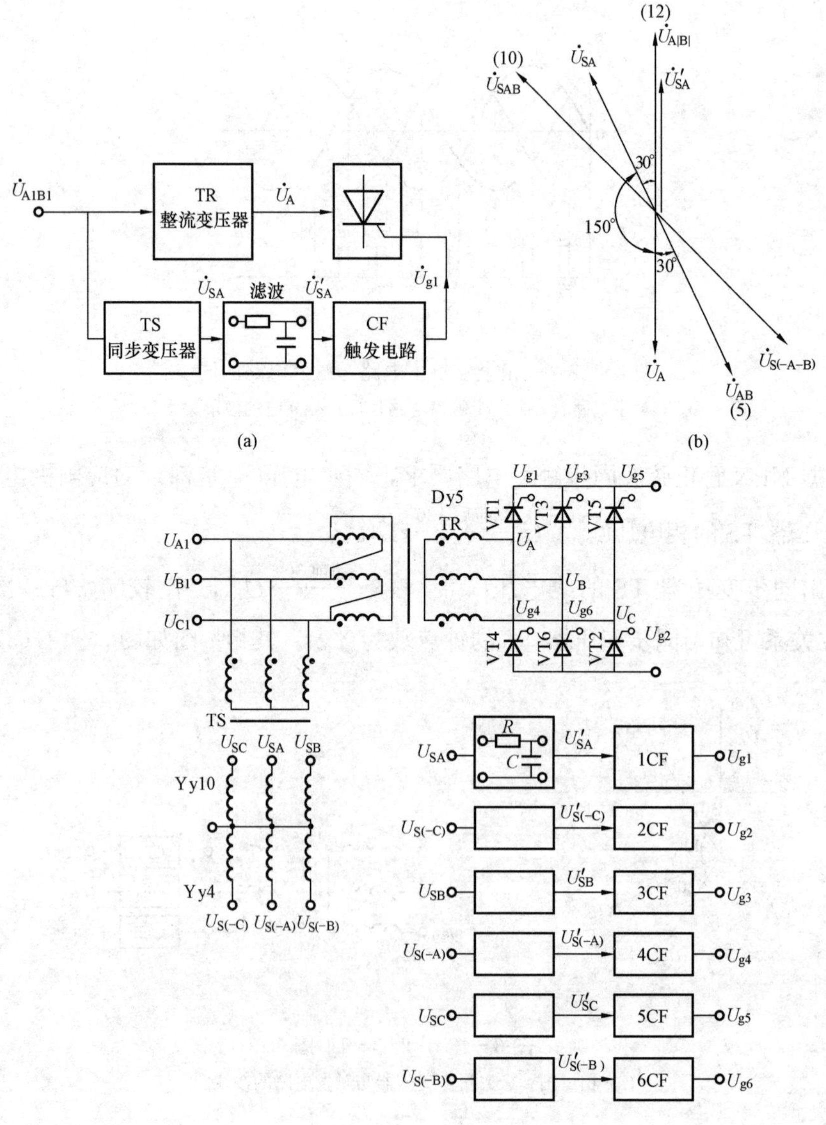

(a)

(b)

(c)

图 3 - 19 ［例 3 - 2］图

(a) 框图；(b) 相量图；(c) 主电路和同步信号的连接

(1) 同步电压$\dot{U}_{SA}$与对应晶闸管阳极电压$\dot{U}_A$的相位关系。

(2) 确定同步变压器 TS 的钟点数与接法。

解 (1) 根据 NPN 管锯齿波移相电路要求，同步电压$\dot{U}'_{SA}$应滞后对应阳极电压$\dot{U}_A$180°，由于滤波环节已滞后30°，故同步信号电压$\dot{U}_{SA}$只需滞后$\dot{U}_A$150°。

(2) 根据整流变压器 Dy5 连接，画出一次侧线电压矢量$\dot{U}_{A1B1}$和$\dot{U}_{AB}$，晶闸管 VT1 的阳极电压$\dot{U}_A$滞后于$\dot{U}_{AB}$30°与电网线电压$\dot{U}_{A1B1}$反相，再在滞后$\dot{U}_A$150°的位置画出$\dot{U}_{SA}$，超前于$\dot{U}_{SA}$30°位置画出$\dot{U}_{SAB}$，如图 3-19（b）所示。$\dot{U}_{SAB}$在 10 点钟位置，$\dot{U}_{S(-A-B)}$在 4 点钟位置，所以同步变压器两组接法为 Yy10 与 Yy4。

同步电压与相应主电压的对应关系见表 3-3。由表 3-3 可知，$\dot{U}_{SA}$、$\dot{U}_{SB}$、$\dot{U}_{SC}$接 VT1、VT3、VT5 管触发电路，$\dot{U}_{S(-A)}$、$\dot{U}_{S(-B)}$、$\dot{U}_{S(-C)}$接 VT4、VT6、VT2 管触发电路，电路即能正常工作，接线图如图 3-19（c）所示。

表 3-3   同步电压与相应主电压的对应关系

晶闸管	共阴极组（Yy10）			共阳极组（Yy4）		
	VT1	VT3	VT5	VT4	VT6	VT2
主电压	u_A	u_B	u_C	$u_{(-A)}$	$u_{(-B)}$	$u_{(-C)}$
同步电压 u_S	u_{SA}	u_{SB}	u_{SC}	$u_{S(-A)}$	$u_{S(-B)}$	$u_{S(-C)}$
触发电路	CF1	CF3	CF5	CF4	CF6	CF2

习　题

3-1　晶闸管变流器主电路对触发电路的触发脉冲有什么要求？

3-2　用分压比为 0.6 的单结晶体管组成的振荡电路，若$U_{BB}=20V$，则峰值电压为多少？若管子 B1 脚虚焊，则充电电容两端电压约为多少？若管子 B2 脚虚焊、B1 脚正常，则电容两端电压又为多少？

3-3　单结晶体管自励振荡电路是根据单结晶体管的什么特性工作的？振荡频率的高低与什么因素有关？

3-4　单结晶体管触发电路中，削波稳压管两端并接一只大电容，可控整流电路还能正常工作吗？为什么？

3-5　图 3-20 所示为单结晶体管分压比测量电路。测量时先按下常开按钮 SB，调节 50kΩ 电位器，使微安表指针为 $100\mu A$，然后松开按钮 SB，再读取微安表的指针数值，该数值除以 100，即可得到单结晶体管的分压比。试说明测量原理。

3-6　图 3-21 所示为采用单结晶体管触发的单相半波可控整流电路，试画出 $\alpha=90°$ 时，A、B、C 三点及 u_d 的波形。

3-7　图 3-22 所示为三种简易移相触发实用电路，分清主电路与触发电路，并分析电路的工作原理。

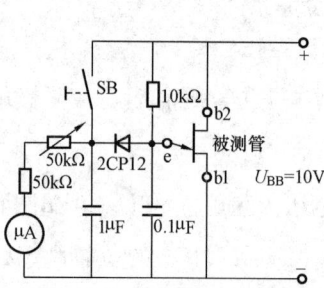

图 3-20 习题 3-5 图

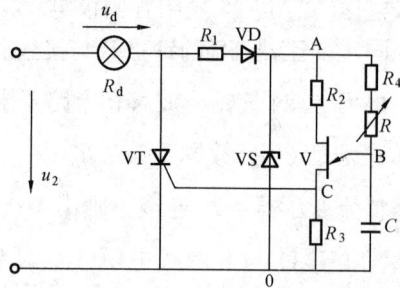

图 3-21 习题 3-6 图

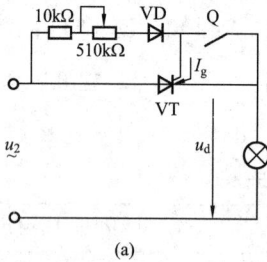

(a)

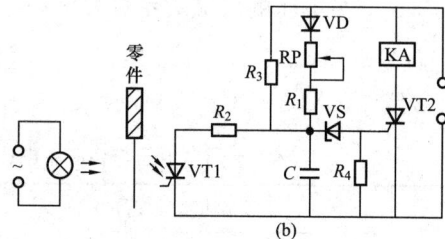

(b)

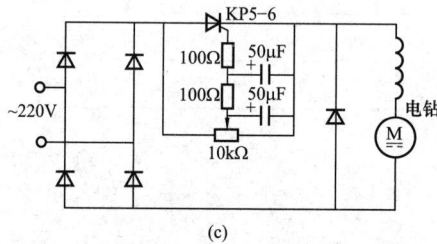

(c)

图 3-22 习题 3-7 图

3-8 采用集成触发电路有什么优越性？

3-9 KC04 型集成触发电路的引脚 1 和 15 输出的触发脉冲在相位上相差多少？

3-10 什么叫同步？说明实现触发电路与主电路同步的步骤。

3-11 当正弦波同步触发电路采用 NPN 晶体管时，同步电压滞后晶闸管的阳极电压多少度？

3-12 当锯齿波同步触发电路采用 PNP 晶体管时，同步电压滞后晶闸管的阳极电压多少度？

3-13 三相半波相控整流电路，整流变压器 TR 为 Dy11 接法，采用 NPN 管正弦波触发电路，移相范围为 $0°\sim180°$。试分析决定同步变压器 TS 的连接形式，并完成电路连线。

3-14 三相全控桥式整流电路，电动机负载可逆工作，要求移相范围为 $0°\sim180°$，整流变压器为 Dy11 接法，采用 NPN 管组成的锯齿波触发电路。试用相量图确定同步变压器的接法，并完成电路连线。

3-15 三相半波相控整流电路，整流变压器 TR 为 Dy1 接法，同步变压器 TS 为 Dy7 接法，采用 PNP 管正弦波触发电路。试用相量分析方法给各晶闸管的触发电路选取同步电压 u_S。

4 有 源 逆 变 电 路

在生产实际中，通常存在与整流过程相反的要求，即要求把直流电转变成交流电，这种相对于整流的逆向变换过程，称为逆变。

逆变电路分为有源逆变电路和无源逆变电路两种。如果将逆变电路的交流侧接到交流电网上，将直流电逆变成与电网同频率的交流电馈送到电网中去，称为有源逆变。如果将直流电逆变成某一频率或可调频率的交流电直接供给负载使用，则称为无源逆变。有源逆变和无源逆变示意图如图 4-1 所示。本章只讨论有源逆变，无源逆变的内容将在第 6 章中介绍。

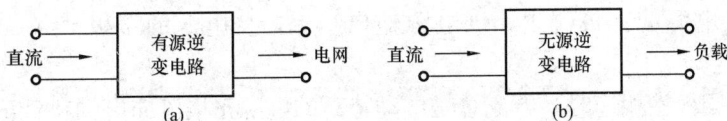

图 4-1 有源逆变与无源逆变示意图

(a) 有源逆变示意图；(b) 无源逆变示意图

许多场合，同一晶闸管电路既可工作在整流状态又可工作在有源逆变状态，这两种工作状态在不同的条件下可以相互转换。这样的晶闸管电路称为变流电路或变流器。

4.1 有源逆变电路的基本原理

一、两电源间功率的传递

在变流电路中，整流与逆变在一定的条件下是可以相互转换的，两者的根本区别就在于功率的传递方向不同。为了便于理解有源逆变的工作原理，先分析两个直流电源之间的功率传递关系。

两个直流电源 E_1 和 E_2 可有三种相连的电路形式，如图 4-2 所示。

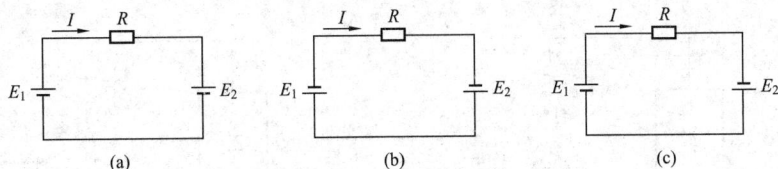

图 4-2 电源间能量的传递

(a) $E_1 > E_2$；(b) $E_2 > E_1$；(c) 电源短路

图 4-2 (a) 为两电源同极性相连，设 $E_1 > E_2$，则电流 I 从 E_1 流向 E_2，大小为

$$I = \frac{E_1 - E_2}{R} \tag{4-1}$$

式中，R 为回路的总电阻。

此时，电源 E_1 输出功率 $P_1 = E_1 I$，电源 E_2 吸收功率 $P_2 = E_2 I$，电阻 R 上消耗的功率为

$P_R = P_1 - P_2 = I^2 R$。

图 4-2（b）仍为两电源同极性相连，但两电源的极性反过来。设 $E_2 > E_1$，则电流 I 从 E_2 流向 E_1，大小为

$$I = \frac{E_2 - E_1}{R} \qquad\qquad (4-2)$$

电流方向不变，但电能反送，即 E_2 输出功率，E_1 吸收功率。

图 4-2（c）为两电源反极性相连，也称为顺向串联。电流大小为

$$I = \frac{E_1 + E_2}{R} \qquad\qquad (4-3)$$

这时，E_1、E_2 均输出功率，它们所输出的功率全部消耗在电阻上，如果回路电阻很小，则电流 I 很大，实际上形成两个电源短路。

通过上述分析可得以下结论：

（1）电流从电源的正极流出，该电源输出功率，从电源的正极流入，则该电源吸收功率。

（2）两电源同极性相连时，电流总是电动势高的电源正极流向电动势低的电源正极。如果回路电阻很小，即使很小的电动势差，也可产生足够大的电流，使两电源间形成足够大的能量交换。

（3）两电源反极性相连时，如果回路电阻很小，则造成电源间短路故障，应予避免。

二、有源逆变电路的基本工作原理

现以卷扬机械为例，由晶闸管变流装置供电直流电动机作为动力，分析重物提升与下放两种工作情况。

（1）重物提升，变流器工作于整流状态。

图 4-3 中的方框代表某种接线方式的晶闸管整流主电路。由第 2 章可控整流电路的分析可知，大电感负载在整流状态时 $U_d = U_{d0} \cos\alpha$，其中 U_{d0} 为 $\alpha = 0°$ 时的最大整流输出，α 的移相范围为 $0° \sim 90°$，电路状态如图 4-3（a）所示。此时 U_d 的极性为上正下负，电动势 E 的极性也是上正下负，若满足 $U_d > E$，则电流 I_d 为

$$I_d = \frac{U_d - E}{R}$$

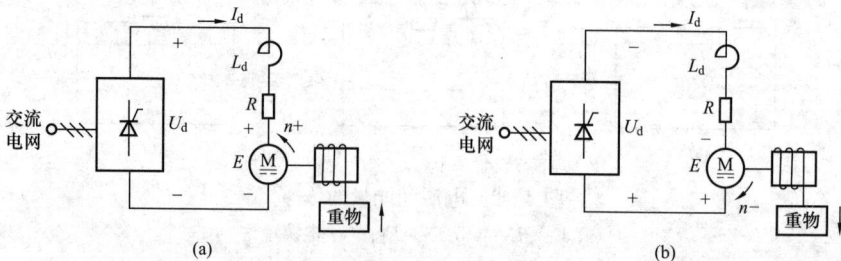

图 4-3　晶闸管变流电路的整流和逆变
（a）整流状态；（b）逆变状态

电流从 U_d 的正端流出，从电动机反电动势 E 的正端流入，故交流电源经整流电路输出电功率，直流电动机吸收电功率并将其转换为轴上的机械功率以提升重物。

在重物提升运行中如减小控制角 α，则 U_d 增大，引起电流 I_d 增大，电动机的电磁转矩亦增大。因电动机轴上重物产生的阻转矩不变，所以电动机转速升高，重物提升速度加快。随着转速的升高，电动机的反电动势 E 亦增大，使 I_d 恢复到原来的数值，此时电动机稳定运行在较高转速。反之，增大控制角 α，则电动机的转速降低。即通过调整控制角 α 的大小，实现电动机的无级调速。

（2）重物下放，变流器工作于逆变状态。

为使重物能匀速下降，直流电动机必须作发电制动运行。在晶闸管电路中，由于晶闸管具有单向导电性，故电流的方向不能改变。而重物下降过程中电动机的转向改变，电动势 E 也改变极性为上负下正。为了不使 E 与 U_d 顺向串联形成短路，变流器直流侧电压 U_d 的极性也必须反过来，变成上负下正，这就要求变流器必须工作在控制角 α 大于 $90°$ 的区域。如图 4-3（b）所示，若满足 $E > U_d$，则电流 I_d 为

$$I_d = \frac{E - U_d}{R}$$

电流从电动机反电动势 E 的正端流出，从 U_d 的正端流入，功率传递关系为：电动机由重物下降带动发出直流电功率，交流电网吸收交流电功率，变流器的作用是将直流电动机发出的直流电功率逆变为 $50Hz$ 交流电功率返送到交流电网，实现有源逆变。

由于逆变时电流 I_d 的方向未变，电动机的电磁转矩方向也不变，但因转向改变，故电磁转矩变成制动转矩以防止重物下落加速。当重物的机械转矩与制动转矩相等时，重物匀速下降。在重物下降过程中，同样可通过改变控制角 α 的大小来实现无级调速。

三、有源逆变的实现条件

由上述有源逆变的工作原理分析可知，要使电路实现有源逆变必须具备一定的条件，归纳起来实现有源逆变的条件有以下两个：

（1）变流器的直流侧必须外接一个能提供逆变能量的直流电源 E，其极性须与晶闸管导通方向一致，其数值应大于变流器直流侧平均电压 U_d。

（2）变流器必须工作在 $\alpha > 90°$ 的区域，使 U_d 的极性与整流时相反，即 $U_d < 0$。

以上两个条件必须同时具备才能实现有源逆变。

必须指出，有源逆变的实现与变流器的线路结构存在密切的联系。半控桥式电路或接有续流二极管的电路，以及晶闸管接在负载侧的电路都不能实现有源逆变，如图 4-4 所示。这是因为它们的整流电压 u_d 不可能出现负值，也不允许直流侧出现负极性的电动势。因此，要实现有源逆变，只能采用全控电路。

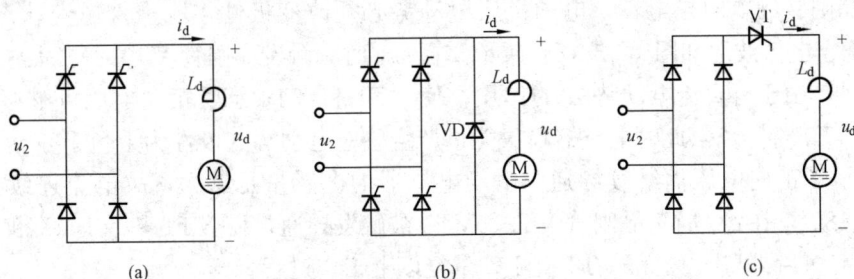

图 4-4 不能实现有源逆变的一些电路

（a）半控桥式电路；（b）接有续流二极管的电路；（c）晶闸管接在负载侧的电路

4.2　常用的晶闸管有源逆变电路

传统的有源逆变电路常采用普通晶闸管作开关元件，常用的有源逆变电路有单相全控桥电路、单相全波电路、三相半波电路和三相全控桥电路等。

4.2.1　单相桥式有源逆变电路

为了讨论清楚整流和逆变两种工作状态，先从整流电路分析。

一、整流状态（$0°<\alpha<90°$）

图 4-5 （a）所示为单相桥式变流电路接线图，设 $\alpha=45°$，电压、电流波形如图 4-5（b）所示。因负载回路接有足够大的平波电抗器，电流连续，当 α 在 $0°\sim90°$ 范围内变化时，输出电压平均值 U_d 总为正值，其极性为上正下负。若 $U_d>E$，则电流 I_d 从 U_d 的正端流出，从 E 的正端流入，此时交流电源输出交流电功率，直流电动机吸收直流电功率。整流电路起着电能的转换作用，将交流电能变换成直流电能输送给了直流电动机。

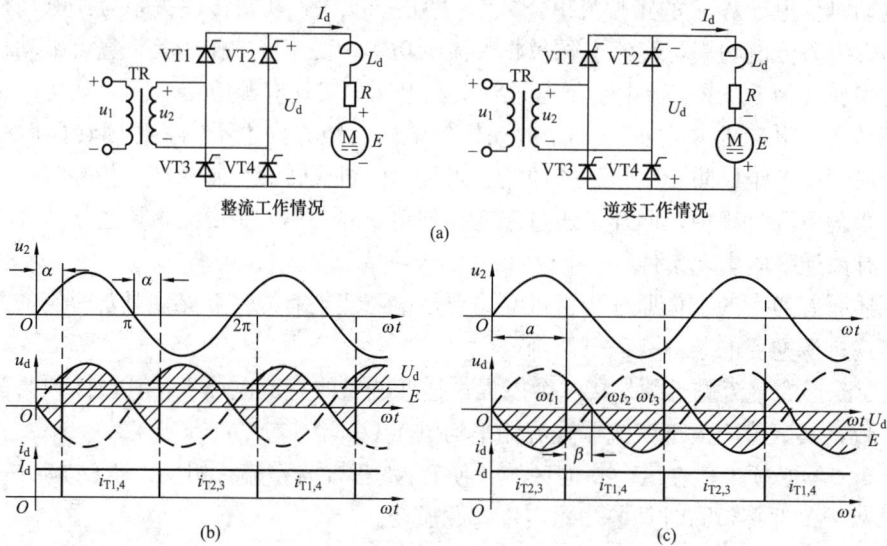

图 4-5　单相桥式变流电路的整流与逆变
（a）电路接线图；（b）整流工作状态下波形图；（c）逆变工作状态下波形图

二、逆变状态（$90°<\alpha<180°$）

由于晶闸管的单向导电性，电动机反电动势必须改变极性才能进入逆变状态。设 $\alpha=135°$，电压、电流波形如图 4-5 （c）所示。在 ωt_1 时刻触发晶闸管 VT1、VT4 导通，当 u_2 过零变负时，由于有直流电动势 E 的作用，使 VT1 和 VT4 承受正向电压可继续导通。在 ωt_2 以后，$|E|<|u_2|$，此时电抗器释放能量产生感应电动势（极性为上负下正），使 VT1、VT4 仍然承受正向电压而继续导通。由于电抗器的电感量足够大，故电流连续，VT1 和 VT4 导通 $180°$，在 ωt_3 时刻晶闸管 VT2、VT3 被触发导通，使 VT1 和 VT4 关断。VT2 和 VT3 导通 $180°$ 后再与 VT1 和 VT4 换流，重复以上工作过程。

由图 4-5 （c）可以看出，当 α 在 $90°\sim180°$ 范围内变化时，输出电压 u_d 的负面积总是大于正面积，故平均值 U_d 为负值，极性为上负下正。若 $|E|>|U_d|$，则电流 I_d 从 E 的正

端流出，从 U_d 的正端流入，此时直流电动机输出直流电功率，交流电源吸收交流电功率，逆变电路起电能转换作用，将直流电能转换为交流电能回馈到交流电网。

三、基本电量计算

单相桥式变流电路在整流和逆变范围内，只要电流连续，每个晶闸管的导通角都是 180°，则不论 α 为何值，直流侧输出电压平均值 U_d 均为

$$U_d = 0.9U_2\cos\alpha = U_{d0}\cos\alpha \tag{4-4}$$

为分析计算方便，通常将逆变工作时的控制角改用逆变角 β 表示。规定 β 角的起算点为控制角 $\alpha=180°$ 处，以此向左方计量即为逆变角 β，两者的关系是 $\alpha+\beta=180°$，或 $\beta=180°-\alpha$。这样，式（4-4）可改写为

$$U_d = 0.9U_2\cos\alpha = -0.9U_2\cos\beta \tag{4-5}$$

逆变时，控制角 α 的变化范围为 90°～180°，即逆变角 β 的变化范围为 0°～90°。

直流侧输出电流平均值 I_d 为

$$I_d = \frac{U_d - E}{R} = \frac{|E| - |U_d|}{R} \tag{4-6}$$

流过晶闸管的电流平均值 I_{dT} 和有效值 I_T 分别为

$$I_{dT} = \frac{1}{2}I_d \tag{4-7}$$

$$I_T = \frac{1}{\sqrt{2}}I_d \tag{4-8}$$

由以上对单相桥式有源逆变电路的分析可见，整流和逆变、交流和直流在晶闸管变流电路中互相联系着，并在一定的条件下可以互相转换。同一个变流电路在 $\alpha<90°$ 时工作在整流状态，在 $\alpha>90°$ 时又可工作在逆变状态。两种不同的工作状态主要体现在电能的传递关系不同，整流时，交流电网输出电能，直流电动机吸收电能；逆变时，直流电动机输出电能，交流电网吸收电能。由于逆变可看成是整流电路的另一种工作状态，所以其工作原理、分析方法、参量计算都和整流电路密切相关，且在很多方面都是一致的。

4.2.2 三相半波有源逆变电路

图 4-6（a）所示为三相半波有源逆变电路，电动机电动势 E 的极性具备有源逆变的条件。当 $\beta<90°$，$|E|>|U_d|$ 时，可以实现有源逆变。图 4-6（b）所示为 $\beta=30°$（$\alpha=150°$）时的电压、电流波形图。

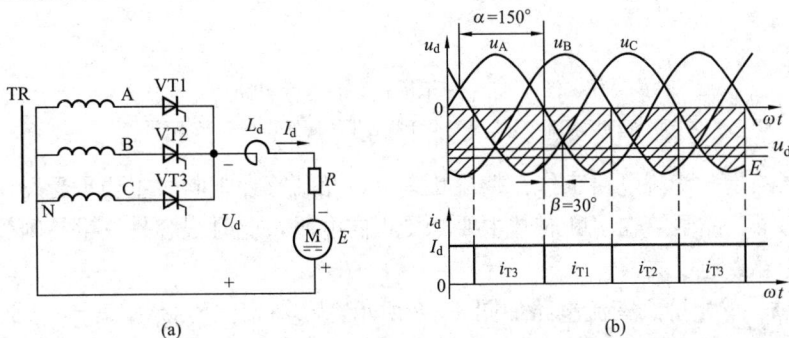

(a)   (b)

图 4-6 三相半波有源逆变电路

(a) 电路图；(b) 逆变工作状态下波形图

　　三相半波变流电路工作在逆变状态时，直流侧电压、电流的计算公式与整流时一样。当电流连续时有

$$U_d = 1.17U_{2ph}\cos\alpha = -1.17U_{2ph}\cos\beta \tag{4-9}$$

式中，U_{2ph} 为整流变压器二次相电压有效值；β 变化范围为 $0°\sim90°$。

$$I_d = \frac{U_d - E}{R} = \frac{|E| - |U_d|}{R} \tag{4-10}$$

$$I_{dT} = \frac{1}{3}I_d \tag{4-11}$$

$$I_T = \frac{1}{\sqrt{3}}I_d \tag{4-12}$$

4.2.3　三相桥式有源逆变电路

　　图 4-7（a）所示为三相桥式有源逆变电路。当 $\beta<90°$，且 $|E|>|U_d|$ 时，可以实现有源逆变。逆变工作时，晶闸管的控制过程与三相全控桥式整流电路一样，要求采用宽脉冲或双窄脉冲每隔 $60°$ 依次触发 6 只晶闸管导通。电流连续时，各晶闸管的导通角均为 $120°$，电路中电压、电流的计算公式也与三相全控桥式整流电路相同。图 4-7（b）所示为逆变工作状态下不同 β 时的 u_d 波形图。

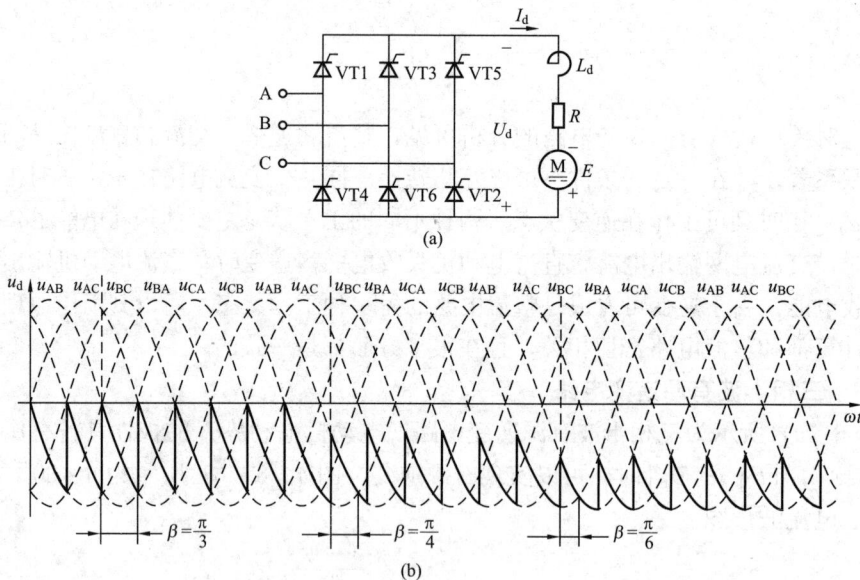

图 4-7　三相桥式有源逆变电路
(a) 电路图；(b) 逆变工作状态下不同 β 时的 u_d 波形图

　　必须强调的是，变流电路工作在整流状态下，晶闸管在阻断时主要承受反向电压，而工作在逆变状态下，晶闸管在阻断时却主要承受正向电压，此时很容易发生晶闸管的误导通现象，结果可能导致逆变失败。

　　【例 4-1】　单相桥式变流电路如图 4-8 所示，已知 $U_2=220V$，$E=-150V$，$R=2\Omega$，试问当 $\beta=30°$ 时，能否实现有源逆变？当 $\beta=45°$ 时，能否实现有源逆变？若能，求电流 I_d 及从交流电源送到直流侧负载的有功功率 P_d。

解 当 $\beta=30°$ 时 $U_d=-0.9U_2\cos\beta=-171.4$（V）

显然，此时 $|E|<|U_d|$，不满足有源逆变的条件，所以不能实现有源逆变。

当 $\beta=45°$ 时 $U_d=-0.9U_2\cos\beta=-140$（V）

因 $|E|>|U_d|$，满足有源逆变的实现条件，故能实现有源逆变。

此时，电流 I_d 为

$$I_d=\frac{U_d-E}{R}=\frac{(-140)-(-150)}{2}=5\ (\text{A})$$

图 4-8　[例 4-1] 电路图

从交流电源送到直流侧负载的有功功率 P_d 为

$$P_d=I_d^2R+EI_d=5^2\times2+(-150)\times5=-700\ (\text{W})$$

因 $P_d<0$，表明功率由直流电源输送到交流电源，即交流电源吸收功率。

【例 4-2】 三相桥式变流电路如图 4-9 所示，已知变压器二次相电压的有效值 $U_{2ph}=220\text{V}$，回路总电阻 $R=0.5\Omega$，平波电抗器 L_d 足够大，若 $E=-280\text{V}$，要求电动机在制动过程中的负载电流 $I_d=45.2\text{A}$，试回答下列各题：

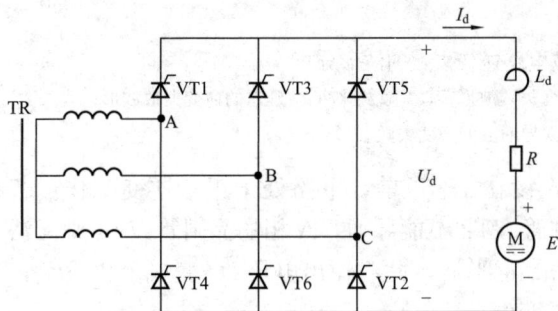

图 4-9　[例 4-2] 电路图

（1）求出此时的逆变角 β。

（2）计算变压器二次侧的总容量 S_2。

解 （1）变流电路直流侧电压关系为

$$U_d=I_dR+E=45.2\times0.5+(-280)$$
$$=-257.4\ (\text{V})$$

由前面的分析可以推知，三相桥式变流电路直流侧平均电压为

$$U_d=-2.34U_{2ph}\cos\beta \qquad (4-13)$$

所以　　$\cos\beta=\dfrac{U_d}{-2.34U_2}=\dfrac{-257.4}{-2.34\times220}=0.5$

求得　　　　　　　　　　　　　$\beta=60°$

（2）计算变压器二次电流及总容量 S_2，则

$$I_2=\sqrt{\frac{2}{3}}I_d=36.9\ (\text{A})$$

$$S_2=3U_{2ph}I_2=3\times220\times36.9=24354\ (\text{VA})=24.354\ (\text{kVA})$$

4.3　逆变失败的原因及防止对策

晶闸管变流器工作在逆变状态时，如果由于某种原因发生换相失败，出现变流器输出电压 U_d 与直流电源 E 顺向串联，由于回路中电阻很小，将会形成很大的短路电流，这种现象称为逆变失败，或称为逆变颠覆。

一、逆变失败的原因

造成逆变失败的原因很多，大致可归纳为以下几种。

1. 触发电路不可靠

触发电路不能适时地、准确地给各晶闸管分配触发脉冲，如脉冲丢失，脉冲延迟等，导

致晶闸管工作失常。现以三相半波有源逆变电路为例分析逆变失败情况，如图 4 - 10 所示。

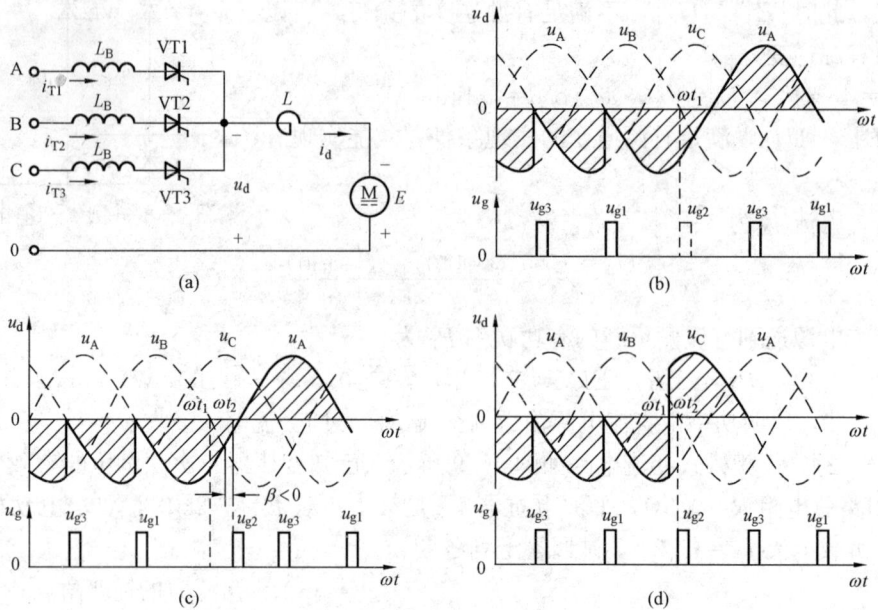

图 4 - 10　三相半波电路逆变失败的波形分析

(a) 逆变电路；(b) 触发脉冲 u_{g2} 丢失时的逆变失败波形；(c) 触发脉冲 u_{g2} 延迟的逆变失败波形；
(d) 晶闸管 VT3 误导通时的逆变失败波形

（1）触发脉冲丢失。图 4 - 10（b）中，设在 ωt_1 以前，电路处于正常逆变工作。若在 ωt_1 时刻，触发脉冲 u_{g2} 丢失，使 B 相的晶闸管 VT2 不能导通，A 相的晶闸管 VT1 则无法关断，于是原导通的 VT1 继续导通至相电压 u_A 正半波，此时输出电压 U_d 变成上正下负，与直流电动势 E 顺向串联，形成短路，导致逆变失败。

（2）触发脉冲延迟。如果触发脉冲延迟至 ωt_2 才出现，如图 4 - 10（c）所示，此时逆变角 $\beta<0°$，由于 ωt_2 时刻 A 相电压 u_A 大于 B 相电压 u_B，晶闸管 VT2 承受反向电压，不能被触发导通，所以只有 VT1 继续导通至 u_A 正半波，形成短路，造成逆变失败。

2. 晶闸管发生故障

例如，该导通的晶闸管无法导通，其结果同触发脉冲丢失一样，将造成逆变失败。若晶闸管在该关断的状态下发生误导通，也会造成逆变失败。如图 4 - 10（d）所示，正常工作下，应在 ωt_2 时刻 VT1 与 VT2 换相，即 VT2 导通 VT1 关断，但如果由于某种原因在 ωt_1 时刻 VT3 误导通了，而一旦 VT3 导通，使 VT1 承受反向电压立即关断。在 ωt_2 时刻 VT2 触发脉冲正常加入，由于此时 VT2 承受反向电压而无法导通，结果只有 VT3 继续导通，造成逆变失败。

3. 交流电源发生异常现象

该现象是指在逆变过程中交流电源出现突然断电、缺相和电压过低等。

（1）交流电源出现缺相。如果在逆变运行中发生电源缺相，则与该相相连的晶闸管无法导通，其结果与触发脉冲丢失效果一样，导致逆变失败。

（2）电源突然断电。如果在逆变运行中突然发生电源断电，使变压器二次电压 U_{2ph} 为零，直流侧输出电压 U_d 亦为零，而电动机由于机械惯性作用无法立即停车，故反电动势 E

仍存在，此时直流电动势 E 通过导通的晶闸管直接形成短路，导致逆变失败。

4. 逆变角 β 过小

考虑整流变压器漏抗对电路的影响，晶闸管在换相过程中存在一个换相重叠角 γ，如果逆变角 β 太小，$\beta<\gamma$ 也会造成逆变失败。如图 4-11 所示，在 VT3 和 VT1 换相过程中，当逆变电路工作在 $\beta>\gamma$ 时，经过换相过程在换相结束后，C 相电压 u_C 仍低于 A 相电压 u_A，所以能使 VT3 承受反压而关断，电路能正常工作。如果 $\beta<\gamma$，由图 4-11 中 VT1 与 VT2 换相时的波形可以看到，换相尚未结束，电路的工作状态达到 p 点之后，A 相电压 u_A 已高于 B 相电压 u_B，使 VT1 仍承受正压而继续导通，VT2 则导通短时间后又承受反压而重新关断，结果导致逆变失败。

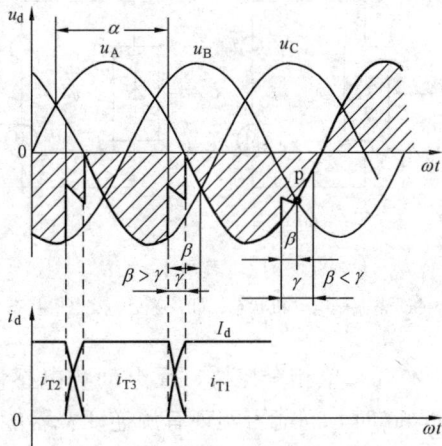

图 4-11 交流侧电抗对逆变换相过程的影响

二、防止逆变失败的对策

为了保证有源逆变电路的正常工作，除应保证正常供电外，还必须选用可靠的触发电路，正确选择晶闸管的参数。应采取必要的措施，减小电路中 du/dt 和 di/dt 的影响，避免发生晶闸管的误导通。为防止意外事故，电路中一般应装有快速熔断器或快速开关，以提供过电流保护。此外，为防止逆变失败发生，必须限制最小逆变角 β_{min}。

一般最小逆变角 β_{min} 应满足

$$\beta_{min} = \delta + \gamma + \theta' \tag{4-14}$$

式中，δ 为晶闸管关断时间 t_{off} 折合的电角度；γ 为换相重叠角；θ' 为安全裕量角。

对于一般晶闸管元件，关断时间 t_{off} 在 200～300μs 之间，对应的电角度 4°～5°；换相重叠角 γ 与电路结构、工作电流、变压器漏电抗的大小有关，一般考虑 15°～25°；留有安全裕量角也是保证逆变安全的重要措施，如三相桥式逆变电路中，触发电路输出的 6 个脉冲，它们的相位角间隔不可能完全相等，有的在中心线前，有的偏后，这种脉冲不对称度一般可达 ±5°，偏后的那些脉冲就有可能进入 β_{min} 范围，所以应该考虑一个安全裕量角 θ'，一般 θ' 值约取 10°。这样，最小逆变角通常取 30°～35°。

另外还应指出，在晶闸管可逆直流拖动系统中，由于逆变角不得小于 β_{min}，为保证系统由整流状态转换到逆变状态时最大逆变电压和电机电枢电动势的最大值平衡，满足 $E_M \approx U_d$ 的条件，所以对整流控制角 α 也必须限制在 α_{min} 范围内，一般取 $\alpha_{min} = \beta_{min}$，以防止切换过程中主电路发生过电流。

习 题

4-1 将直流电能转换为交流电能又馈送回交流电网的逆变电路称为什么电路？

4-2 什么叫有源逆变？什么叫无源逆变？哪些电路可实现有源逆变？

4-3 简述变流器工作于有源逆变状态的条件，并说明为什么半控桥和负载侧并有续流管的电路不能实现有源逆变。

4-4　图 4-12（a）工作在整流—电动机状态，图 4-12（b）工作在逆变—电动机状态。试完成：

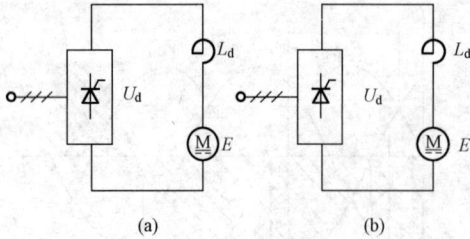

图 4-12　习题 4-4 图
(a) 整流—电动机状态；(b) 逆变—发电机状态

（1）标出 U_d、E 及 I_d 的实际方向。

（2）说明 E 与 U_d 的大小关系及能量传递关系。

（3）当 α 与 β 的最小值均为 30°时，说明 α 的移相范围。

4-5　三相全控桥式有源逆变电路，每个晶闸管导通角为多少？每隔多少度产生一次换相？

4-6　单相全控桥，反电动势电感性负载，$U_2=220\text{V}$，$E=-120\text{V}$，$R=1\Omega$，当 $\beta=30°$、60°时，问能否实现有源逆变？若能实现，求电动机的制动电流 I_d，并画出负载端的电压波形。

4-7　试画出三相半波共阴极接法 $\beta=60°$时，u_d 及晶闸管 VT1 两端电压 u_{T1} 波形。

4-8　在三相全控桥式有源逆变电路中，以连接于 A 相的共阴极组晶闸管 VT1 为例，说明其在一个周期中，导通及关断期间两端承受电压波形的规律。

4-9　三相全控桥变流器，反电动势电感性负载，$R=1\Omega$，$L=\infty$，$U_{2ph}=220\text{V}$，当 $E=-400\text{V}$，$\beta=45°$时，求 U_d、I_d 的值。此时送回电网的有功功率是多少？

4-10　三相全控桥式有源逆变电路，当 $\beta=60°$时，试画出 u_d、i_{T1} 的波形。

4-11　三相全控桥式有源逆变电路，变压器二次相电压的有效值 $U_{2ph}=157\text{V}$，回路总电阻 $R=1\Omega$，平波电抗器 L 足够大，若 $E=-293\text{V}$，要求电动机在制动过程中的负载电流 $I_d=23\text{A}$，试完成：

（1）求出此时的逆变角 β。

（2）计算变压器二次侧总容量 S_2。

4-12　导致逆变失败的主要原因是什么？

4-13　为了防止逆变失败，对最小逆变角限制要考虑什么因素？

5 交流调压和直流斩波电路

将一种形式的交流电变换成另一种形式的交流电称为交流变换。交流变换包括交流调压、交流调功、交流开关和交—交变频等，其中交—交变频部分将在第7章中介绍。

将工频交流电压变换成大小可调的交流电压称为交流调压。

将一固定的直流电压变换成另一固定或大小可调的直流电压称为直流斩波。

本章主要讲述交流变换中交流调压、交流调功和交流开关的基本概念，交流调压电路的基本原理，降压式、升压式、升降压式直流斩波电路的基本电路结构和工作原理，软开关技术的基本概念等内容。

5.1 晶闸管交流开关和交流调功器

晶闸管交流开关是一种较理想的快速交流无触点开关，与传统的机械开关比较具有响应快、无触点、寿命长等优点，特别适用于操作频繁，有易燃气体、粉尘的场合。

5.1.1 简单交流开关及应用

将晶闸管反并联后串入交流电路中，通过控制晶闸管的通断来实现接通和断开电路的目的，这就是晶闸管交流开关。晶闸管交流开关的工作特点是晶闸管在承受正半周电压时触发导通，在电源电压过零或进入负半周时使电流过零并承受反向电压而自然关断。工作时只需毫安级门极触发电流就可触发晶闸管导通，导通后可通过很大的阳极电流。

晶闸管交流开关最简单的结构型式如图 5-1 所示，图中两个反并联的普通晶闸管 VT1、VT2 与负载相串联接在交流电路中，构成了晶闸管交流开关主电路，VD1、VD2 和开关 S 为晶闸管的触发电路。当 S 合上时，靠管子本身的阳极电压作为触发电压，具有强触发性质，即使对门极触发电流很大的管子也能可靠触发。负载上得到的基本上是正弦电压。

晶闸管交流开关的典型应用就是晶闸管投切电容器（TSC）。图 5-2 所示为单相 TSC 简图，实际上常用的是三相电路，既可采用三角形连接，又可采用星形连接，其工作原理与单相电路是一样的。TSC 接入交流电网中，用脉冲控制电路

图 5-1 晶闸管交流开关最简单的结构型式

中晶闸管的通断，从而控制交流电力电容器的投入与切断，通过对无功功率的控制，可以提高功率因数，稳定电网电压，改善供电质量。与机械开关投切电容器相比，TSC 的性能更加优良。

在实际工程中，为避免容量较大的电容器投入或切断会对电网造成较大的冲击，一般把电容器分成几组，如图 5-3 所示。这样，可以根据电网对无功的需求来决定投入电容器的容量与组数。

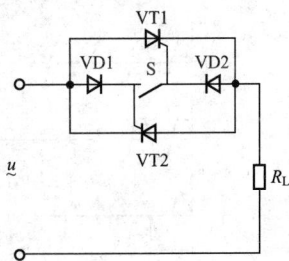

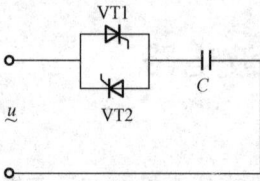

图 5-2　单相 TSC 简图

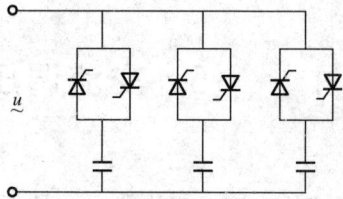

图 5-3　分组投切单相 TSC 简图

5.1.2　交流调功器

在交流电压过零时给晶闸管提供触发脉冲，使管子在交流电压正半周内始终处于全导通状态，在交流电压负半周过零时利用阳极电流小于维持电流使管子自然关断，这种工作方式称为过零触发。过零触发交流开关就是利用过零触发方式来控制晶闸管导通的。

如果在设定的周期内，采用过零触发交流开关将电路接通几个周波，然后再断开几个周波，通过改变晶闸管在设定周期内的通断时间比例来调节负载上的交流电压和交流电流，从而达到调节负载功率的目的，这种装置称为交流调功器或周波控制器。

交流调功器是在电源电压过零（或零附近）时触发晶闸管导通的，所以负载上得到的是基本完整的正弦波，对外界的电磁干扰最小。图 5-4 所示为交流调功电路输出电压波形常见的两种工作方式，图中 T_C 为设定控制周期。如在设定周期 T_C 内导通的周波数为 n，每个周波的周期为 T（$f=50\,\mathrm{Hz}$ 时，$T=20\,\mathrm{ms}$），则调功器的输出功率为

$$P_o = \frac{nT}{T_C} P_n \tag{5-1}$$

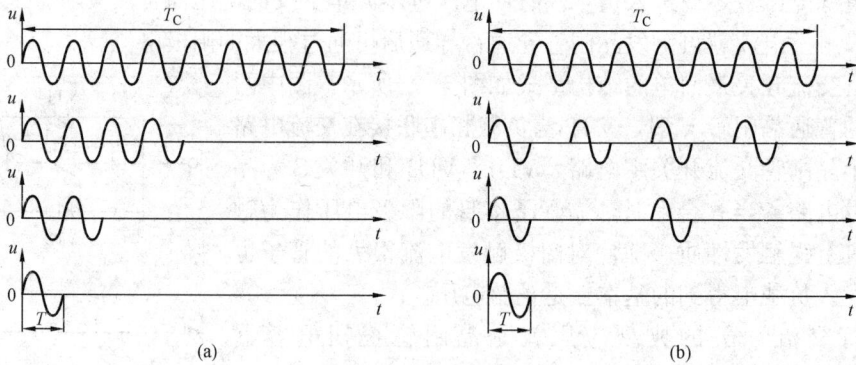

图 5-4　交流调功电路输出电压波形图
(a) 全周波连续式；(b) 全周波断续式

输出电压有效值为

$$U_o = \sqrt{\frac{nT}{T_C}} U_n \tag{5-2}$$

以上两式中，P_n、U_n 为设定周期 T_C 内全导通时，调功器的输出功率和输出电压有效值。

由此可见，只要改变导通周波数 n，即可调节输出电压和输出功率的大小。

交流调功器常应用于各种惯性较大的电热性负载，如电炉的温度控制。由于输出电压、电流为断续的正弦波，因此不适用于对电压变化比较敏感，或需要平滑调节输出电压的应用场合。

5.2 交流调压电路

交流调压电路与交流调功电路从本质上来讲是一样的，都是将工频交流电变换成大小可调的交流电，两种电路的结构型式也完全相同，只是两者的控制方式不同。交流调功电路采用的是通断控制方式，即以交流电的周期为单位控制晶闸管的通断，通过改变设定周期内导通的周波数来调节输出平均功率；交流调压电路一般采用的是相位控制方式，即在每半个周波内通过对晶闸管开通相位的控制来调节输出电压有效值。

交流调压电路广泛应用于灯光调节、温度控制、异步电动机的软启动、交流电机的调压调速等场合，也可以用作调节整流变压器一次侧电压。

交流调压电路可分为单相交流调压电路和三相交流调压电路。其中单相交流调压电路是基础。

5.2.1 单相交流调压电路

单相交流调压电路的工作情况与负载性质有很大关系，下面分别进行讨论。

一、电阻性负载

图 5-5 (a) 所示为带电阻负载的单相交流调压电路，图中的两个晶闸管 VT1 和 VT2 也可以用一个相应的双向晶闸管代替。在交流电源的正半周 $\omega t = \alpha$ 时刻触发 VT1 管，负半周 $\omega t = \pi + \alpha$ 时刻触发 VT2 管，输出电压波形为正负半周缺角相同的正弦波，如图 5-5 (b) 所示。

负载上的交流电压有效值 U_o、电流有效值 I_o 和电路的功率因数 $\cos\varphi$ 分别为

$$U_o = \sqrt{\frac{1}{\pi}\int_\alpha^\pi (\sqrt{2}U_i \sin\omega t)^2 d(\omega t)} = U_i \sqrt{\frac{1}{2\pi}\sin2\alpha + \frac{\pi - \alpha}{\pi}}$$

(5-3)

$$I_o = \frac{U_o}{R} \tag{5-4}$$

$$\cos\varphi = \frac{P}{S} = \frac{U_o I_o}{U_i I_o} = \frac{U_o}{U_i} = \sqrt{\frac{1}{2\pi}\sin2\alpha + \frac{\pi - \alpha}{\pi}} \tag{5-5}$$

式中，U_i 为输入交流电压的有效值。

由式（5-3）和式（5-5）可以看出，当 $\alpha = 0$ 时，$U_o = U_i$，$\cos\varphi = 1$，晶闸管处于全导通状态，输出电压为最大，功率因数也为最高。随着 α 的增大，输出电压 U_o 逐渐减小，功率因数 $\cos\varphi$ 也将逐渐降低。当 $\alpha = \pi$ 时，晶闸管处于全关断状态，$U_o = 0$，$\cos\varphi = 0$。

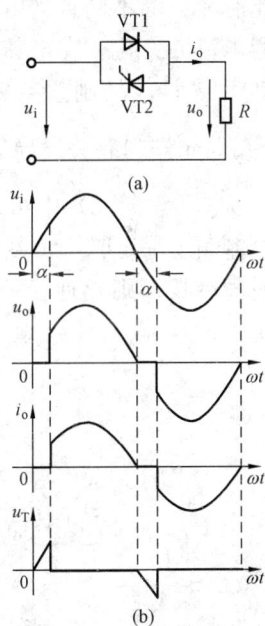

图 5-5 电阻负载单相交流调压电路及其波形
(a) 单相交流调压电路；
(b) 工作波形

根据以上分析及工作波形可见，电阻负载时电路的工作特点为：负载电流波形与单相桥式可控整流电路交流侧电流波形一致；工作原理、工作过程、工作特点也都与可控整流电路类似。改变控制角 α 即可连续改变负载电压有效值，达到交流调压的目的。控制角 α 的移相范围是 0～π。

一种家用调光台灯的实用电路如图 5-6 所示，这是用双向晶闸管组成的单相交流调压电路，图中双向晶闸管的门极采用双向二极管触发，工作在 Ⅰ₊、Ⅲ₋ 的触发状态。调节 RP 的大小将改变电源电压对电容 C_1 的充电时间，从而改变了 C_1 端达到双向晶闸管所需触发电

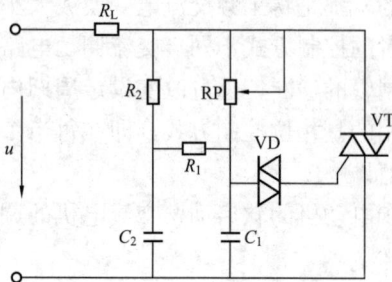

图 5-6　双向晶闸管组成的
单相交流调压电路

平的时间，即改变了双向晶闸管控制角 α 的大小，达到交流调压的目的。在 α 角较大时，过大的电位器 RP 的阻值使电容 C_1 充电缓慢，同时由于此时电源电压已过峰值并降得很低，造成 C_1 充电电压过小，u_{C1} 电压不足以击穿双向二极管。为此，实用电路中增设了 R_2、C_2 阻容电路，使得在大 α 角（即小导通角）时获得一个滞后的电压 u_{C2}，它给电容 C_1 增加了一个充电电路，使小导通角时 u_{C1} 也能达到晶闸管所需的触发电平，以保证晶闸管 VT 可靠触发导通，增大调压范围。

二、电感性负载

图 5-7（a）所示为普通晶闸管反并联带电感性负载的单相交流调压电路。由于电感性负载电路中电流的变化要滞后电压的变化，所以其工作波形和工作特点与电阻性负载相比有较大的不同。当电源电压由正半周过零变负时，由于负载电感中产生感应电动势阻碍电流的变化，在电压过零时电流还未降到零，故晶闸管还可继续导通一定时间。电感性负载时，晶闸管导通角 θ 的大小不仅与控制角 α 有关，还与负载功率因数角 φ $\left(\varphi = \arctan \dfrac{\omega L}{R}\right)$ 有关。导通角 θ、控制角 α 及负载功率因数角 φ 的关系如图 5-7（b）所示。从图 5-7（b）中可以看出，在负载一定的条件下，控制角 α 越小则导通角 θ 越大；在控制角 α 一定时，负载功率因数角 φ 越大，表明负载感抗越大，自感电动势使电流过零的时间越长，则导通角 θ 也就越大。其工作波形如图 5-8 所示。下面分三种情况进行讨论。

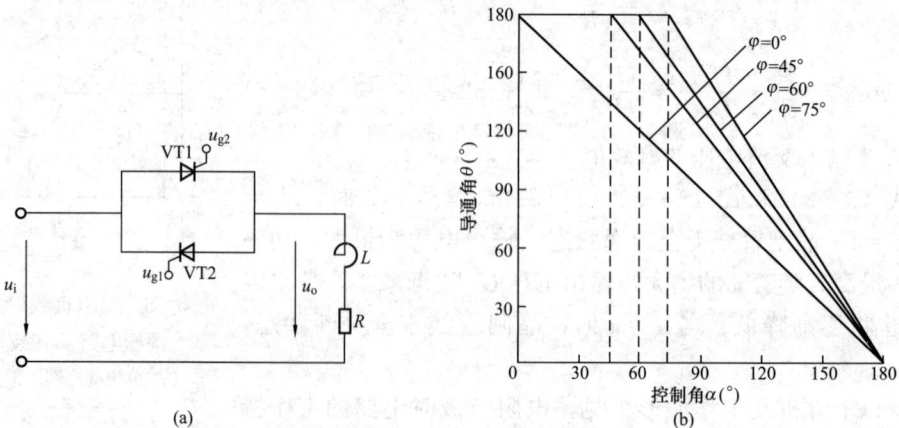

图 5-7　带电感性负载的单相交流调压电路及 θ、α 和 φ 的关系曲线
（a）电路图；（b）θ、α 和 φ 的关系曲线

1. $\alpha > \varphi$

由图 5-8（a）可见，$\alpha > \varphi$ 时，$\theta < 180°$，正负半波电流断续。且 α 越大，θ 越小，波形断续就越严重。当 α 在（$180° - \varphi$）范围内变化时，可以得到连续可调的交流电压。

2. $\alpha = \varphi$

由图 5-8（b）可见，$\alpha = \varphi$ 时，$\theta = 180°$，正负半周电流临界连续，晶闸管处于全导通控制，负载上获得最大功率，此时，电流波形滞后电压波形 φ 角。

3. $\alpha < \varphi$

如图 5-8（c）所示。在这种情况下，设接通电源后先触发 VT1 管导通，且 $\theta > 180°$。如果触发脉冲为窄脉冲，当 u_{g2} 出现时，VT1 的电流还未降到零，VT1 管关不断，VT2 管不能导通。待 VT1 管电流降到零并关断时，u_{g2} 脉冲已经消失，此时 VT2 管虽已承受正压，但也无法导通。到第三个半波时，在 u_{g1} 作用下 VT1 又重新触发导通。这样负载电流只有正半波部分，出现很大的直流分量，电路不能正常工作。所以电感性负载时，晶闸管不能采用窄脉冲触发，只能采用宽脉冲或脉冲列触发。这样即使 $\alpha < \varphi$，在接通电源后刚开始触发晶闸管的几个周波内，两管的电流波形不对称，但几个周波后，两管的导通角达到平衡，每管各导通 $180°$，负载电流即成为对称连续的正弦波，电流滞后电压 φ 角，与 $\alpha = \varphi$ 时的工作情况相同。

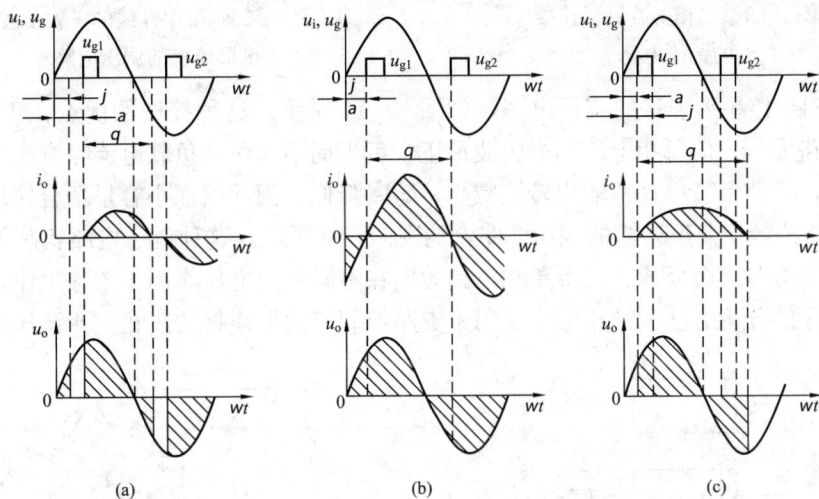

图 5-8　单相交流调压带电感性负载工作波形

(a) $\alpha > \varphi$；(b) $\alpha = \varphi$；(c) $\alpha < \varphi$

综上所述，带电感性负载时单相交流调压电路有如下特点：

（1）不能采用窄脉冲，而只能采用宽脉冲或脉冲列触发。否则当 $\alpha < \varphi$ 时，会发生有一个晶闸管无法导通的现象，结果将产生很大的直流分量电流，烧毁熔断器或晶闸管。

（2）当 $\alpha = \varphi$ 时，晶闸管处于全导通状态，此时相当于一正弦稳态电路，输出电压 U_o 及输出功率 P_o 为最大。

（3）最小控制角 $\alpha_{min} = \varphi$，故 α 的移相范围为 $\varphi \sim 180°$。

5.2.2　三相交流调压电路

一、三相交流调压电路的接线形式

晶闸管三相交流调压电路的连接方式很多，各种接法均有其特点，适用范围也不尽相同，下面介绍几种常用的接线形式。

（1）三相全波星形连接的调压电路。负载可以接成星形也可接成三角形，如图 5-9 所示为三相全波星形连接的调压电路，也称为三相三线交流调压电路。这种接法的特点是输出谐波分量少，适用于低电压大电流的负载电路。

（2）带中性线的三相全波星形连接的调压电路，如图 5-10 所示。此电路相当于三个单相电路的组合。其特点是电路各相通过中性线自成回路，但在中性线中三次谐波电流很大，对电动机和电网影响严重，故在工业中较少采用。

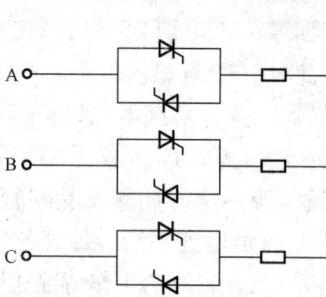

图 5-9　三相全波星形连接
的调压电路

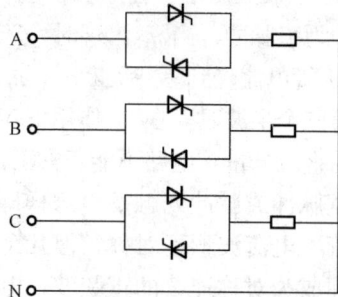

图 5-10　带中性线的三相全波
星形连接的调压电路

（3）三相半控星形连接的调压电路，如图 5-11 所示。这种接法的优点在于简化控制、降低调压电路成本。但每相电压和电流波形正、负半周不对称，负载电流除奇次谐波外，还有偶次谐波，将使负载电动机输出转矩减小，效率降低，因此仅在小容量场合使用。

（4）支路控制三角形连接的调压电路，如图 5-12 所示。这种调压电路实际上是由三个单相交流调压电路组合而成。三个单相电路分别在不同的线电压作用下单独工作，因此单相交流调压电路的分析方法和结论完全适用于支路控制三角形连接的三相交流调压电路。

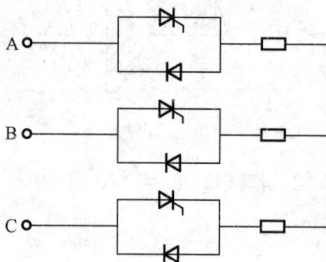

图 5-11　三相半控星形连接
的调压电路

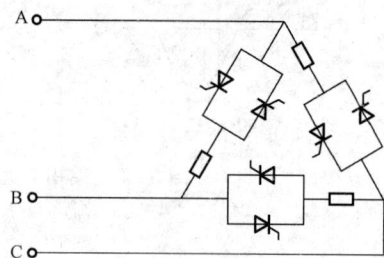

图 5-12　支路控制三角形
连接的调压电路

二、三相三线交流调压电路的工作原理

三相三线交流调压电路如图 5-13 所示，主要分析电阻负载时的工作情况。

如果把晶闸管换成二极管，由于相电压与相电流同相位，且相电压过零时二极管开始导通，故把相电压的过零点定为控制角 α 的起算点。因两相间导通时是靠线电压导通的，而线电压超前于相电压 $30°$，所以 α 的移相范围是 $0°\sim150°$。

由电路不难看出，任意时刻至少要有不在同一相的两只晶闸管同时导通才能构成电流通路。为此，对触发电路的要求是：①6 只晶闸管的触发脉冲按管号顺序间隔 60°依次加入，三相正向（或反向）晶闸管的触发脉冲依次间隔 120°，同一相中正向与反向晶闸管触发脉冲间隔 180°；②必须采用双窄脉冲或宽脉冲触发；③为保证三相电压对称可调，应保持触发脉冲与电源电压同步。

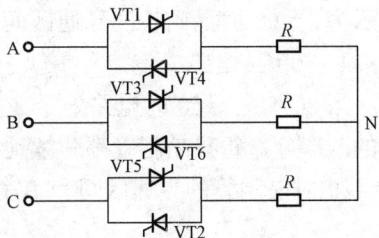

图 5 - 13　三相三线交流调压电路

在 α 的移相范围内，电路有两种工作状态：三相中各有一只晶闸管导通，称为 1 类工作状态，这时负载相电压就是电源相电压；两相中各有一只晶闸管导通，另一相不导通，称为 2 类工作状态，这时导通相的负载相电压是电源线电压的二分之一。

以 A 相为例，A 相负载电压 u_{RA} 为：当三相中各有一只晶闸管导通时，$u_{RA}=u_A$；当 A、B 两相各有一只晶闸管导通时，$u_{RA}=u_{AB}/2$；当 A、C 两相各有一只晶闸管导通时，$u_{RA}=u_{AC}/2$；当 A 相中 VT1 和 VT4 均不导通时，$u_{RA}=0$。

下面具体分析不同 α 时调压电路 A 相输出电压 u_{RA} 的波形。

1. $\alpha=0°$

$\alpha=0°$意味着在各相电源电压过零时触发相应晶闸管，即过零变正时触发正向晶闸管，过零变负时触发反向晶闸管，电路始终处于 1 类工作状态。此时调压电路相当于一般的三相交流电路，输出到负载上的电压即为完整电源电压波形，各晶闸管的导通区间及 A 相负载电压 u_{RA} 的波形如图 5 - 14 所示。

2. $0°<\alpha<60°$

当 $0°<\alpha<60°$时电路处于 1 类工作状态和 2 类工作状态的交替状态，每只晶闸管导通角均为 $\pi-\alpha$。图 5 - 15 所示为 $\alpha=30°$时晶闸管的导通区间和 A 相负载电压 u_{RA} 波形。

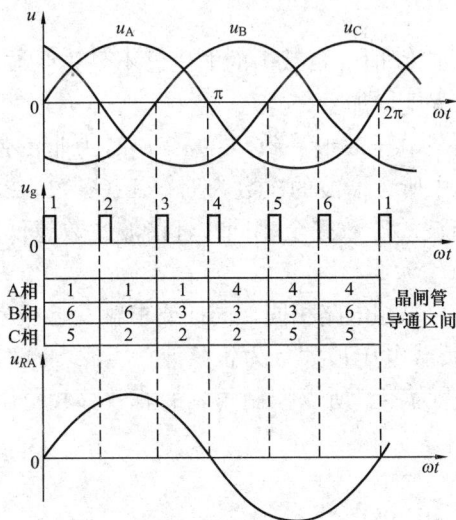

图 5 - 14　三相三线交流调压电路 $\alpha=0°$时的波形

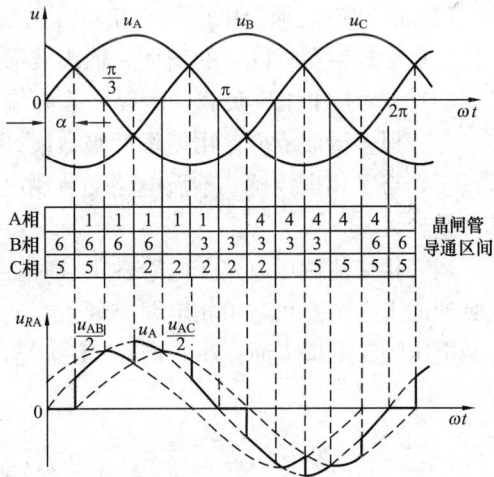

图 5 - 15　三相三线交流调压电路 $\alpha=30°$时的波形

3. $60°\leqslant\alpha<90°$

当 $60°\leqslant\alpha<90°$时电路始终处于 2 类工作状态，每只晶闸管导通角均为 120°。图 5 - 16

所示为 $\alpha=60°$ 时晶闸管的导通区间和 A 相负载电压 u_{RA} 波形。

4. $90°\leqslant\alpha<150°$

当 $90°\leqslant\alpha<150°$ 时电路处于 2 类工作状态与无晶闸管导通的交替状态，且被分割成不连续的两部分，每只晶闸管都断续地导通两个时段，导通角均为 $2(150°-\alpha)$。图 5-17 所示为 $\alpha=120°$ 时晶闸管的导通区间和 A 相负载电压 u_{RA} 波形。

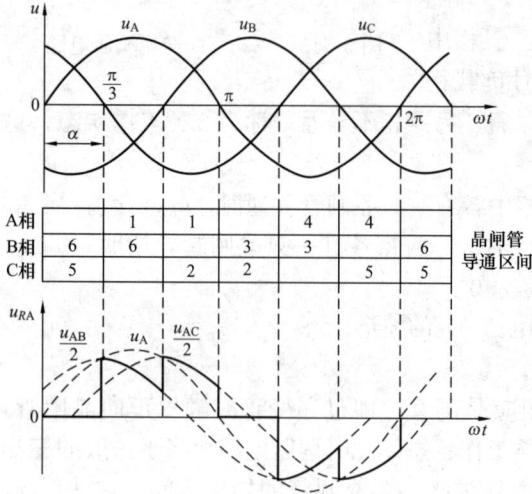

图 5-16　三相三线交流调压电路
$\alpha=60°$ 时的波形

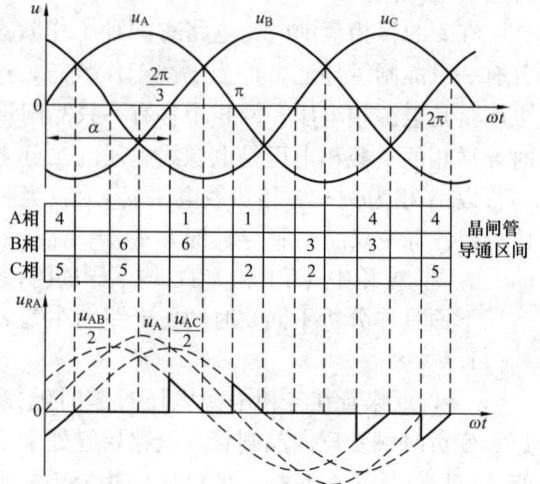

图 5-17　三相三线交流调压电路
$\alpha=120°$ 时的波形

综上所述，三相三线交流调压电路有如下特点：

(1) $\alpha=0°$ 时，电路输出全电压；α 增大，输出电压减小；$\alpha=150°$ 时，输出电压为零。显然，α 的移相范围为 $0°\sim150°$。

(2) $\alpha=0°$ 时，输出电压为三相对称正弦交流电；$\alpha>0°$ 时，负载上的电压已不是正弦波，但正、负半周对称；随 α 的增大，输出波形的不连续程度增加。

(3) 因为是电阻性负载，所以负载电流波形与负载电压波形一致，在 $\alpha>0°$ 时为非正弦波，含有很多谐波成分。用傅里叶级数展开可知，其中所含谐波的次数为 $6k\pm1$（$k=1$，2，3，…），与三相全控桥式整流电路交流侧电流所含谐波的次数完全相同，且谐波次数越低，其含量越大。

当三相交流调压电路带电感性负载时，分析方法与单相电路相同，同样要求触发脉冲为宽脉冲。工作特点也与单相电路类似：当 $\alpha=\varphi$ 时，负载电压最大且为正弦波；当 $\alpha>\varphi$ 时，负载电压随 α 的增大而减小；当 $\alpha\geqslant150°$ 时，负载电压为零。所以控制角 α 的有效移相范围为 $\varphi\sim150°$。

5.3　直流斩波电路

直流斩波电路是将一种直流电变换为另一固定或可调直流电的装置，也称为直流—直流变换器。它具有效率高、体积小、质量轻、成本低等优点，能完成以下功能：

(1) 直流电幅值变换。

（2）直流电极性变换。

（3）直流电路阻抗变换。

（4）有源滤波。

高频自关断器件的开发应用，为直流斩波电路的发展创造了条件，目前直流斩波技术被广泛应用于开关电源及直流电动机驱动中。

直流斩波电路的种类较多，有基本斩波电路、复合斩波电路和多相多重斩波电路等。

直流斩波电路的基本工作原理就是利用晶闸管或自关断器件来实现通断控制，将直流电源电压断续加到负载上，通过调节通断的时间来改变负载电压平均值。按输出电压控制方式的不同，直流斩波电路可分为以下三种工作情况：

（1）保持开关周期 T 不变，调节开关器件导通时间 t_{on}，称为脉冲调宽（PWM）型。

（2）保持开关器件导通时间 t_{on} 不变，调节开关周期 T，称为脉冲调频（PFM）型。

（3）同时改变 t_{on} 和 T，称为混合调制型。

其中，开关周期 T＝开关器件导通时间 t_{on}＋开关器件关断时间 t_{off}。

5.3.1　基本斩波电路

下面以脉冲调宽型为例，把基本斩波电路按输出电压量值分为降压式斩波电路、升压式斩波电路和升降压式斩波电路三种类型来讨论。

一、降压式斩波电路

1. 电路组成

降压式斩波电路又称为 Buck 变换器，其原理图如图 5-18（a）所示。图中采用 IGBT作斩波开关（也可采用其他全控型器件，如果使用晶闸管则应设置辅助关断电路）；电感 L 和电容 C 组成输出端低通滤波电路，以减小输出电压的波动；VD 为续流二极管，在斩波开关 V 关断时为电感 L 存储的能量提供续流通路。

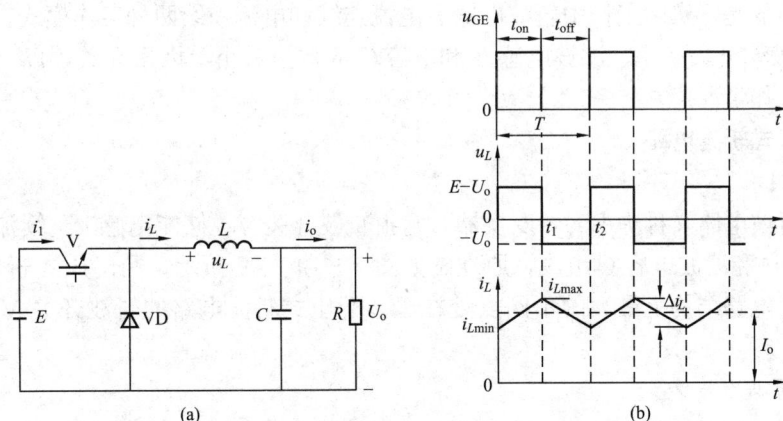

图 5-18　降压式斩波电路的原理图及工作波形
（a）原理图；（b）工作波形

设电容 C 的容量很大，则稳态时可认为输出电压近似为恒定 $u_o(t)=U_o$。同样，由于 C 很大，稳态时流过电容的平均电流近似为零，所以电感平均电流 I_L 等于输出平均电流 I_o。

2. 工作原理

降压式斩波电路的工作波形如图 5-18（b）所示。在斩波开关 V 导通 t_{on} 期间，二极管

VD 承受反向电压而截止，电源 E 通过电感 L 向负载 R 供电，此时 $u_L = E - U_o$，电流 i_L 增加，电感 L 的储能也增加。在斩波开关 V 关断 t_{off} 期间，电感 L 两端产生右正左负的感应电动势，使二极管承受正向电压而导通，此时 $u_L = -U_o$，电流 i_L 经二极管 VD 续流，电感 L 释放能量向负载供电，电流 i_L 下降。由于 VD 的单向导电性，电流 i_L 不可能为负，即总有 $i_L \geqslant 0$，从而可在负载上获得单极性的输出电压。

在稳态情况下，电感电压 u_L 的波形是周期性变化的，一周期内电感两端的平均电压（直流电压）为零。这表明图 5 - 18 （b）中的 u_L 波形一周期内正面积与负面积相等，即

$$(E - U_o)t_{on} = U_o t_{off}$$

所以
$$U_o = \frac{t_{on}}{t_{on} + t_{off}}E = \frac{t_{on}}{T}E = \alpha E \tag{5-6}$$

式中，α 为导通占空比，简称为占空比或导通比，$\alpha = t_{on}/T$。

由式（5 - 6）可见，改变占空比 α 的大小即可调节输出电压 U_o，并且由于 $0 < \alpha \leqslant 1$，所以 $U_o \leqslant E$，为降压输出。

输出电流平均值为

$$I_o = \frac{U_o}{R} \tag{5-7}$$

若忽略所有电路元器件的损耗，则输入输出功率平衡，即

$$EI_1 = U_o I_o \tag{5-8}$$

故
$$\frac{I_o}{I_1} = \frac{E}{U_o} = \frac{1}{\alpha} \tag{5-9}$$

式（5 - 9）表明，降压式斩波电路等效于一个直流降压变压器。

由式（5 - 9）可得，电源电流平均值为

$$I_1 = \alpha I_o \tag{5-10}$$

需要说明的是，实际工作中斩波电路有电流连续和电流断续两种工作模式。电感中的电流 i_L 是否连续与开关频率、滤波电感 L 和电容 C 的数值大小等因素有关，以上分析的仅是电流连续的工作情况。

二、升压式斩波电路

1. 电路组成

升压式斩波电路又称为 Boost 变换器，它由斩波开关 V、储能电感 L、续流二极管（升压二极管）VD 和滤波电容 C 组成，原理图如图 5 - 19 （a）所示。与降压式斩波电路比较，可以看出两种电路结构上最大的不同点处在于，升压式斩波电路的斩波开关 V 与负载呈并联形式连接。

2. 工作原理

设电路中电感 L 值极大，以确保电感电流连续平直 $i_1 = I_1$；并设电容 C 值也很大，以保证输出电压恒定 $u_o(t) = U_o$。

升压式斩波电路的工作波形如图 5 - 19 （b）所示。在斩波开关 V 导通期间，二极管 VD 承受反压而截止，电源 E 直接加在电感 L 两端向电感 L 充电储能，电容 C 向负载放电以给负载供电，此时 $i_D = 0$，$u_L = E$。在斩波开关 V 关断期间，电感 L 两端产生右正左负的感应电动势，使二极管承受正压而导通，电感 L 释放能量与电源 E 共同向电容 C 充电并向负载供电，此时 $i_D = i_1 = I_1$，$u_L = E - U_o$。

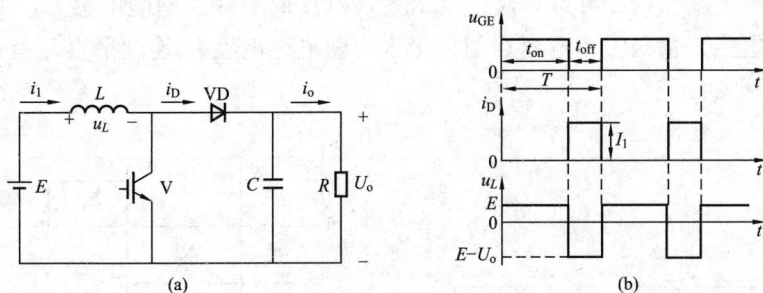

图 5-19 升压式斩波电路的原理图及工作波形

(a) 原理图；(b) 工作波形

同样，在稳态情况下一周期内电感两端的平均电压为零，即

$$Et_{on} + (E - U_o)t_{off} = 0$$

所以

$$U_o = \frac{t_{on} + t_{off}}{t_{off}}E = \frac{T}{t_{off}}E \tag{5-11}$$

因为 $T/t_{off} \geqslant 1$，所以 $U_o \geqslant E$，表明输出电压 U_o 高于电源电压 E，为升压输出。T/t_{off} 称为升压比，将升压比的倒数记作 β，即 $\beta = t_{off}/T$，则

$$\alpha + \beta = 1 \tag{5-12}$$

因此，式（5-11）可改写为

$$U_o = \frac{1}{\beta}E = \frac{1}{1-\alpha}E \tag{5-13}$$

调节占空比 α 的大小，即可改变输出电压的大小。

输出电流平均值为

$$I_o = \frac{U_o}{R} \tag{5-14}$$

若忽略所有电路元器件的损耗，则输入输出功率平衡，即

$$EI_1 = U_o I_o \tag{5-15}$$

式（5-15）表明，升压式斩波电路等效于一个直流升压变压器。

电源电流平均值为

$$I_1 = \frac{U_o}{E}I_o = \frac{1}{1-\alpha}I_o \tag{5-16}$$

升压式斩波电路之所以能使输出电压高于电源电压，关键有两个原因：一是电感 L 储能之后具有使电压泵升的作用；二是电容 C 可将输出电压保持住。而要保证输出电压能高于电源电压，其前提条件必须满足电路中的电感 L 及电容 C 的数值均极大。由于实际上电容 C 值不可能为无穷大，向负载放电时输出电压 U_o 必然会有所下降。因此，实际电路的输出电压比式（5-13）求出的电压值要略低。

三、升降压式斩波电路

1. 电路组成

升降压式斩波电路又称为 Boost-Buck 变换器，也称为反极性斩波电路，用该变换器可以得到高于或低于电源电压的输出电压，其电路原理图如图 5-20（a）所示。其电路结构

特征是储能电感 L 与负载相并联，续流二极管 VD 反向串联在储能电感 L 与负载之间。同样假设电路中电感 L 值极大，电容 C 值也极大，使电感电流 i_L 连续平直 $i_L = I_L$，且使输出电压恒定 $u_o(t) = U_o$。

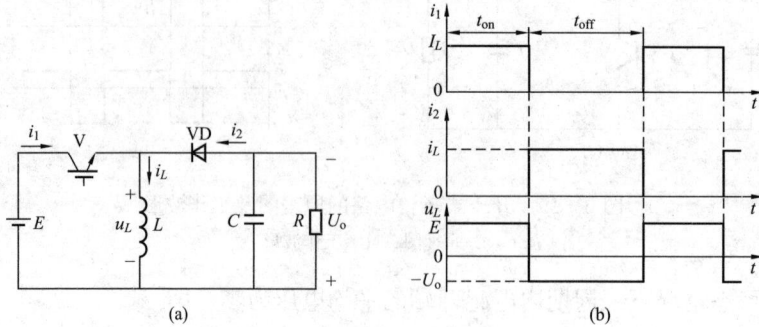

图 5-20　升降压式斩波电路原理及工作波形图
(a) 电路原理图；(b) 工作波形图

2. 工作原理

当斩波开关 V 导通时，直流电源 E 经 V 给电感 L 存储能量，二极管 VD 处于反向偏置截止，电容 C 向负载提供能量并维持输出电压基本恒定，此时 $i_1 = i_L = I_L$，$i_2 = 0$，$u_L = E$。当斩波开关 V 关断时，电感 L 中的感应电动势改变极性，使二极管 VD 导通，电感 L 释放能量通过 VD 向负载供电并向电容 C 充电，此时 $i_1 = 0$，$i_2 = i_L = I_L$，$u_L = -U_o$，输出电压极性为上负下正，与电源极性相反。升降压式斩波电路的工作波形如图 5-20 (b) 所示。

利用稳态时一周期内电感两端的平均电压为零的特点，由图 5-20 (b) 可得

$$Et_{on} + (-U_o)t_{off} = 0$$

所以

$$U_o = \frac{t_{on}}{t_{off}}E = \frac{\alpha}{1-\alpha}E \tag{5-17}$$

若改变导通比 α，则输出电压随之改变。如 $0 < \alpha < 0.5$ 时，$U_o < E$ 为降压斩波电路；$0.5 < \alpha < 1$ 时，$U_o > E$ 为升压斩波电路。因此该电路为升降压式斩波电路。

电源电流 i_1 和负载电流 i_2 的波形如图 5-20 (b) 所示。设电流平均值分别为 I_1 和 I_2，因电感 L 值极大，电流 I_L 连续平直，则有

$$I_1 = \frac{t_{on}}{T}I_L \tag{5-18}$$

$$I_2 = \frac{t_{off}}{T}I_L \tag{5-19}$$

故

$$\frac{I_1}{I_2} = \frac{t_{on}}{t_{off}} \tag{5-20}$$

即

$$I_2 = \frac{t_{off}}{t_{on}}I_1 = \frac{1-\alpha}{\alpha}I_1 \tag{5-21}$$

若忽略电路中的损耗，则

$$EI_1 = U_oI_2 \tag{5-22}$$

输入输出功率平衡，相当于一个直流变压器。

四、库克斩波电路

库克斩波电路又称为 Cuk 斩波电路，电路原理图如图 5-21（a）所示。

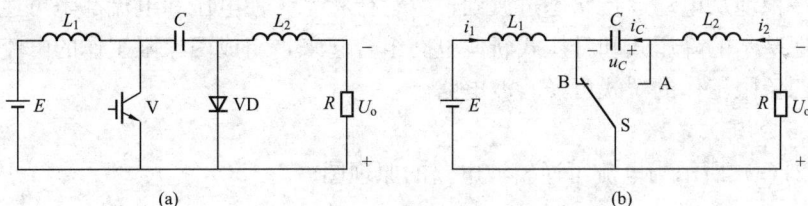

图 5-21　库克斩波电路原理及其等效电路
(a) 电路原理图；(b) 等效电路

设电路中电感 L_1、L_2 及电容 C 值均极大，当 V 处于通态时，$E—L_1—V$ 回路和 $R—L_2—C—V$ 回路分别流过电流。当 V 处于断态时，$E—L_1—C—VD$ 回路和 $R—L_2—VD$ 回路分别流过电流。其等效电路如图 5-21（b）所示，相当于开关 S 在 A、B 两点之间交替切换。输出电压的极性与电源电压相反，故也为反极性斩波电路。

在该电路中，稳态时，一个周期 T 内电容 C 的电流平均值应为零，即

$$\int_0^T i_C \mathrm{d}t = 0 \tag{5-23}$$

设 V 处于通态的时间为 t_{on}，处于断态的时间为 t_{off}，由等效电路可知：V 导通时 $i_C = I_2$；V 关断时 $i_C = -I_1$。于是有

$$I_2 t_{on} + (-I_1)t_{off} = 0 \tag{5-24}$$

移项得

$$I_2 = \frac{t_{off}}{t_{on}} I_1 = \frac{1-\alpha}{\alpha} I_1 \tag{5-25}$$

若忽略电路中的损耗，则电源提供的功率和负载消耗的功率相等，即

$$EI_1 = U_o I_2 \tag{5-26}$$

于是得到输出电压 U_o 和电源电压 E 的关系为

$$U_o = \frac{\alpha}{1-\alpha} E \tag{5-27}$$

将式（5-27）与式（5-17）比较可以看出，库克斩波电路与升降压式斩波电路的输出表达式完全相同。库克斩波电路的优点在于输入电源电流 i_1 和输出负载电流 i_2 都是连续的，且脉动很小、纹波很低，从而降低了对外部滤波电路的要求，应用较为广泛。

基本斩波电路除以上介绍的几种以外，还有 Sepic 斩波电路和 Zeta 斩波电路，这两种电路与升降压式斩波电路一样也都有升降压功能，限于篇幅，这里不再赘述。

5.3.2　其他斩波电路

利用不同的基本斩波电路进行组合可构成复合斩波电路。对相同结构的基本斩波电路进行组合可构成多相多重斩波电路，使整体性能得到提高。

一、复合斩波电路

在直流电动机的斩波控制系统中，常要使电机正转和反转、电动运行和再生运行。降压式斩波电路带电动机时，电动机工作在第一象限；升压式斩波电路带电动机时，电动机工作

在第二象限。两种情况下，电动机的电枢电流方向不同，但均只能单方向流动。从电动运行状态到再生运行状态的切换可通过改变电路连接方式来实现，但在要求快速响应时，只能用门极信号来平稳地从电动运行状态过渡到再生运行状态，使电压和电流都是可逆的，复合斩波电路就是把基本的降压式和升压式斩波电路组合起来，组成两象限工作的电流可逆斩波电路，或能够四象限工作的桥式可逆斩波电路。

1. 电流可逆斩波电路

图 5-22 (a) 所示为电流可逆斩波电路的原理图。

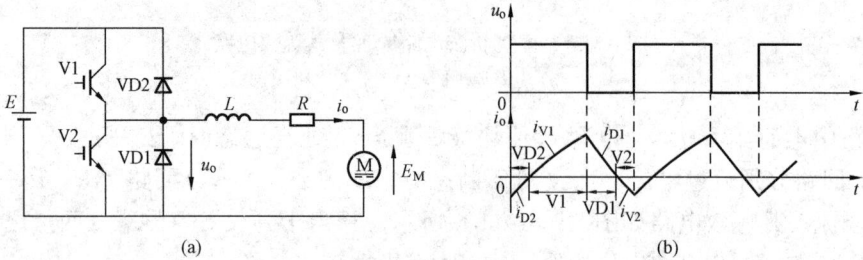

图 5-22　电流可逆斩波电路及其波形
(a) 电路原理图；(b) 输出电压、电流波形

在该电路中，V1 和 VD1 构成降压式斩波电路，由电源向直流电动机供电，电动机为电动运行，工作于第一象限；V2 和 VD2 构成升压式斩波电路，把直流电动机的动能转变为电能反馈到电源，使电动机作再生制动运行，工作于第二象限。控制时应防止 V1 和 V2 同时导通造成电源短路事故。

当电路只作降压式斩波电路运行时，V2 和 VD2 总处于断态；只作升压式斩波电路运行时，V1 和 VD1 总处于断态。两种工作情况与前面讨论过的完全一样。此外该电路还有第三种工作方式，即在一个周期内交替进行以上两种工作方式。例如，当降压式斩波电路的 V1 关断后，由于电抗器 L 积蓄的能量经 VD1 释放完毕后，电枢电流为零，这时使 V2 导通，由于电动机反电动势 E_M 的作用使电枢电流反向，并使电抗器 L 积蓄能量。待 V2 关断后，VD2 在 E_M、E、L 的共同作用下导通，将负载的能量向电源反送。当反向电流变为零，即 L 积蓄的能量释放完毕时，再次使 V1 导通，正向电流由零增大。如此循环往复，两斩波电路交替工作。图 5-22 (b) 就是这种工作方式下的输出电压、电流波形。

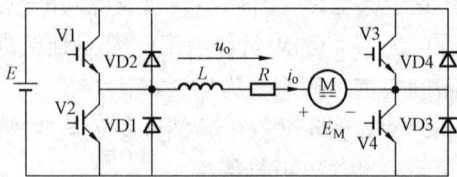

图 5-23　桥式可逆斩波电路

2. 桥式可逆斩波电路

图 5-23 所示的桥式可逆斩波电路可使直流电动机四象限运行，即正转电动、正转再生制动、反转电动和反转再生制动。

该电路由两组两象限运行的斩波电路构成。设 V4 处于导通状态，并严防 V3 导通，避免电源短路。此时电路与电流可逆斩波电路一样，能在第一、二象限内工作，使电动机工作在正转电动和正转再生制动状态。设 V2 处于导通状态，并严防 V1 导通，避免电源短路。此时电路也与电流可逆斩波电路一样，只是电机电枢电压与前一种情况相比反向了，所以能在第三、四象限内工作，使电动机工作在反转电动和反转再生制动状态。

二、多相多重斩波电路

为了减少斩波电路的输入和输出电流谐波的含量,适应大功率斩波器滤波网络参数的优化,可采用在电源与负载间接入多个结构相同而相位错开的斩波电路,构成多相多重斩波电路。一个控制周期中电源侧的电流脉波数称为斩波电路的相数,负载电流脉波数称为斩波电路的重数。

图 5-24 所示为三相三重斩波电路及其波形。该电路相当于 3 个降压式斩波电路并联而成,输出电流平均值为 3 个斩波电路单元输出电流之和,脉动频率也为斩波电路单元脉动频率的 3 倍;使电流脉动率下降,有利于负载平稳运行;对输入侧滤波器和输出侧平波电抗器的要求明显减低,并缩小了装置的体积和减轻了质量。

并联的斩波电路越多,输出的电压、电流的脉动程度就越小,亦使输入电流脉动率减低,感应干扰减少,只要接上简单的 LC 滤波器就可以有效防止感应干扰。

多相多重斩波电路还具有备用功能,万一某个斩波器发生故障,其余各相可继续运行,因而提高了运行可靠性。

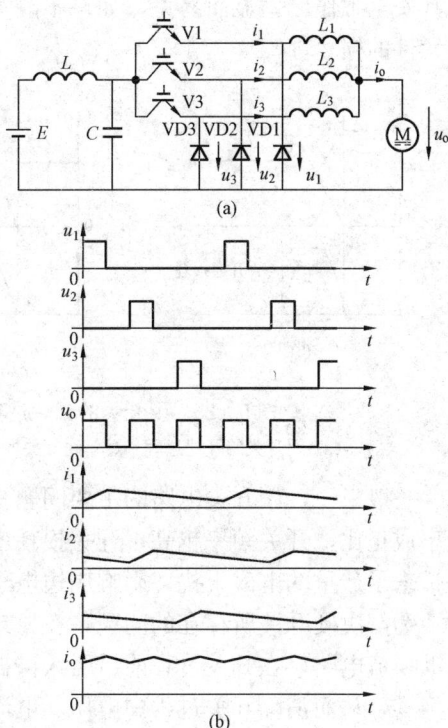

图 5-24 三相三重斩波电路及其波形
(a) 电路;(b) 波形

5.4 软开关技术

使电力电子装置向小型化、轻量化发展的最直接有效的途径就是电路的高频化。但是,在提高开关频率的同时,必然会造成开关损耗增大、电路效率降低、电磁干扰增加。为此,一种新型的谐振开关技术——软开关技术应运而生,它利用以谐振为主的辅助换流手段,解决了电路中的开关损耗和开关噪声问题,使开关频率大大提高。

5.4.1 软开关的基本概念

一、硬开关与软开关

在前面章节的分析中,总是将电路理想化,例如,忽略器件的开关过程,理想地认为开关状态的转换是瞬时完成的。这样的分析方法便于理解电路的工作原理,但是实际电路中器件的开关过程是客观存在的,在一定的条件下还可能对电路的工作产生重要影响。

很多电路中,开关器件在电压很高或电流很大的条件下开通或关断,其典型的开关过程如图 5-25 所示。由图可见,在开关过程中,由于存在开通和关断时间,电压、电流不可能立即下降到零或立即上升到最大值,于是,在这段时间内出现了电压、电流的重叠区,结果必然产生相应的开通损耗和关断损耗(统称为开关损耗)。另外,由于电压、电流变化很快,波形出现明显的过冲,从而导致了开关噪声的产生。具有这样开关过程的开关称为硬开关。

电力晶体管工作在硬开关条件下的开关轨迹(电感负载)如图 5-26 所示。图中虚线表示其安全工作区，显而易见，如果不改善开关条件，其开关轨迹可能会超出安全工作区，造成元件的损坏。

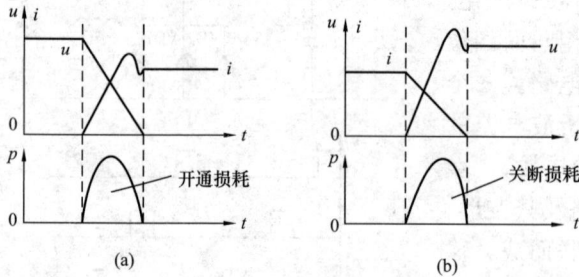

图 5-25 硬开关的开关过程
(a) 硬开关的开通过程；(b) 硬开关的关断过程

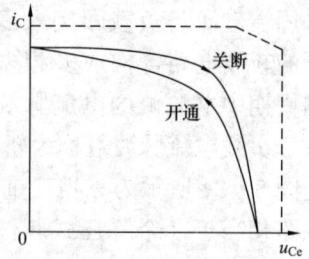

图 5-26 硬开关的开关轨迹

一般来说，硬开关电路的主要问题是存在较大的开关损耗和开关噪声。开关损耗与开关频率成正比，开关频率越高，开关损耗就越大，电路的效率也越低。同时，开关噪声也给电路带来了严重的电磁干扰，影响周边电子设备的正常工作。

为解决硬开关所存在的问题，在原来的开关电路中增加小电感、小电容等谐振元件构成辅助换流电路，在开关过程前后引入谐振，使开关管开通前电压先降为零，或关断前电流先降为零，从而消除开关过程中电压、电流的重叠，降低电压、电流的变化率，使开关损耗和开关噪声大为降低。具有这样开关过程的开关称为软开关。典型的软开关过程如图 5-27 所示。

电力晶体管工作在软开关条件下的开关轨迹如图 5-28 所示。由图可见，开关管的工作条件很好，不会超出安全工作区。

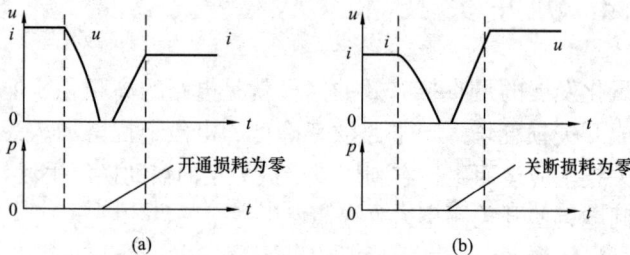

图 5-27 软开关的开关过程
(a) 软开关的开通过程；(b) 软开关的关断过程

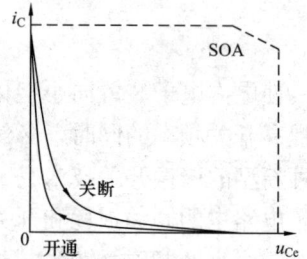

图 5-28 软开关的开关轨迹

二、零电压开关与零电流开关

在开关开通前使其两端电压为零，则开关开通时就不会产生开通损耗和噪声，这种开通方式称为零电压开通；在开关关断前使其电流为零，则开关关断时就不会产生关断损耗和噪声，这种关断方式称为零电流关断。零电压开通和零电流关断要靠电路中的谐振来实现。

在开关两端并联电容，利用电容来延缓开关关断后的电压上升率，使关断损耗降低，这种关断过程称为零电压关断；在开关支路中串联电感，利用电感来延缓开关开通后的电流上升率，使开通损耗降低，这种开通过程称为零电流开通。零电压关断和零电流开通只需利用并接电容或串接电感即可实现。

零电压开关通常指具有零电压开通方式的开关，零电流开关通常指具有零电流关断方式的开关。

零电压开关的简化原理电路如图 5-29（a）所示，图中 C_r、L_r 为谐振元件。由图可见，谐振电容 C_r 与功率开关 S 相并联，其基本思路是：在 S 开通前，使 C_r 与 L_r 谐振工作，则 C_r 上的电压过零，若在 $u_{cr}(t)=0$ 时刻开通 S，即可满足零电压开关的要求。相反，在 S 关断时，利用 C_r 使 S 上的电压由零缓慢上升，实现零电压关断。

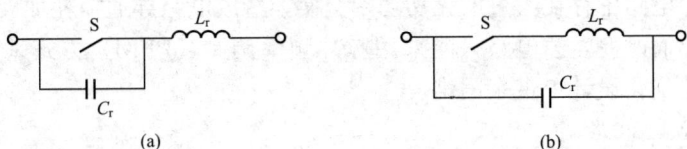

图 5-29　零电压开关、零电流开关简化原理电路
(a) 零电压开关；(b) 零电流开关

零电流开关的简化原理电路如图 5-29（b）所示，图中 L_r、C_r 为谐振元件。由图可见，谐振电感 L_r 与功率开关 S 相串联，其基本思路是：在 S 关断前，使 L_r 与 C_r 谐振工作，则流过 L_r 的电流过零，若在 $i_{Lr}(t)=0$ 时刻关断 S，即可满足零电流开关的要求。相反，在 S 开通时，利用 L_r 使 S 中的电流由零缓慢上升，实现零电流开通。

5.4.2　软开关电路的分类

软开关技术自问世以来，经历了不断的发展与完善，出现了许多种软开关电路，到目前为止，新型的软开关拓扑仍在不断地出现。由于存在众多的软开关电路，而且各自有不同的特点和应用场合，故有必要对这些电路进行分类。

根据电路中主要的开关元件是零电压开关还是零电流开关，可将软开关电路分为零电压电路和零电流电路。通常，一种软开关电路要么属于零电压电路，要么属于零电流电路。

根据软开关技术的发展历程，可将软开关电路分为准谐振电路、零开关 PWM 电路和零转换 PWM 电路。

软开关技术应用很广，下面以应用于直流斩波电路中的软开关电路为例，简要介绍上述三类软开关电路。

需要说明的是，由于每一种软开关电路都可以用于直流斩波电路，故可用图 5-30 中的基本开关单元来表示，不必画出各种具体电路。实际使用时，可从基本开关单元导出具体电路，开关和二极管的方向应根据电流方向做相应调整。

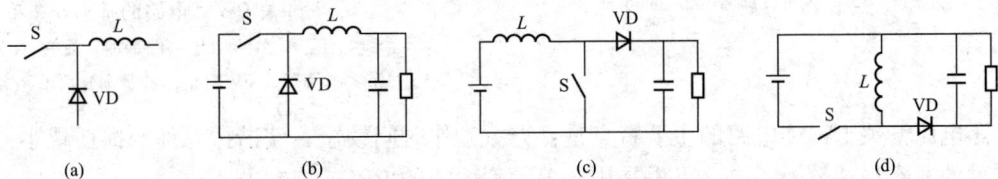

图 5-30　基本开关单元的概念
(a) 基本开关单元；(b) 降压斩波器中的基本开关单元；
(c) 升压斩波器中的基本开关单元；(d) 升降压斩波器中的基本开关单元

1. 准谐振电路

准谐振电路是在基本变换电路中加入了谐振电感和谐振电容。由于在开关过程中，其电压或电流波形为正弦半波，因此称之为准谐振。准谐振电路可分为零电压开关准谐振电路、零电流开关准谐振电路、零电压开关多谐振电路和用于逆变器的谐振直流环电路。图 5‐31 所示为前三种软开关电路的基本开关单元，图 5‐32 所示为谐振直流环的电路图。

准谐振电路所存在的主要问题是：谐振电压峰值很高，要求器件的耐压必须提高；谐振电流有效值很大，电路中存在大量的无功功率交换，造成电路导通损耗加大；谐振周期随输入电压、负载变化而改变，故电路只能采用脉冲频率调制（PFM）方式来控制，同时变化的开关频率给电路优化设计也带来困难。

2. 零开关 PWM 电路

零开关 PWM 电路引入了辅助开关来控制谐振的开始时刻，使谐振仅发生于开关过程前后。它可分为零电压开关 PWM 电路和零电流开关 PWM 电路。图 5‐33 所示为这两种电路的基本开关单元，图中 S1 为辅助开关。

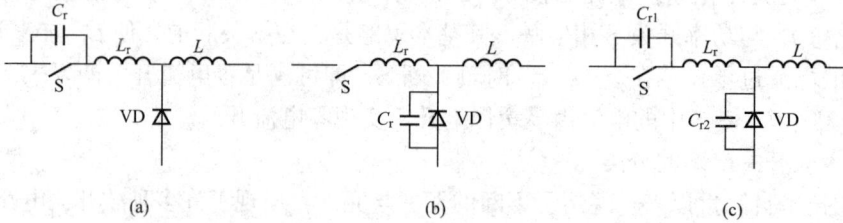

图 5‐31　准谐振电路的基本开关单元
（a）零电压开关准谐振电路的基本开关单元；（b）零电流开关准谐振电路的基本开关单元；
（c）零电压开关多谐振电路的基本开关单元

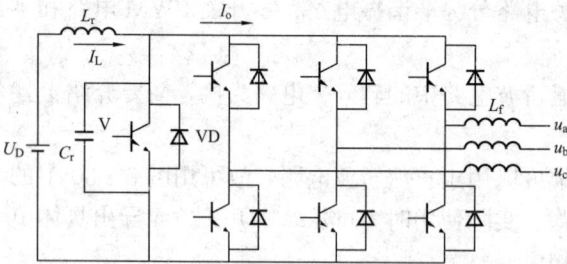

图 5‐32　谐振直流环电路原理图

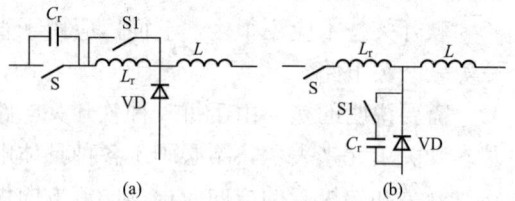

图 5‐33　零开关 PWM 电路的基本开关单元
（a）零电压开关 PWM 电路的基本开关单元；
（b）零电流开关 PWM 电路的基本开关单元

零电压开关 PWM 电路的主要特点是：谐振工作时间较短，使谐振元件的损耗减小；开关元件的通态损耗较小；电路可以采用开关频率固定的 PWM 控制方式。

3. 零转换 PWM 电路

零转换 PWM 电路仍然采用辅助开关来控制谐振的开始时刻，但辅助电路仅在主开关开通或关断之前的很短时间内工作，故谐振工作的时间很短。零转换 PWM 电路也可分为零电压转换 PWM 电路和零电流转换 PWM 电路。这两种电路的基本开关单元如图 5‐34 所示，图中 S1 为辅助开关。

与零开关 PWM 电路不同的是，谐振电路与主开关相并联，故输入电压和负载电流对电路的谐振过程影响很小，且电路中无功功率的交换被削减到最小，这使电路的效率得到进一步的提高。因此，零转换 PWM 电路是目前应用非常广泛的一种软开关电路。

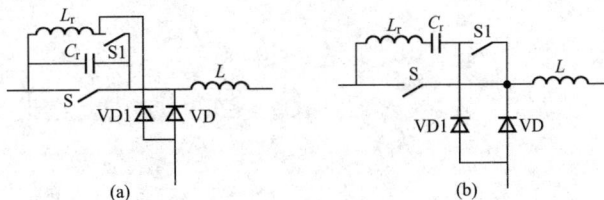

图 5-34　零转换 PWM 电路

(a) 零电压转换 PWM 电路的基本开关单元；

(b) 零电流转换 PWM 电路的基本开关单元

习　　题

5-1　一阻性加热炉由单相交流调压电路供电，如控制角 $\alpha=0°$ 时为输出功率最大值，试求功率为 90%、50% 时的控制角 α。

5-2　简述交流调压电路与交流调功电路的异同。

5-3　单相交流调压器在带电阻性和阻感性负载时控制角的移相范围为多少？

5-4　单相交流调压电路，电源为工频 220V，阻感性负载，其中 $R=0.5\Omega$，$L=2mH$。试求：

(1) 控制角的移相范围。

(2) 负载电流的最大有效值。

(3) 最大输出功率和功率因数。

5-5　三相全波星形连接的交流调压电路采用三组反并联的晶闸管，在电阻性负载时，每个晶闸管承受的电压最大值是多少？

5-6　三相交流调压器在带电阻性和阻感性负载时控制角的移相范围是多少？

5-7　简述降压式斩波电路的基本原理。

5-8　降压式斩波电路中，已知 $E=200V$，$R=10\Omega$，L 值极大，采用脉宽调制控制方式，当 $T=50\mu s$，$t_{on}=20\mu s$ 时，计算输出电压、输出电流的平均值。

5-9　简述升压式斩波电路的基本原理。

5-10　升压式斩波电路中，已知 $E=50V$，$R=20\Omega$，L 值和 C 值极大，采用脉宽调制控制方式，当 $T=40\mu s$，$t_{on}=25\mu s$ 时，计算输出电压、输出电流的平均值。

5-11　简述升降压式斩波电路的基本原理。

5-12　电流可逆斩波电路有几种工作情况？

5-13　什么是多相多重斩波电路？它有何优点？

5-14　什么是多相多重斩波电路的相数与重数？

5-15　什么是硬开关？什么是软开关？

5-16　什么是零电压开关？什么是零电流开关？

5-17　软开关电路可分为哪几类？画出零电压开关电路的几种基本开关单元的拓扑结构。

5-18　画出零电流开关电路的几种基本开关单元的拓扑结构。

6 无 源 逆 变 电 路

将直流电变换成某一频率或可调频率的交流电直接供给负载使用称为无源逆变，实现无源逆变的电路称为无源逆变电路，简称为逆变电路或逆变器。

无源逆变电路的应用非常广泛，如由蓄电池、太阳能电池供电的直流电源需要向交流负载供电时，必须要借助于逆变器才能实现。此外，交流电动机调速用的变频器、不间断电源、感应加热电源、电解电镀电源等电路的核心部分就是无源逆变电路。

无源逆变电路既可采用半控型器件晶闸管，也可采用全控型电力电子器件。由于采用全控型器件构成的逆变电路相对简单，现已逐步取代半控型器件而成为逆变电路的主角，因此本章主要介绍由全控型器件构成的逆变电路。需要说明的是，采用不同的全控型器件时，主电路的结构及工作原理基本相同，只是控制电路部分有所不同。

6.1 无源逆变电路的基本原理

6.1.1 无源逆变电路的基本工作原理

单相桥式逆变电路的示意图如图 6-1（a）所示，四个桥臂由电力电子器件及其辅助电路构成，图中用 4 个开关 S1～S4 等效。当开关 S1、S4 闭合，S2、S3 断开时，负载电压 $u_o = U_d$；当开关 S2、S3 闭合，S1、S4 断开时，负载电压 $u_o = -U_d$，波形如图 6-1（b）所示。由此可见，只要控制两组开关轮流切换工作，就可将直流电逆变成负载上的交流电，改变两组开关的切换频率，即可改变输出交流电的频率。这就是逆变电路的基本工作原理。

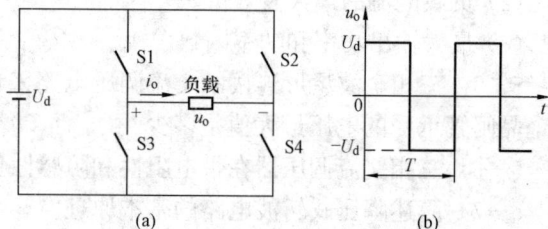

图 6-1 单相桥式逆变电路的示意图及波形
(a) 电路示意图；(b) 波形

6.1.2 换流方式

电力电子电路实质上是一种按既定时序工作的大功率开关电路。为了有效地对电能进行变换和控制，必须要求在切换开关时电流能从一个支路向另一个支路转移。将电流从一个支路向另一个支路转移的过程称为换流，也称为换相。

可靠换流是所有变流电路顺利工作的必要条件。换流过程的长短和优劣对变流电路的经济技术性能会产生较大的影响。由于换流过程涉及器件的开关过程，而该过程则与器件的控制极性能有关。

在换流过程中，有的器件要从通态转换到断态，有的器件要从断态转换到通态。如何有效地完成换流时器件的通断转换，是电路能否正常工作的关键。从断态向通态转换时，无论是全控型器件还是半控型器件，只需加入适当的控制极驱动信号即可。从通态向断态转换时，有以下两种关断方式：

（1）控制极关断方式：利用加到控制极信号电平的变化，使已处通态器件中的电流下降并恢复其正向和反向阻断能力。

（2）阳极关断方式：利用反向阳极电压使通态电流下降并恢复其电压阻断能力。

全控型器件可以采用第一种方式；半控型器件，由于导通后控制电极即失去控制作用，故只能采用第二种方式。可见在换流过程中，对于半控型器件来说使其关断要比使其开通复杂得多。所以，在逆变电路中换流方式主要是研究如何使器件关断的问题。

需要说明的是，换流的概念在前面几章中都有过提及，只是逆变电路所涉及的换流问题比较突出而已。下面介绍电力电子电路中常用的换流方式。

1. 器件换流

利用全控型电力电子器件本身所具有的自关断能力实现换流，这种换流方式称为器件换流。它不需要借助于外电路，所以实现容易，控制简单。采用 IGBT、电力 MOSFET、GTO、GTR 等全控型器件电路中的换流方式就是器件换流。

2. 电网换流

由电网提供换流电压，这种换流方式称为电网换流。在由交流电网供电的电力电子电路中，利用电网电压自然过零变负的特点，使器件承受反压而关断，实现换流。这种换流方式实现简单，既不需要器件具有自关断能力，也不需要为换流附加任何元件，但不适用于没有交流电网的无源逆变电路。

3. 负载换流

利用负载的谐振特性来提供换流电压，这种换流方式称为负载换流。将负载与其他换流元件接成并联或串联谐振电路，使负载呈容性，即负载电流略超前于负载电压，这样，当电流下降到零时，负载电压仍未反向，从而给欲关断的管子提供一定时间的反向电压，只要电流超前电压的时间，即管子承受反压的时间大于管子的关断时间，就能实现可靠换流。

图 6-2（a）所示为最基本的负载换流逆变电路，4 个桥臂均由晶闸管构成。其负载是电阻电感串联后再与电容并联，整个负载工作在接近并联谐振而略呈容性状态。在直流侧串入了一个大电感 L_d，故工作中可认为 i_d 基本不变。电路的工作波形如图 6-2（b）所示。因为 i_d 基本恒定，4 个桥臂开关的切换仅使电流通路改变，所以负载电流 i_o 呈矩形波。因为负载工作在接近并联谐振状态，对基波呈现出很高的阻抗，故负载电压 u_o 近似为正弦波。

设在 ωt_1 之前 VT1、VT4 为通态，VT2、VT3 为断态，u_o、i_o 均为正。在 ωt_1 时刻触发 VT2、VT3 导通，此时负载电压 u_o 通过导通的 VT2、VT3 加到 VT1、VT4 上，使 VT1、VT4 承受反向电压而关断，负载电流 i_o 从 VT1、VT4 支路转移到 VT2、VT3 支路，完成换流过程。从 VT2、VT3 到 VT1、VT4 的换流过程与上述情况类似。

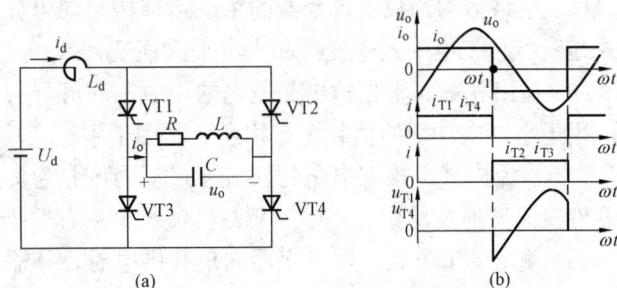

图 6-2　负载换流逆变电路及工作波形
(a) 电路；(b) 工作波形

4. 强迫换流

设置附加的换流电路，给欲关断的晶闸管施加一个短暂的反向脉冲电压来迫使原导通的管子关断，这种换流方式称为强迫换流，也称为脉冲换流。通常利用附加电感、电容、小容量的晶闸管来实现强迫换流。

图 6-3 (a) 所示为强迫换流电路图，当主晶闸管 VT1 触发导通时，负载 R 得电，同时电源经电阻 R_1 及导通的 VT1 对电容 C 充电，使 $u_C = -U_d$，极性为右正左负 [与图 6-3 (a) 中标示的假定极性相反]。换流时，触发辅助晶闸管 VT2，此时电容电压 u_C 通过导通的 VT2 加到 VT1 上，使 $u_{T1} = u_C$，迫使 VT1 承受反压而关断。此后电容 C 通过 R、VT2 反充电，波形如图 6-3 (b) 所示。图中 $0 \sim t_0$ 即为 VT1 承受反压的时间，只要电路参数 R、C 的大小合适，使 t_0 大于晶闸管的关断时间，就可保证晶闸管可靠关断。

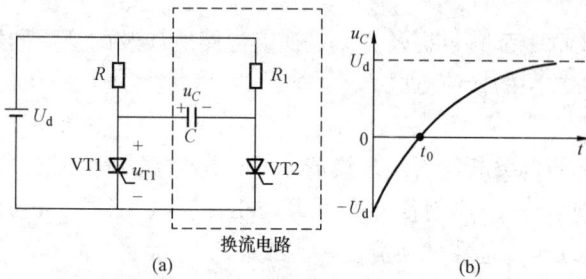

图 6-3　强迫换流电路及波形
(a) 电路；(b) 波形

在上述四种换流方式中，器件换流只适用于全控型器件，其余三种方式主要针对晶闸管。器件换流和强迫换流都是利用器件或变流器自身的原理来实现换流，故属于自换流；电网换流和负载换流都是借助于外部手段（电网电压或负载电压）来实现换流，因而属于外部换流。随着现代全控型器件的发展，器件换流已被广泛地应用在由直流电源供电的电力电子电路中。

6.1.3　无源逆变电路的分类

无源逆变电路的种类很多，特点各异，大致可以分为以下几类：

（1）直流电源的性质。根据直流电源的性质不同可分为电压型逆变器和电流型逆变器。在逆变器中，提供能量的是直流电源，为了使直流电源的电压或电流恒定，并与负载进行无功功率的交换，逆变器的直流侧必须设置储能元件，如电感或电容。电压型逆变器采用大电容作为储能和滤波元件，其直流侧相当于一个恒压源，输出交流电压波形为矩形波。电流型逆变器采用大电感作为储能和滤波元件，其直流侧相当于一个恒流源，输出交流电流波形为矩形波。

（2）电路结构。根据逆变器的主电路结构不同可分为半桥式逆变器、全桥式逆变器、推挽式逆变器、二电平式逆变器和多电平式逆变器等。

（3）输出相数。根据输出交流电的相数不同可分为单相逆变器和三相逆变器。单相逆变器适用于小、中功率的负载，三相逆变器用于中、大功率的负载。

（4）换流方式。根据电路的换流方式不同可分为负载换流型逆变器、强迫换流型逆变器和器件换流型逆变器等。其中，负载换流型又有并联谐振型和串联谐振型两种。

（5）输出调节方式。当逆变器向负载供电时，其输出电压（电流）和频率往往是需要按负载的要求而变化的，所以，根据逆变器输出电压和频率的调节方式不同可分为脉冲宽度调制型逆变器（PWM 逆变器）和脉冲幅度调制型逆变器（PAM 逆变器）。目前，PWM 逆变器应用非常广泛。

6.2 单相逆变电路

6.2.1 单相半桥逆变电路

单相电压型半桥逆变电路如图 6 - 4（a）所示。它有两个桥臂，每个桥臂由一个可控器件（图中为 IGBT）和一个反并联的二极管构成。在直流侧由容量较大且数值相等的两个电容相串联分压，两个电容的连接点成为直流电源的中点。设负载为电感性，接在直流电源的中点和两个桥臂连接点之间。下面分析其工作原理。

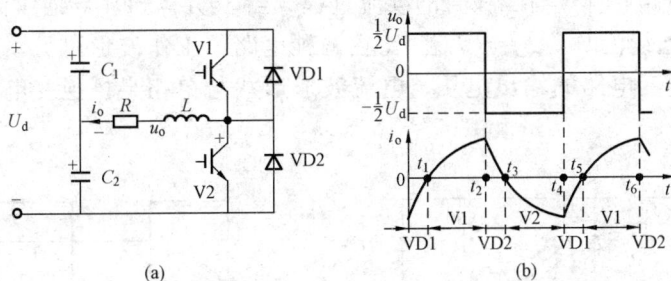

图 6 - 4 单相电压型半桥逆变电路及工作波形
（a）电路；（b）工作波形

设在一个周期内，开关器件 V1、V2 的栅极信号各有半周正偏，半周反偏，且两者互补。电路的工作波形如图 6 - 4（b）所示。设 t_2 时刻之前 V1 导通，V2 关断，电容 C_1 两端的电压通过导通的 V1 加在负载上，使 $u_o = +\frac{1}{2}U_d$。t_2 时刻给 V2 开通信号，同时将 V1 关断，由于感性负载中的电流 i_o 不能立即改变方向（由右向左），于是 VD2 导通续流，电容 C_2 两端的电压通过导通的 VD2 加在负载上，使 $u_o = -\frac{1}{2}U_d$，显然，在此期间内 u_o 已改变极性，但 i_o 方向未变。当 t_3 时刻 i_o 降为零时，VD2 截止，V2 开通，i_o 才开始反向。在 t_4 时刻给 V1 开通信号，同时将 V2 关断，同样由于电流 i_o 不能立即改变方向（由左向右），所以 VD1 先导通续流，使 u_o 极性改变，$u_o = +\frac{1}{2}U_d$，至 t_5 时刻 i_o 降为零时，VD1 截止，V1 导通，i_o 再次开始反向，重复以上工作过程。

由以上分析可见，当 V1 或 V2 导通时，u_o 与 i_o 同方向，直流侧向负载提供能量；当 VD1 或 VD2 导通续流时，u_o 与 i_o 方向相反，负载中电感所吸收的无功能量向直流侧反馈，反馈回的能量由直流侧的电容器暂时存放起来，起缓冲无功能量的作用。由于二极管 VD1、VD2 是负载向直流侧反馈能量的通道，所以称为反馈二极管，同时 VD1、VD2 也起着使负载电流连续的作用，所以也称为续流二极管，此外，二极管还具有防止开关管反向击穿的作用。

单相半桥逆变电路结构简单，使用的元件少。但其输出交流电压的幅值仅为 $U_d/2$，且直流侧需两个电容器分压，故单相半桥逆变电路一般用于几千瓦以下的小功率逆变电路。

然而，单相半桥逆变电路是逆变电路的基础，单相全桥逆变电路、三相桥式逆变电路都可看成是由若干个单相半桥逆变电路组合而成。所以，正确地理解单相半桥逆变电路的工作原理对下面的学习很有帮助。

6.2.2 单相全桥逆变电路

单相电压型全桥逆变电路如图6-5（a）所示。它共有4个桥臂，其中V1和V4组成一对桥臂，V2和V3组成另一对桥臂，两对桥臂交替各导通180°，称为180°导电型。由于全桥电路可以看成由两个半桥电路组合而成，故工作原理与半桥电路相似，其输出电压、电流波形如图6-5（b）所示。工作过程简要分析如下：当V1、V4导通时，$u_o = +U_d$；当V2、V3导通时，$u_o = -U_d$。对于电感性负载，由于电感电流不能突变，所以与单相半桥逆变电路一样也有二极管的续流过程。当VD1、VD4导通续流时，$u_o = +U_d$；当VD2、VD3导通续流时，$u_o = -U_d$。比较两种电路的工作波形可见，在负载相同的情况下，单相全桥逆变电路的输出电压、电流波形形状与单相半桥逆变电路相同，只是幅值增加了一倍。

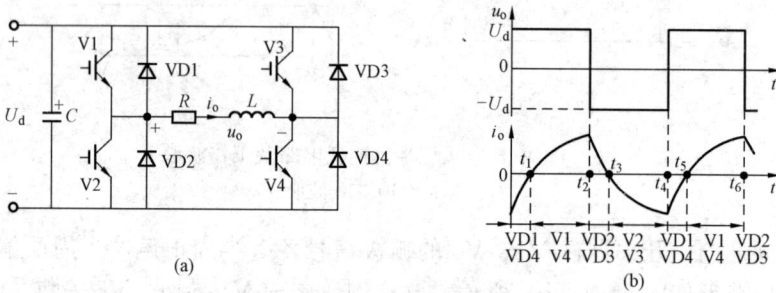

图6-5 单相电压型全桥逆变电路及工作波形
(a) 电路；(b) 工作波形

单相全桥逆变电路是应用得最多、最广泛的一种单相逆变电路。下面对其输出电压进行定量分析。将幅值为U_d的交变矩形波u_o展开成傅里叶级数得

$$u_o = \frac{4U_d}{\pi}\left(\sin\omega t + \frac{1}{3}\sin 3\omega t + \frac{1}{5}\sin 5\omega t + \cdots\right) \tag{6-1}$$

由式（6-1）可得到基波分量的幅值U_{olm}和基波分量的有效值U_{ol}分别为

$$U_{olm} = \frac{4U_d}{\pi} = 1.27U_d \tag{6-2}$$

$$U_{ol} = \frac{2\sqrt{2}U_d}{\pi} = 0.9U_d \tag{6-3}$$

改变直流电压U_d就可实现交流输出电压有效值的调节。

需要说明的是，式（6-2）、式（6-3）对于单相半桥逆变电路也同样适用，只需将其中的U_d换成$U_d/2$即可。

6.3 三相逆变电路

在需要进行大功率的变换，或负载要求提供三相交流电源时，必须采用三相逆变电路。

三相逆变电路的种类很多，其中三相桥式逆变电路的应用最为广泛。

6.3.1　电压型三相桥式逆变电路

电压型三相桥式逆变电路如图 6-6 所示，电路采用 IGBT 作为开关器件，共有 6 个桥臂，可以看成由 3 个半桥电路组合而成。

与单相半桥、全桥逆变电路相同，电压型三相桥式逆变电路的基本工作方式也是 180°导电型，即每个桥臂的导电角为 180°，同一相上下两个桥臂交替导电，各相开始导电的时间依次相差 120°，在一个周期内，6 个桥臂触发导通的顺序为 V1～V6，依次相差 60°。这样，任一瞬间将有三个桥臂同时导

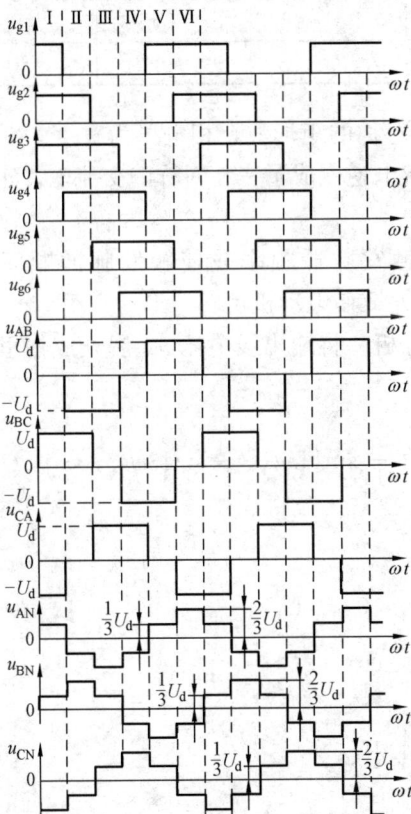

图 6-6　电压型三相桥式逆变电路

通，导通的组合顺序为 V1V2V3、V2V3V4、V3V4V5、V4V5V6、V5V6V1、V6V1V2，每种组合工作 60°。由于每次换流都是在同一相上下两个桥臂之间进行的，所以称为纵向换流。

下面分析电路的工作波形。设负载为星形接法，且三相对称，中性点为 N。为分析方便，将一个周期分成 6 个时段，每时段 60°，波形如图 6-7 所示。

在第 I 时段内 V1、V2、V3 同时导通，逆变桥的等效电路如图 6-8 (a) 所示，输出线电压 $u_{AB}=0$，$u_{BC}=U_d$，$u_{CA}=-U_d$；输出相电压 $u_{AN}=u_{BN}=\frac{1}{3}U_d$，$u_{CN}=-\frac{2}{3}U_d$。

在第 II 时段内 V2、V3、V4 同时导通，逆变桥的等效电路如图 6-8 (b) 所示，输出线电压 $u_{AB}=-U_d$，$u_{BC}=U_d$，$u_{CA}=0$；输出相电压 $u_{AN}=-\frac{1}{3}U_d$，$u_{BN}=\frac{2}{3}U_d$，$u_{CN}=-\frac{1}{3}U_d$。同理可得其余几个时段内的等效电路及其相应的线电压和相电压，见表 6-1。

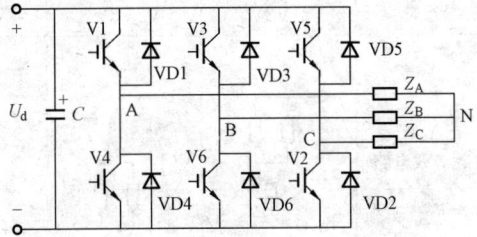

图 6-7　电压型三相桥式逆变电路波形

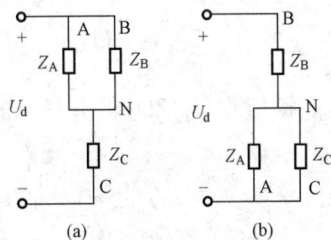

图 6-8　逆变桥的等效电路
(a) I 时段；(b) II 时段

表 6-1　　　　　　　　　　　电压型三相桥式逆变电路的工作情况

时段	I $0\sim\pi/3$	II $\pi/3\sim2\pi/3$	III $2\pi/3\sim\pi$	IV $\pi\sim4\pi/3$	V $4\pi/3\sim5\pi/3$	VI $5\pi/3\sim2\pi$
导通管	V1V2V3	V2V3V4	V3V4V5	V4V5V6	V5V6V1	V6V1V2
负载等效电路						
u_{AN}	$\frac{1}{3}U_d$	$-\frac{1}{3}U_d$	$-\frac{2}{3}U_d$	$-\frac{1}{3}U_d$	$\frac{1}{3}U_d$	$\frac{2}{3}U_d$
相电压　u_{BN}	$\frac{1}{3}U_d$	$\frac{2}{3}U_d$	$\frac{1}{3}U_d$	$-\frac{1}{3}U_d$	$-\frac{2}{3}U_d$	$-\frac{1}{3}U_d$
u_{CN}	$-\frac{2}{3}U_d$	$-\frac{1}{3}U_d$	$\frac{1}{3}U_d$	$\frac{2}{3}U_d$	$\frac{1}{3}U_d$	$-\frac{1}{3}U_d$
u_{AB}	0	$-U_d$	$-U_d$	0	U_d	U_d
线电压　u_{BC}	U_d	U_d	0	$-U_d$	$-U_d$	0
u_{CA}	$-U_d$	0	U_d	U_d	0	$-U_d$

　　由图 6-7 可见，负载线电压为宽度 120°的正负对称的矩形波，相电压为宽度 180°的正负对称的阶梯波，三相对称，相位相差 120°，将直流电逆变成了三相对称的交流电，实现了无源逆变。

　　如果负载为三相异步电动机，若控制管子的触发脉冲频率或使触发脉冲顺序反向（V6～V1），则可使电动机在较宽范围内实现变频调速或使电动机反转。

　　下面对三相桥式逆变电路的输出电压进行定量分析。将输出线电压 u_{AB} 展开成傅里叶级数，得到

$$u_{AB} = \frac{2\sqrt{3}}{\pi}U_d\left(\sin\omega t - \frac{1}{5}\sin5\omega t - \frac{1}{7}\sin7\omega t + \frac{1}{11}\sin11\omega t + \frac{1}{13}\sin13\omega t - \cdots\right) \quad (6-4)$$

故输出线电压的有效值 U_{AB} 为

$$U_{AB} = \sqrt{\frac{1}{2\pi}\int_0^{2\pi}u_{AB}^2\mathrm{d}(\omega t)} = 0.816U_d \quad (6-5)$$

基波分量的幅值 U_{AB1m} 和基波分量的有效值 U_{AB1} 分别为

$$U_{AB1m} = \frac{2\sqrt{3}}{\pi}U_d = 1.1U_d \quad (6-6)$$

$$U_{AB1} = \frac{U_{AB1m}}{\sqrt{2}} = \frac{\sqrt{6}}{\pi}U_d = 0.78U_d \quad (6-7)$$

　　再将输出相电压 u_{AN} 展开成傅里叶级数，得到

$$u_{AN} = \frac{2U_d}{\pi}\left(\sin\omega t + \frac{1}{5}\sin5\omega t + \frac{1}{7}\sin7\omega t + \frac{1}{11}\sin11\omega t + \frac{1}{13}\sin13\omega t + \cdots\right) \quad (6-8)$$

故输出相电压的有效值 U_{AN} 为

$$U_{AN} = \sqrt{\frac{1}{2\pi}\int_0^{2\pi} u_{AN}^2 \mathrm{d}(\omega t)} = 0.471U_d \quad (6-9)$$

基波分量的幅值 U_{AN1m} 和基波分量的有效值 U_{AN1} 分别为

$$U_{AN1m} = \frac{2}{\pi}U_d = 0.637U_d \quad (6-10)$$

$$U_{AN1} = \frac{U_{AN1m}}{\sqrt{2}} = \frac{\sqrt{2}}{\pi}U_d = 0.45U_d \quad (6-11)$$

显然，与单相电路一样，改变直流电压 U_d 即可实现对交流输出电压有效值的调节。

值得注意的是，在上述 180°导电方式的逆变器中，为了防止同一相上下两个桥臂的开关器件同时导通而引起直流侧电源的短路，必须采取"先断后通"的方法。即先给应关断的器件关断信号，待其关断后留一定的时间裕量，然后再给应导通的器件发出开通信号。

6.3.2 电流型三相桥式逆变电路

采用 IGBT 作为开关器件的电流型三相桥式逆变电路如图 6-9 所示，电路中直流侧串接有大电感，使直流电流基本恒定，相当于电流源，所以为电流型逆变电路。由于尽管流过开关器件的电流是单方向的，但加在器件上的电压却是双向的（有正有负），因而必须采用具有反向耐压能力的开关器件，图中采用与 IGBT 串联二极管的形式。另外，交流侧的电容器是为吸收换流时负载电感中存储的能量而设置的，是电流型逆变电路的必要组成部分。

电流型三相桥式逆变电路的基本工作方式是 120°导电型，与三相桥式可控整流电路的工作情况相似。按 V1~V6 的顺序依次间隔 60°给各器件提供驱动信号，则任一瞬间只有两个桥臂导通，每个桥臂一周期内导电 120°，由于每次换流都是在上桥臂组或下桥臂组内进行的，所以称为横向换流。

设负载为星形接法，且忽略换流过程，则各时段的工作情况见表 6-2，由此可得到图 6-10 所示的输出电流波形。

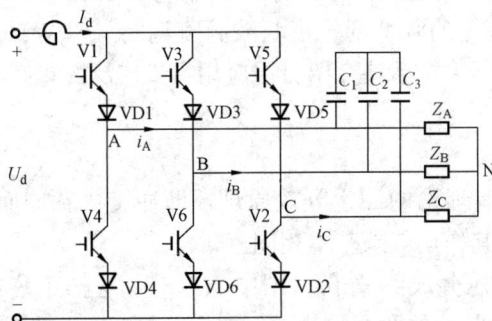

图 6-9 电流型三相桥式逆变电路

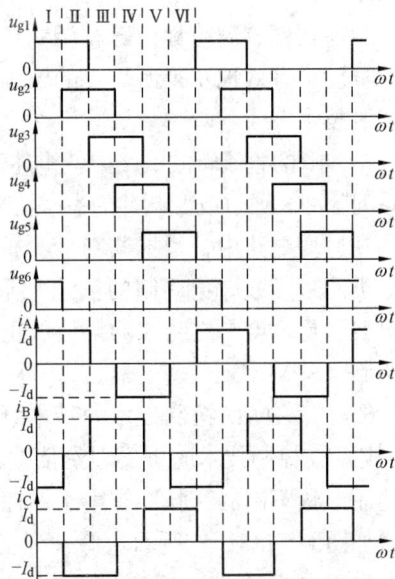

图 6-10 电流型三相桥式逆变电路波形

表 6-2　　　　　　　　　　　　电流型三相桥式逆变电路的工作情况表

时段		I $0\sim\pi/3$	II $\pi/3\sim2\pi/3$	III $2\pi/3\sim\pi$	IV $\pi\sim4\pi/3$	V $4\pi/3\sim5\pi/3$	VI $5\pi/3\sim2\pi$
导通管		V6V1	V1V2	V2V3	V3V4	V4V5	V5V6
负载等效电路		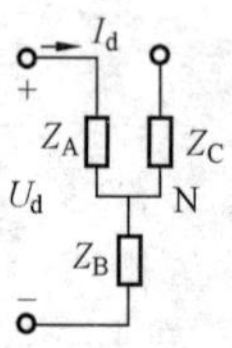	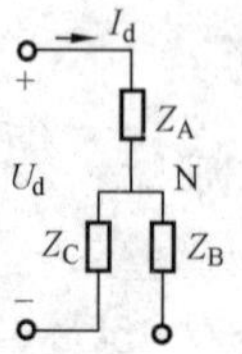	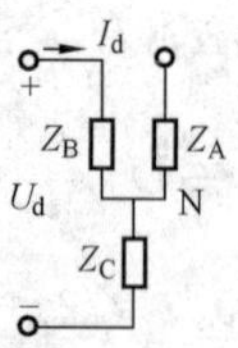	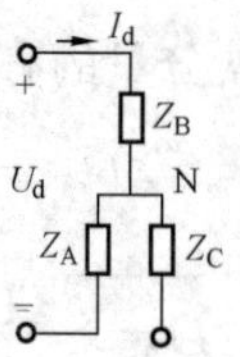	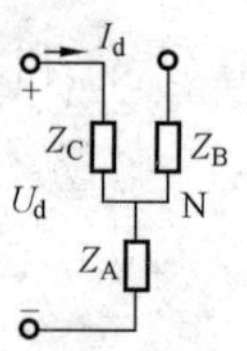	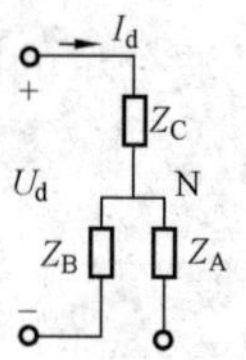
输出电流	i_A	I_d	I_d	0	$-I_d$	$-I_d$	0
	i_B	$-I_d$	0	I_d	I_d	0	$-I_d$
	i_C	0	$-I_d$	$-I_d$	0	I_d	I_d

与电压型三相桥式逆变电路相比，两者的波形形状相同，故可得到电流型三相桥式逆变电路的输出线电流基波分量的有效值 I_{A1} 和直流电流 I_d 的关系为

$$I_{A1} = \frac{\sqrt{6}}{\pi}I_d = 0.78I_d \tag{6-12}$$

前面所介绍的各种逆变电路中，对电压型电路来说，输出电压是矩形波；对电流型电路来说，输出电流是矩形波。矩形波中含有较多的高次谐波，对负载会产生不利的影响。而采用脉冲宽度调制技术的脉冲宽度调制型逆变电路就可使输出波形接近正弦波。

6.4　脉冲宽度调制型逆变电路

脉冲宽度调制简称为脉宽调制，用 PWM 表示。PWM 控制技术就是通过调制一系列脉冲的宽度来等效地获得所需要的输出电压波形（含形状和幅值），从而实现对输出电压控制的控制技术。

第 5 章的直流斩波电路中就讲述过 PWM 控制技术的原理。这种电路把直流电压"斩"成一系列脉冲，通过改变脉冲的占空比来调节输出电压。这是 PWM 控制中最简单的一种情况。

在逆变电路中，根据调制信号的不同有矩形波脉宽调制和正弦波脉宽调制（SPWM）两大类。矩形波脉宽调制的输出波形是宽度相等的脉冲列；正弦波脉宽调制（SPWM）的输出波形是宽度与正弦波的幅值成正比的脉冲列。本节将介绍目前应用得最广泛的正弦波脉宽调制（SPWM）型逆变器。

6.4.1　PWM 控制技术的基本原理

PWM 控制技术的重要理论依据是采样控制理论的冲量等效原理，即冲量（脉冲面积）相等而形状不同的窄脉冲作用于惯性系统时，其作用效果基本相同。

如图 6-11（a）所示，将一个正弦半波电压分成 N 等份（图中 $N=8$），这样正弦半波就可看成由 N 个彼此相连的脉冲列组成。这些脉冲的宽度相等，但幅值却按正弦规律变化。如果把上述脉冲序列用同样数量的等幅不等宽的矩形脉冲代替，使矩形脉冲的中点与相应正

弦等份的中点重合，且使各矩形脉冲与其相应的
正弦部分面积相等，于是就得到图 6－11（b）所
示的脉冲序列。可以看出，图 6－11（b）中各脉
冲的幅值相等，而宽度是按正弦规律变化的。用
同样的方法也可得到正弦波负半周对应的脉冲序
列。这种脉冲的宽度按正弦规律变化而和正弦波
等效的等幅不等宽的脉冲序列，就称为 PWM 波
形，也称为 SPWM 波形。根据面积相等效果相同
的原理，SPWM 波形与正弦波是等效的。要改变
等效输出正弦波的幅值，只需按同一比例系数改
变脉冲的宽度即可。

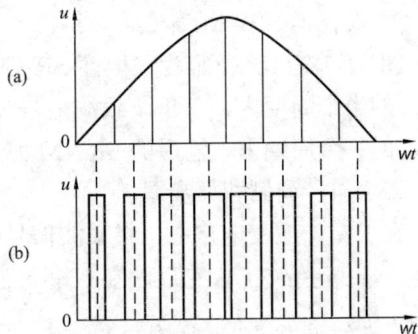

图 6－11　PWM 波形

(a) 正弦波；(b) 脉冲序列

6.4.2　PWM 逆变电路的脉宽调制方式

根据 PWM 控制的基本原理，在给出了正弦波频率、幅值和半个周期内的脉冲数后，可
准确计算出 PWM 波形各脉冲的宽度和间隔，再按照计算结果控制电路中各开关器件的通和
断，就可以得到所需要的 SPWM 波形。但是，这种计算相当繁琐。实际应用中常采用调制
的方法，即把希望输出的波形（正弦波）作为调制信号，把接受调制的信号作为载波信号
（常用等腰三角波），当等腰三角波与正弦波相交时去控制逆变电路中开关器件的通和断，就
可得到宽度正比于正弦波的脉冲，即得到 SPWM 波形。

PWM 逆变电路脉宽调制的方法有很多，常见的分类法有：

（1）根据调制后输出 PWM 波的极性不同，可分为单极性调制和双极性调制。

（2）根据载波信号和调制信号的频率关系不同，可分为同步调制和异步调制。

一、单极性调制和双极性调制

1. 单极性 SPWM 调制

图 6－12（a）所示为单极性 SPWM 波形，调制信号 u_r 为正弦波，载波信号 u_c 在 u_r 的正
半周为正极性的三角波，在 u_r 的负半周为负极性的三角波，所得到的 SPWM 波形也相应地只
在一个方向变化。由图 6－12（a）可见，输出的 SPWM 波有三种电平，即 $+U_d$、0、$-U_d$。

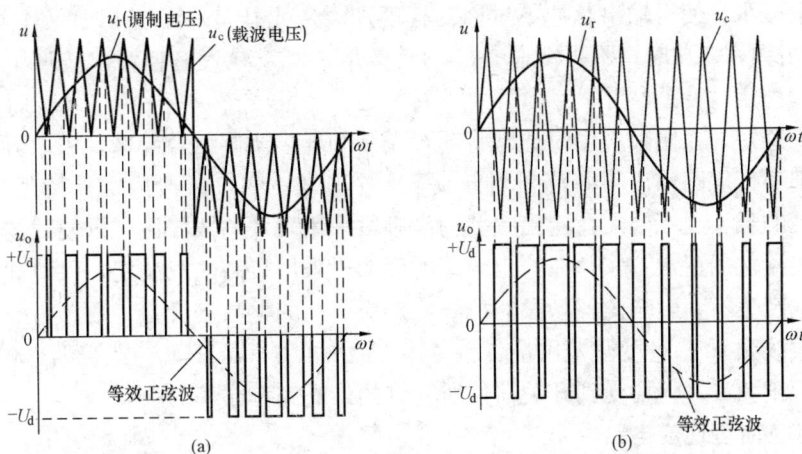

图 6－12　单极性 SPWM 调制和双极性 SPWM 调制波形

(a) 单极性 SPWM 波形；(b) 双极性 SPWM 波形

2. 双极性 SPWM 调制

图 6‑12（b）所示为双极性 SPWM 波形，与单极性方式所不同的是，在正弦波调制信号 u_r 的半个周期内，三角波载波信号 u_c 有正有负，所得到的 SPWM 波形也有正有负。且在 u_r 的一个周期内，输出的 SPWM 波只有 $\pm U_d$ 两种电平。

二、同步调制和异步调制

在 PWM 逆变电路中，将载波信号频率 f_c 与调制信号频率 f_r 之比定义为载波比，用 N 表示，即 $N = f_c/f_r$。它反映在一个正弦波调制信号周期内所包含的三角波的个数及输出脉冲的个数。

1. 同步调制

载波比 N 等于常数，即在改变调制波频率 f_r 的同时成比例地改变载波的频率 f_c，这种调制方式称为同步调制。其特点是：在调制信号的半个周期内，输出脉冲的个数是固定的，脉冲的相位也是固定的，且正负半周的脉冲对称，半个周期内的脉冲列也是左右对称。对于三相系统，为了保证输出波形三相对称，通常取载波比 N 为 3 的整数倍，而且为使双极性调制时每相波形的正负半波对称，N 必须是奇数。同步调制方式的主要缺点是，当输出频率很低时，由于 N 固定，所以相应的载波频率也很低，使相邻两脉冲的间距增大，谐波显著增加，如负载为电动机时会产生较大的脉动转矩和较强的噪声，对电动机运行不利。反之，当输出频率很高时，相应的载波频率也很高，使开关器件通断频率过高、开关损耗增加而难以承受。另外，由于载波频率随调制波频率的变化而变化，在利用微机进行数字化技术控制时也不易实现。

2. 异步调制

载波信号和调制信号不保持同步的调制方式称为异步调制。在异步调制方式中，通常保持载波信号频率 f_c 不变，故在调制信号频率 f_r 变化时，载波比 N 不等于常数。这样在调制信号的半个周期内，输出脉冲的个数是不固定的，相位也是不固定的，且正负半周的脉冲不对称，半周期内前后 1/4 周期的脉冲也不对称。

当输出频率较低时，载波比 N 较大，一周期内的脉冲数较多，输出脉冲不对称所产生的影响较小，对电动机的低频工作性能有利。但当输出频率较高时，载波比 N 减小，一周期内的脉冲数减少，使得输出脉冲不对称的程度加大。尤其是对于三相 PWM 型逆变电路，因为 N 随输出频率变化时，不可能总是 3 的整数倍，所以导致三相输出波形不对称，从而使电动机工作稳定性变差。

为了扬长避短，在实际应用时通常将同步调制和异步调制结合起来，采取分段式同步调制方式。即把逆变电路输出频率范围划分成若干个频段，每个频段内都保持载波比 N 为恒定，不同频段的载波比不同。在输出频率的高频段采用较低的载波比，以使载波频率不致过高，保证开关器件的正常工作。在输出频率的低频段采用较高的载波比，以使载波频率不致过低而对负载产生不利影响。各频段的载波比都应取 3 的整数倍且为奇数。另外，在不同的频率段内，载波频率 f_c 的变化范围应保持基本一致（$1.4 \sim 2\text{kHz}$）。提高载波频率可以使输出波形更接近正弦波，但要受到开关器件所允许的最高工作频率的限制。

6.4.3　PWM 型逆变电路

PWM 型逆变电路既可用晶闸管作开关器件构成，也可用全控型开关器件构成。用全控型器件（GTR、功率 MOSFET、IGBT 等）构成的 PWM 型逆变器具有体积小、频率高、控制灵活、调节性能好和成本低等优点，因此在中小功率范围内得到了广泛应用。由于目前实际应用的 PWM 型逆变电路大多都是电压型的，所以，这里仅介绍电压型单相和三相 PWM 逆变电路的基本工作原理。

一、单相桥式 PWM 逆变电路

电压型单相桥式 PWM 逆变电路如图 6-13 所示。图中采用 IGBT 作为开关器件，设负载为电感性，下面分两种情况进行分析。

1. 单极性 SPWM 调制

设工作时 V1、V2 的通断状态互补。各 IG-BT 的控制规律如下：

（1）在 u_r 的正半周内，使 V1 保持通态，V2、V3 保持断态，而在 u_r 和 u_c 的交点时刻控制 V4 交替通断。当 $u_r > u_c$ 时，使 V4 导通，输出电压 $u_o = U_d$；当 $u_r \leqslant u_c$ 时，使 V4 关断，由于电感性负载中的电流不能突变，负载电流将通过二极管 VD3 续流，使输出电压 $u_o = 0$。

图 6-13　电压型单相桥式 PWM 逆变电路

（2）在 u_r 的负半周内，使 V2 保持通态，V1、V4 保持断态，同样在 u_r 和 u_c 的交点时刻控制 V3 交替通断。当 $u_r < u_c$ 时，使 V3 导通，输出电压 $u_o = -U_d$；当 $u_r \geqslant u_c$ 时，使 V3 关断，负载电流将通过二极管 VD4 续流，使输出电压 $u_o = 0$。

这样，就得到电压型单相桥式 PWM 逆变电路输出电压 u_o 的 SPWM 波形，如图 6-12（a）所示，图中虚线表示输出电压 u_o 的基波分量。由以上分析可知，调节正弦波调制信号 u_r 的幅值就可以改变脉冲的宽度，从而改变逆变器输出电压的基波幅值，实现对输出电压的大小调节；改变正弦波调制信号 u_r 的频率，就可实现对逆变器输出频率的调节。

2. 双极性 SPWM 调制

同样，在 u_r 和 u_c 的交点时刻控制各开关器件的通断，且在 u_r 的正负半周内，对各开关器件的控制规律相同。当 $u_r > u_c$ 时，给 V1、V4 导通信号，给 V2、V3 关断信号，这时如 $i_o > 0$，则 V1、V4 导通，如 $i_o < 0$，则 VD1、VD4 导通（续流），不论哪种情况都是输出电压 $u_o = U_d$；当 $u_r < u_c$ 时，给 V2、V3 导通信号，给 V1、V4 关断信号，这时如 $i_o < 0$，则 V2、V3 导通，如 $i_o > 0$，则 VD2、VD3 导通（续流），不管哪种情况都是输出电压 $u_o = -U_d$。电压型单相桥式 PWM 逆变电路在采用双极性 SPWM 时的波形如图 6-12（b）所示。

在双极性 SPWM 调制中，同一半桥上下两个桥臂 IGBT 的驱动信号极性相反，故 V1 和 V2 的通断状态互补，V3 和 V4 的通断状态也互补。实际应用时，为了防止上下两个桥臂同时导通而引起短路，在给一桥臂施加关断信号后，要延迟 Δt 时间再给另一桥臂施加导通信号。延迟时间 Δt 的大小取决于 IGBT 的关断时间。由于 Δt 的存在，将会给输出的 PWM 波形带来偏离正弦波的不利影响。所以，在保证安全可靠换流的前提下，延迟时间 Δt 应尽可能的小。

二、三相桥式 PWM 逆变电路

图 6-14 所示为用 6 只 IGBT 组成的电压型三相桥式 PWM 逆变电路，其控制方式只能采用双极性脉宽调制。A、B、C 三相的 PWM 控制通常共用一个三角波载波信号 u_c，三相正弦波调制信号 u_{rA}、u_{rB}、u_{rC} 的幅值和频率相等，相位依次相差 120°。由于 A、B、C 三相

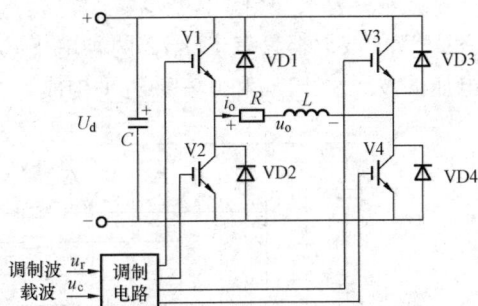

的 PWM 控制规律相同，故仅以 A 相为例说明。当 $u_{rA} > u_c$ 时，给上桥臂 V1 导通信号，给下桥臂 V4 关断信号，则 A 相相对于直流电源假想中点 N′ 的输出电压 $u_{AN'} = U_d/2$；当 $u_{rA} < u_c$ 时，给 V4 导通信号，给 V1 关断信号，则 $u_{AN'} = -U_d/2$。B 相和 C 相的控制方式与 A 相相同。电路的工作波形如图 6-15 所示，图中线电压 u_{AB} 波形可由 $u_{AN'} - u_{BN'}$ 得到。从图中可以看出，$u_{AN'}$、$u_{BN'}$ 和 $u_{CN'}$ 的 PWM 波形都只有 $\pm U_d/2$ 两种电平，而输出线电压的波形由 $\pm U_d$ 和 0 三种电平构成。

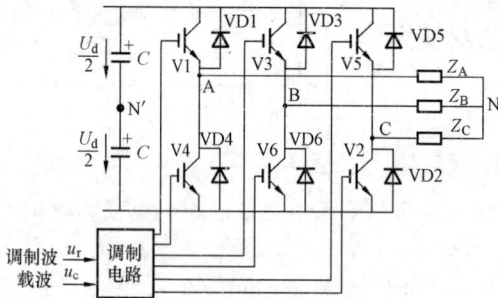

图 6-14　电压型三相桥式 PWM 逆变电路

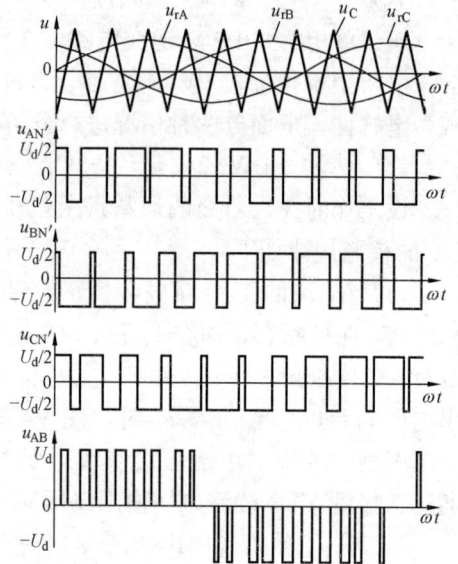

图 6-15　电压型三相桥式 PWM 逆变电路的工作波形

　　三相桥式 PWM 逆变电路的主要优点是输出波形非常接近正弦波，从而能有效地抑制谐波。且电路简单、动态响应好、功率因数高，并可同时实现调频及调压，特别适用于交流异步电动机的变频调速系统，应用极为广泛。

习　　题

　　6-1　电压型逆变器与电流型逆变器各有何特点？

　　6-2　电力电子电路的换流方式有哪几种？各有什么特点？

　　6-3　电压型逆变电路中反馈二极管的作用是什么？

　　6-4　简要说明单相电压型半桥逆变电路的工作原理。

　　6-5　三相桥式电压型逆变电路采用 180°导电方式，直流侧电压 $U_d = 100V$，求输出相电压的基波幅值和有效值、输出线电压的基波幅值和有效值。

　　6-6　简述 PWM 控制的基本原理。

　　6-7　正弦脉宽调制中，调制信号和载波信号常用什么波形？

　　6-8　简述单极性 SPWM 调制和双极性 SPWM 调制的区别。

　　6-9　什么是同步调制？什么是异步调制？两者各有什么特点？

　　6-10　简要说明单相桥式 PWM 逆变电路采用单极性方式的工作原理。

　　6-11　在三相桥式 PWM 型逆变电路中，输出相电压（输出端相对于直流电源中点的电压）和输出线电压的 SPWM 波形各有几种电平？

7 变 频 电 路

交流变频原理在现代电力生产及其他工业生产中有着广泛的应用。本章在介绍变频的基本概念的基础上，主要讲解交—交变频及交—直—交变频电路的工作原理和电路特性。学好变频电路的基本原理可为以后的学习和工作打下良好基础。

7.1 变频的基本概念及变频电路的分类

7.1.1 变频的基本概念

所谓变频，从广义上讲就是将电信号的频率按具体要求进行变换的技术。电力变换可分为四大类：

(1) 交流→直流，称为整流。

(2) 直流→交流，称为逆变。

(3) 直流→直流，称为斩波。

(4) 交流→交流，称为交流变换（交流调压、变频）。

这些变换都在按要求改变着电信号的频率（或电压）。而狭义上所说的变频一般是指交流变频，即将电网提供的恒压恒频交流电通过一定的技术手段将其变换成变压变频的交流电供给负载。这是变频技术中一个非常重要的应用领域，广泛应用于交流异步电动机的拖动调速中。本章研究的变频就是交流变频。

7.1.2 变频电路的分类

目前国内外变频电路的种类很多，可按以下几种方式进行分类。

一、按变换环节分类

1. 交—直—交变频电路

交—直—交变频电路首先将频率固定的交流电整流成直流电，经过滤波，再将平滑的直流电逆变成频率连续可调的交流电。由于交—直—交变频电路存在中间直流环节，故也称为间接变频。目前，此种变频电路组成的变频器已得到普及。

2. 交—交变频电路

交—交变频电路是将频率固定的交流电直接变换成频率连续可调的交流电，也称为直接变频。其主要优点是没有中间环节，变换效率高。它主要用于低转速、大容量的电力拖动系统中。

二、按电压的调制方式分类

1. PAM（脉幅调制）

所谓 PAM（Pulse Amplitude Modulation），是指通过调节输出脉冲的幅值来调节输出电压的一种方式。PAM 调节过程中，逆变器负责调频，相控整流器或直流斩波器负责调压。目前在中小容量变频器中较少采用 PAM。

2. PWM（脉宽调制）

所谓 PWM（Pulse Width Modulation），是指通过改变输出脉冲的宽度和占空比来调节输出电压的一种方式。PWM 调节过程中，逆变器负责调频调压。目前普遍应用的是脉宽按正弦规律变化的正弦脉宽调制方式，即 SPWM 方式。现在，中小容量的通用变频器几乎全部采用此类变频电路。

三、其他分类方式

1. 按滤波方式分类

(1) 电压型变频电路：在交—直—交变压变频装置中，中间直流环节采用大电容滤波。

(2) 电流型变频电路：在交—直—交变压变频装置中，中间直流环节采用大电感滤波。

2. 按输入电源的相数分类

(1) 三进三出变频电路：输入和输出都是三相交流电，绝大多数变频器都属于此类。

(2) 单进三出变频电路：输入为单相交流电，输出是三相交流电，家用电器里的变频器都属于此类，通常容量较小。

3. 按控制方式分类

(1) U/f 控制变频电路：在改变变频电路输出频率的同时控制变频电路输出电压，是目前通用变频电路中使用较多的一种控制方式。

(2) 转差频率控制变频电路：以电动机速度与转差频率之和作为变频电路的给定输出频率。其适用于自动控制系统。

(3) 矢量控制方式变频器：它基于电动机的动态数学模型，分别控制电动机的转矩电流和励磁电流，基本上可以达到和直流电动机一样的控制特性。

7.2　交—直—交变频电路

7.2.1　交—直—交变频电路的结构形式

交—直—交变频电路在基于整流电路和无源逆变电路的基础上构成。图 7 - 1 所示为交—直—交变频电路的基本结构。

图 7 - 1　交—直—交变频基本结构

整流电路：可以是可控整流电路也可以是不可控整流电路。其作用就是将恒压恒频的交流电变换成直流电。

中间直流环节：由滤波电路和制动电路等构成。

滤波电路主要是将整流后含有高频纹波的直流电变成更加平稳的直流电，从而使逆变后的交流电质量更高。滤波方式有电容滤波和电感滤波两种。

由于变频电路常用于交流电机的控制，而交流电机的线圈会产生再生电能。在变频电路的直流回路，即整流电路和逆变电路中间设置制动电阻，用来吸收交流电机的再生电能的电路称为动力制动或再生制动电路。

逆变电路：将直流电逆变为交流电直接供给负载，其输出交流电的频率和电压均与输入交流电源无关，即为无源逆变。它是交—直—交变频电路的核心。

根据变频电路变压、变频交流输出的控制方式不同，交—直—交变频电路有以下三种不同的结构形式，如图 7-2 所示。

（1）可控整流电路调压、逆变电路调频。如图 7-2（a）所示，调压和调频在两个环节上分别进行，其结构简单，控制方便。但主要缺点是：由于输入环节采用晶闸管可控整流电路，当输出电压调得较低时，电网侧功率因数低，且输出为矩形波，含有的谐波成分较大。

（2）直流斩波调压、逆变电路调频。如图 7-2（b）所示，输入环节采用不可控整流电路，只整流不调压，再增设直流斩波电路进行脉宽调压。这样虽然多了一个环节，但输入功率因数提高了。由于输出逆变环节未变，故仍存在输出谐波较大的问题。

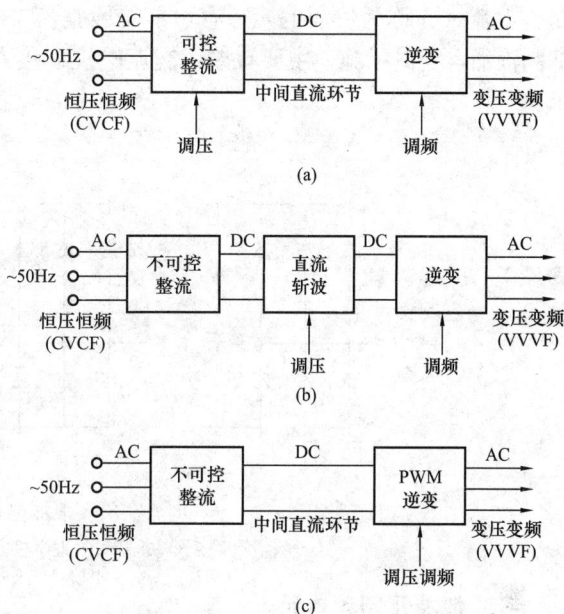

图 7-2　交—直—交变频电路的几种不同结构形式
（a）可控整流电路调压、逆变电路调频；（b）直流斩波调压、
逆变电路调频；（c）PWM 逆变调压调频

（3）PWM 逆变调压调频。如图 7-2（c）所示，输入环节采用不可控整流电路，使电网侧功率因数较高，输出逆变环节采用 PWM 逆变器，使输出谐波成分减少，且调压和调频均由逆变电路一次完成，是目前变频器中使用最多的一种形式。

本节中，将根据中间直流环节滤波方式的不同分别介绍电压型和电流型两种不同的交—直—交变频电路的工作原理。

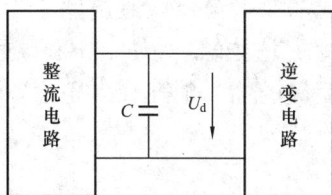

图 7-3　交—直—交电压型变频电路

7.2.2　交—直—交电压型变频电路

电压型变频电路在整流和逆变的中间直流环节采用大电容滤波，使其直流电压波形比较平直，在理想情况下，可以等效成一个内阻抗为零的恒压源，输出的交流电压是矩形波或阶梯波。交—直—交电压型变频电路如图 7-3 所示。

一般的交—交变压变频装置中，虽然没有滤波电容，若供电电源为低阻抗使它具有电压源的性质，也属于电压型变频器。

一、整流单元

整流单元将电网的三相交流电变换成直流，有可控整流和不可控整流两大类。由于可控整流存在输出电压含有较多的谐波、输入功率因数低、控制部分复杂及滤波大电容造成的调压惯性大等缺点，在 PMW 技术的出现后，可控整流在交—直—交变频器中已不再使用，而不可控整流是目前交—直—交变频器的主流形式。其电路构成形式有 6 只整流二极管或 6 只晶闸管组成三相整流桥两种，其中晶闸管只用于控制通断，不控制直流电压的大小。由于滤波采用较大的电解电容器，而整流电路在接通电源时，电容充电时流过的很大的充电电流（亦称为浪涌电流）有可能烧毁整流二极管，故二极管三相整流电路必须采取相应抑制浪涌电流的措施，主要有接入交流电抗、接入直流电抗及串联充电电阻等，如图7-4所示。

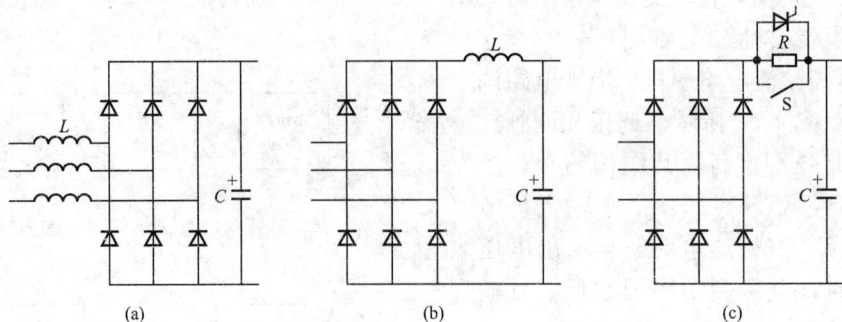

图7-4　浪涌电流抑制方式
（a）交流接入电抗；（b）直流接入电抗；（c）串联充电电阻

二、滤波及制动单元

滤波单元采用大电容滤波，直流电压波形比较平直，在理想情况下可等效为内阻抗为零的恒压源，输出交流电压是矩形波或阶梯波，这是电压型变频器的一个主要特征。

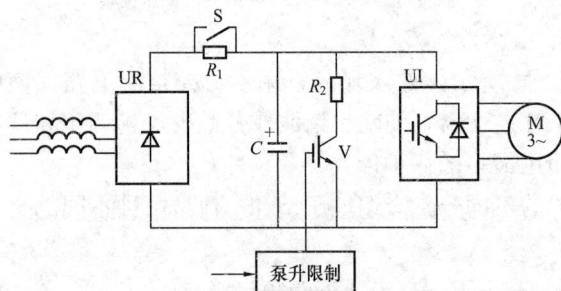

图7-5　滤波及制动电路

制动单元由 IGBT 和能耗电阻组成。当电动机由电动状态转入制动运行时，电动机变为发电状态，其能量通过逆变电路中的反馈二极管流入中间直流回路，使直流电压升高而产生过电压，这种过电压称为泵升电压。为了限制泵升电压，在直流侧电容旁并联一个由 IGBT 和能耗电阻组成的泵升电压限制电路。当泵升电压超过一定数值时，使 IGBT 导通，把电动机反馈的能量消耗在电阻上，如图7-5所示。

三、逆变单元

逆变单元可采用第6章学过的各类无源逆变电路，它是变频电路的核心。若要实现调压，可在交—直—交中间环节增加斩波电路（见图7-6），或采用 PWM 逆变电路。

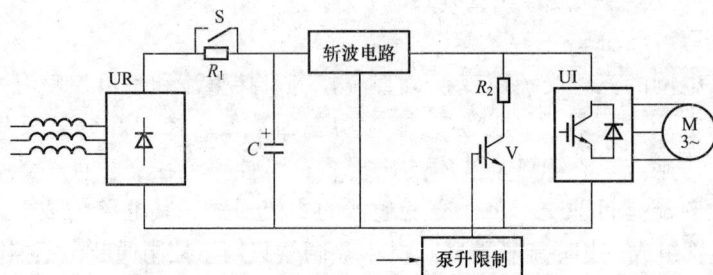

图7-6　斩波调压交—直—交电压型变频电路

经整流、电容滤波、逆变三个环节后，交一直一交电压型变频电路输出电压及输出电流波形如图7-7所示。输出电压为阶梯波，输出电流经电动机负载滤波后接近正弦波。

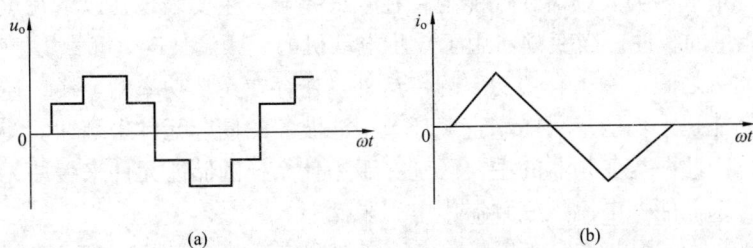

图7-7　交一直一交电压型变频电路输出电压及输出电流波形
(a) 电压波形；(b) 电流波形

7.2.3　交一直一交电流型变频电路

电流型变频电路在整流和逆变的中间直流环节采用大电感滤波，使其直流电流波形比较平直，在理想情况下，可以等效成一个内阻抗很大的恒流源，输出的交流电流是矩形波或阶梯波。交一直一交电流型变频电路如图7-8所示。

有的交一交变压变频装置用电抗器将输出电流强制成矩形波或阶梯波，具有电流源的性质，也属于电流型变频器。

当整流环节采用不可控二极管整流电路时，电路不能将负载侧的能量反馈到交流电源。而当整流环节采用晶闸

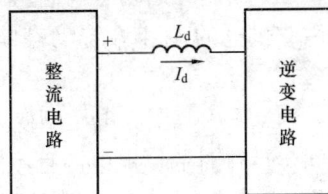

图7-8　交一直一交电流
型变频电路

管可控整流电路时，容易实现回馈制动，这是电流型变频电路给异步电动机供电的变压变频调速系统的显著特点，如图7-9所示。当可控整流电路工作在整流状态（$\alpha<90°$）、逆变器工作在逆变状态时，如图7-9（a）所示，这时直流回路电压U_d的极性为上正下负，电流由U_d的正端流入逆变器，电能由交流电网经变频器传送给电动机，异步电动机在电动状态下运行；如果降低变频器的输出频率，使转速降低，同时使可控整流电路的控制角$\alpha>90°$，则异步电动机进入发电状态，且直流回路电压U_d反向。由于电流型变频器直流回路电流I_d基本恒定，方向不变，于是逆变器变成整流器，而可控整流电路则转入有源逆变状态，电能由异步电动机回馈给交流电网，如图7-9（b）所示。

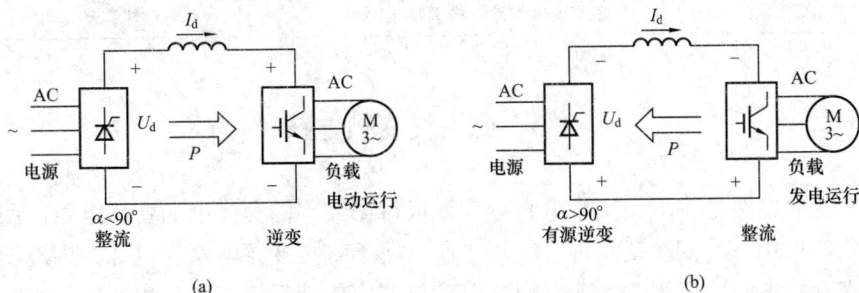

图7-9　电流型变频电路变压变频调速系统两种运行状态
(a) 电动状态；(b) 回馈制动状态

7.2.4　电压型变频器与电流型变频器性能比较

从主电路结构上来看，电压型变频器与电流型变频器的区别在于中间直流环节滤波器的形式不同，由此造成两类变频器在性能上存在较大差异，主要表现在以下几点：

（1）无功能量的缓冲。当变频器用于异步电动机的变频调速时，负载是感性的。在中间直流环节与电动机之间，除了有功功率的传送外，还存在无功功率的交换。逆变器中的电力电子器件无法储能，无功能量只能靠直流环节中滤波器的储能元件来缓冲，使它不致影响到交流电网上去。因此两类变频器的主要区别在于用什么样的储能元件来缓冲无功能量。电压型变频器用电容来储能，电流型变频器用电感来储能。

（2）回馈制动。采用电流型变频器的变压变频调速系统很容易实现回馈制动。而采用电压型变频器的调速系统，因其中间直流环节大电容上的电压极性不能反向，故要实现回馈制动和四象限运行比较困难。如确实需要制动，则只有采用在直流环节中并联电阻的能耗制动，或者与可控整流器反并联设置另一组反向整流器，并使其工作在有源逆变状态，以通过反向的制动电流实现回馈制动。这样做，必然使设备复杂化了。

（3）调速时的动态响应。由于电流型变压、变频调速装置的直流电压可以迅速改变，所以由它供电的调速系统动态响应比较快，而电压型变压、变频调速系统的动态响应就慢得多。

（4）适用范围。电压型变频器属于恒压源，电压控制响应慢，所以适用于作为多台电动机同步运行时的供电电源且不要求快速加减速的场合。电流型变频器则相反，由于滤波电感的作用，系统对负载变化的反应迟缓，不适用于多电动机传动，而更适合于一台变频器给一台电动机供电的单电动机传动，但可以满足快速起制动和可逆运行的要求。两种变频器的主要性能比较见表 7 - 1。

表 7 - 1　　　　　　　　　电压型变频器与电流型变频器主要性能比较

类型	电压型	电流型
直流回路滤波元件	电容器	电抗器
输出电压波形	矩形波或阶梯波	与负载有关，对异步电动机近似为正弦波
输出电流波形	与负载有关，有较大的谐波分量	矩形波或阶梯波
输出阻抗	小	大
回馈制动	需在电源侧设置反并联逆变器	方便，主回路不需附加设备
调速动态响应	较慢	快
适用范围	多电动机传动，稳频稳压电源	单电动机传动，可逆传动

7.3　交—交变频电路

交—交变频电路是将工频交流电直接变换成可调频率的交流电的变流电路。因为没有中间直流环节，仅用一次变换就实现了变频，所以属于直接变频电路，也称为周波变换器。

交—交变频电路广泛用于大功率交流电动机调速传动系统，以三相输出的交—交变频电路（简称三相交—交变频电路）应用为主。但从学习的角度，单相输出的交—交变频电路（简称单相交—交变频电路）是基础，这里先介绍单相交—交变频电路的构成及工作原理，然后再介绍三相交—交变频电路。

7.3.1　单相交—交变频电路

一、电路构成及工作原理

单相交—交变频电路的原理图和输出电压波形如图 7-10 所示。电路由 P 组和 N 组两组反并联的晶闸管变流电路构成，这与直流电动机可逆调速系统用的四象限变流主电路完全相同，两者的工作原理也非常相似。变流器 P 组和 N 组都是相控整流电路，P 组工作时，负载电流 i_o 为正；N 组工作时，负载电流 i_o 为负。让两组变流器按一定频率交替工作，在负载上得到该频率的交流电。改变两组变流器的切换频率就可改变输出频率；改变控制角 α 的大小就可改变交流输出电压的幅值。

为了使输出电压的波形接近正弦波，可以按正弦规律对 α 角进行调制。如图 7-10（b）所示，在 P 组变流器工作的半个周期内，设法使 α 角按正弦规律从 90° 逐渐减小到 0°，这样必然使输出的平均电压由 0° 按正弦规律逐渐增大到最大值。然后再将 α 角按正弦规律从 0° 逐渐增大到 90°，于是输出平均电压又由最大值按正弦规律逐渐减小到 0°。这样，就得到正半周一系列按正弦规律变化的平均电压值，如图中虚线所示。另半个周期对 N 组变流器进行同样的控制，可以得到负半周一系列按正弦规律变化的平均电压值。从图 7-10（b）可以看出，输出电压 u_o 并不是真正平滑的正弦波，而是由若干段电源电压平均值拼接构成。显然，半个周期中所包含的电压平均值段数越多，就越接近于正弦波。

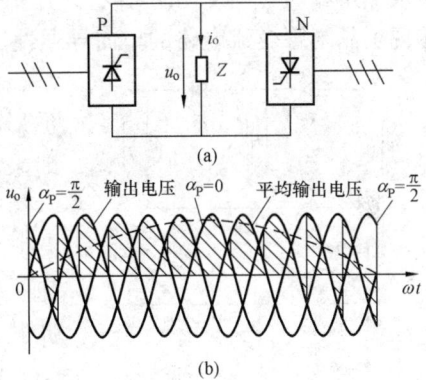

图 7-10　单相交—交变频电路
原理图和输出电压波形
（a）电路原理图；（b）输出电压波形

二、输出正弦波电压的调制方法

对 α 角进行调制，使交—交变频电路的输出电压波形近似为正弦波的调制方法有多种。这里主要介绍最基本的并广泛使用着的余弦交点法。

设 U_{d0} 为 $\alpha=0°$ 时整流电路的理想空载电压，则控制角为 α 时变流电路的输出电压为

$$\bar{u}_o = U_{d0}\cos\alpha \tag{7-1}$$

对交—交变频电路来说，每次控制时 α 角都是不同的，式（7-1）中的 $\bar{u}_o$ 表示对应每一个不同 α 角时的输出电压平均值。

设希望得到的正弦波输出电压为

$$u_o = U_{om}\sin\omega t \tag{7-2}$$

要想使输出电压 $\bar{u}_o$ 近似为正弦波 u_o，比较式（7-1）和式（7-2），则

$$U_{d0}\cos\alpha = U_{om}\sin\omega t \tag{7-3}$$

故

$$\alpha = \arccos\left(\frac{U_{om}}{U_{d0}}\sin\omega t\right) = \arccos(\gamma\sin\omega t) \tag{7-4}$$

式中，γ 为输出电压比（$0\leqslant\gamma\leqslant 1$），$\gamma=\dfrac{U_{om}}{U_{d0}}$。

利用式（7-4）就可得到对应每一时刻的控制角 α，按此规律进行控制，便可得到近似

正弦的输出电压波形。

上述余弦交点法可以用模拟电路来实现，但线路复杂，且不易实现精确控制。随着计算机控制技术的发展，可把计算好的数据存入存储器中，运行时按照所存的数据进行实时控制。这样不但能精确计算 α，还可以实现各种复杂的控制运算，使整个系统获得很好的性能。

三、工作状态的判断

下面以阻感负载为例来说明交—交变频电路的整流与逆变工作状态，此分析同样适用交流电动机负载。

分析时把交—交变频电路理想化，忽略变流电路换相时输出电压的脉动分量，则可画出等效电路如图 7-11（a）所示。其中交流电源表示变流电路可输出交流正弦电压，二极管体现了晶闸管变流电路的单向导通性。

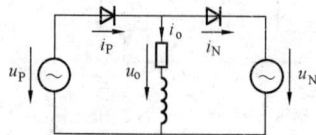

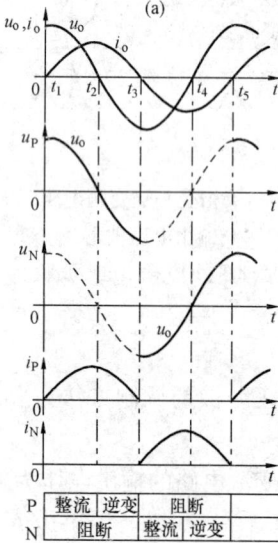

图 7-11　理想化交—交变频电路的整流和逆变工作状态
（a）等效电路；（b）工作波形

由于是阻感负载，可假设负载阻抗角为 φ，即负载电流波形滞后负载电压波形 φ 角。另外，两组变流电路在工作时采用无环流工作方式，即一组变流电路工作时，封锁另一组变流电路的触发脉冲。

一个周期内负载电压、电流及正反两组变流电路的电压、电流如图 7-11（b）所示。可以看出，交—交变频电路共有 P 组（正组）整流、P 组（正组）逆变、N 组（反组）整流和 N 组（反组）逆变四种工作状态。

工作状态的判断方法为：①负载电流正半周，P 组（正组）工作；负载电流负半周，N 组（反组）工作。②负载电压方向与负载电流方向相同时，变流电路为整流运行；负载电压方向与负载电流方向相反时，变流电路为逆变运行。

根据工作状态的判断方法，结合图 7-11（b）工作波形可知，在一个周期内：$t_1 \sim t_2$ 期间，P 组工作，变流电路为整流运行；$t_2 \sim t_3$ 期间，P 组工作，变流电路为逆变运行；$t_3 \sim t_4$ 期间，N 组工作，变流电路为整流运行；$t_4 \sim t_5$ 期间，N 组工作，变流电路为逆变运行。

实际工作中，在无环流工作方式下，为了避免两组变流电路同时工作而出现环流，在两组变流电路之间进行切换的时候，即 P 组转为 N 组工作时和 N 组转为 P 组工作时系统必须留有一定的死区时间，单相交—交变频电路的输出电压和电流波形如图 7-12 所示。由于死区的存在，使得输出电压的波形畸变增大，输出电流断续。因此为了减小死区的影响，应在确保无环流的前提下尽量地缩短死区时间。

交—交变频电路也可采用有环流的控制方式，但在两组变流器之间必须设置环流电抗器，变压器二次侧一般也需双绕组，从而使设备成本增加，运行效率降低。所以目前应用较多的还是无环流方式。

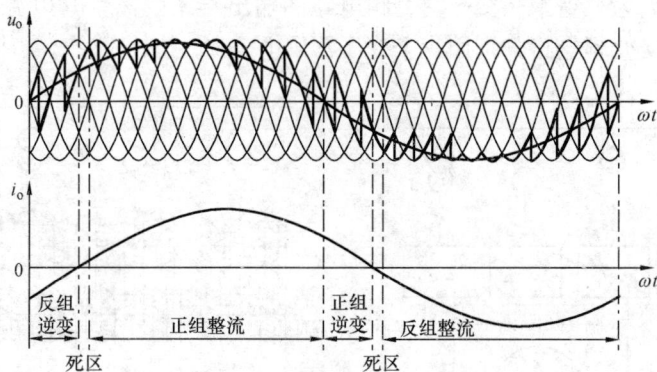

图 7-12 单相交—交变频电路输出电压和电流波形

从能量传递的角度来看,当负载电压和电流之间的相位差 $\varphi < 90°$ 时,能量从电网流向负载;当负载电压和电流之间的相位差 $\varphi > 90°$ 时,能量从负载流向电网。

需要说明的是,交—交变频电路的输出电压是由许多段电网电压拼接而成的。当输出频率升高时,输出电压在一个周期内电网电压的段数就减少,与正弦波的差距加大,谐波含量增加,这样也就限制了输出频率的提高。一般认为,对于 6 脉波的三相桥式变流电路而言,输出最高频率不高于输入频率的 1/3~1/2。当电网频率为 50Hz 时,交—交变频电路的输出上限频率约为 20Hz。

7.3.2 三相交—交变频电路

交—交变频电路主要应用于大功率交流电机调速系统,这种系统常使用三相交—交变频电路。三相交—交变频电路是由三组输出电压相位各差 120°的单相交—交变频电路组成的,因此单相交—交变频电路的许多分析和结论对三相交—交变频电路都是适用的。

一、电路接线方式

三相交—交变频电路主要有公共交流母线进线方式和输出星形连接方式两种接线方式。

1. 公共交流母线进线方式

采用公共交流母线进线方式三相交—交变频电路原理简图如图 7-13 所示。它是由三组彼此独立的、输出电压相位各差 120°的单相交—交变频电路构成,电源进线通过进线电抗器接在公共的交流母线上。因为电源进线端共用,所以三相交—交变频电路的输出端必须隔离。为此,交流电动机的三个绕组必须拆开,共引出 6 根线。

公共交流母线进线方式的三相交—交变频电路主要应用于中等容量的交流调速系统。

2. 输出星形连接方式

图 7-14 所示为输出星形连接方式的三相交—交变频电路原理图,其中图 7-14 (a) 为简图,图 7-14 (b) 为详图。三组单相交—交变频电路的输出端是星形连接,电动机三个绕组也是星形连接,电动机的中性点不和变频电路的中性点接在一起,电动机只

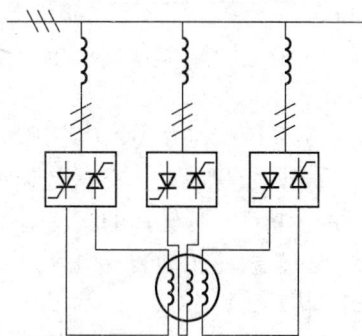

图 7-13 采用公共交流母线进线方式
三相交—交变频电路原理简图

引出三根线即可。因为三组单相交—交变频电路的输出端未隔离，其电源进线就必须隔离，因此三组单相交—交变频电路分别用三个变压器供电。

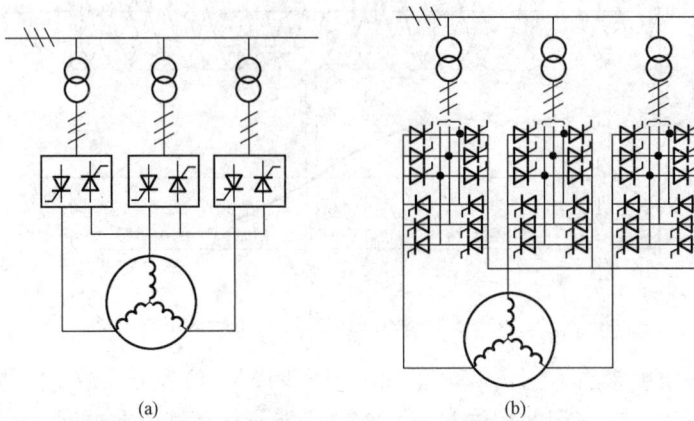

图 7-14　输出星形连接方式三相交—交变频电路原理图

(a) 简图；(b) 详图

由于变频器输出端的中性点不和负载的中性点相连接，所以在构成三相 6 组桥式变流电路中，至少要有不同相的两组桥中的 4 只晶闸管同时导通才能构成回路，形成电流。同一组桥内的两只晶闸管必须要靠双脉冲触发，而两组桥之间必须靠各自的触发脉冲要有足够的宽度来触发。只有这样才能保证该导通的 4 只晶闸管同时有触发脉冲，能同时被触发导通而形成电流回路。

二、交—交变频电路的优缺点

与交—直—交变频电路相比，交—交变频电路有以下优点：

(1) 只用一次变流，且使用电网换流，提高了变流效率。

(2) 可以很方便地实现四象限工作。

(3) 低频时输出波形接近正弦波。

其主要缺点如下：

(1) 接线复杂，使用晶闸管较多。由三相桥式变流电路组成的三相交—交变频器至少需要 36 只晶闸管。

(2) 受电网频率和变流电路脉波数的限制，输出频率较低，最高工作频率仅为 20Hz 左右。

(3) 采用相控方式，功率因数较低。

由于以上优缺点，交—交变频电路主要用于 500kW 或 1000kW 以上，转速在 600r/min 以下的大功率、低转速的交流调速装置中。其目前已在矿石破碎机、水泥球磨机、卷扬机、鼓风机及轧机主传动装置中得到了较多的应用。它既可用于异步电动机传动，也可用于同步电动机传动。

随着现代电力电子技术的发展，近年来出现了一种新颖的矩阵式变频电路。这种变频电路也是一种直接变频电路，电路所用的开关器件是全控型的，控制方式采用斩控方式。但矩阵式变频电路所用的开关器件较多，电路结构较复杂，成本较高，控制方法还不太成熟，用于交流调速时输出电压偏低，这些原因使矩阵式变频电路目前还未得到广泛普及。然而，矩阵式变频电路具有十分理想的电气性能，它可使输出电压和输入电流均为正弦波，输入功率因数为1，且能量可双向流动，可实现四象限运行，同时输出频率不受电网频率的限制，可以在高于或低于电网频率的很大范围内任意调节。与目前广泛应用的交—直—交变频电路相比，其省去了直流侧的大电容，使体积减小，且容易实现集成化和功率模块化。从长远来看，矩阵式变频电路有着很好的发展前景，最终将会被广泛普及应用。

习　　　题

7-1　什么是变频？变频电路有哪些类型？

7-2　简述交—直—交变频和交—交变频的基本原理和特点。

7-3　交—直—交变频电路如何实现调压、调频？

7-4　交—直—交电压型变频器与交—直—交电流型变频器各有何特点？

7-5　简述单相交—交变频电路的基本工作原理。

7-6　如何控制交—交变频电路的正反组变流器，以获得按正弦规律变化的平均电压？

7-7　单相交—交变频电路和直流可逆电力拖动系统中的反并联的变流电路有何不同？

7-8　交—交变频电路的最高输出频率是多少？制约输出频率提高的因素是什么？

7-9　三相交—交变频电路有几种接线方式？它们有什么区别？

7-10　交—交变频电路有何优缺点？

7-11　交—交变频电路适用于哪些场合？

8　典型电力电子技术应用

8.1　大功率高频开关电源

直流电源日益广泛地应用于通信、计算机、电焊接以及军事等领域，对各种电压与容量等级、输出特性有各种要求的高效直流电源。采用串联调整管调压稳压和晶闸管相控整流组成的直流稳压电源，由于损耗大、效率低，变压器与滤波器件体积大，功率因数低以及存在机械噪声等缺点，难以适应需要。随着全控型器件（目前主要是电力 MOSFET 与 IGBT）的广泛应用以及脉宽调制技术的成熟，高频开关稳压电源获得了极快发展。

高频开关电源是将电网交流电通过工频整流、滤波成为直流电，然后通过功率变换（高频逆变）得到 20～50kHz 的高频交流电，再经过高频整流与滤波，得到所要求的直流。其核心部分是用全控型器件在逆变电路中以高频率的开通与关断进行功率变换，故此类电源称为高频开关电源。

8.1.1　高频开关电源的基本结构

图 8-1 所示为高频开关电源的结构框图，由主电路与控制电路两部分组成。

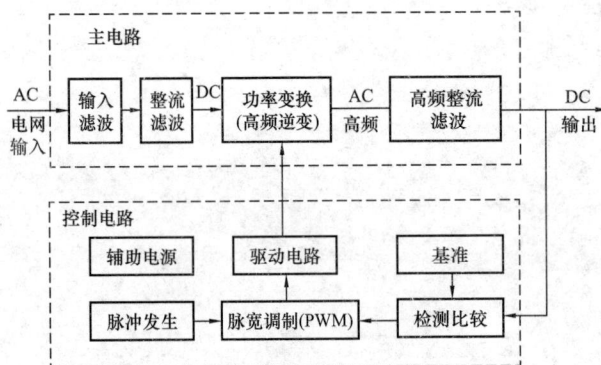

图 8-1　高频开关电源的结构框图

一、主电路

主电路包括输入滤波器、输入整流滤波器、功率变换器、高频整流器、滤波器等组成。其电路的功能如下：

（1）输入滤波电路（EMI 滤波）：主要作用是滤除外界电网的高频脉冲对电源的干扰，同时也可防止开关电源本身对外界产生电磁干扰。即利用电感、电容的特性，使频率为 50Hz 左右的交流电可以顺利通过滤波器，而高于 50Hz 以上的高频干扰杂波将被滤波器滤除。

（2）输入整流滤波电路：将电网交流电源整流成为直流电，以供下一级变换。一般由二极管组成的不控整流电路构成。

（3）功率变换电路：利用电力电子器件的开关作用实现电力变换，是开关电源的核心。它把直流电压变换成高频交流电，并且起到将输出部分与输入电网隔离的作用。

（4）高频整流滤波电路：将功率变换电路输出的高频交流电进行整流滤波，得到平滑、稳定的直流输出电压，同时也可防止高频噪声对负载产生干扰。其中的整流二极管必须是快恢复二极管，滤波电路一般采用 LC 滤波电路。

二、控制电路

控制电路由脉冲发生电路、PWM 脉宽调制电路、功率管驱动电路、误差检测比较电路、保护电路和辅助电源等组成。电路的功能如下：

（1）脉冲发生电路：用于产生与误差电压合成 PWM 的锯齿波。

（2）PWM 脉宽调制电路：调节逆变器中功率管导通时间比，达到调压目的。

（3）功率管驱动电路：驱动逆变器中功率管。

（4）误差检测比较电路：检测主电路输出电压、电流并与基准电压比较，再由 PWM 电路调整脉宽控制功率变换开关。

（5）保护电路：当开关电源发生过电压、过电流（或短路）时，保护电路使开关电源停止工作以保护负载和电源本身。

（6）辅助电源：为控制电路供电。

8.1.2 高频开关电源主电路的工作原理

图 8-2 所示为输入整流滤波电路。220V 交流电源经开关输入后，经输入滤波与硅桥整流滤波，变换为 300V 左右的恒定直流，再经限流电阻（200kΩ/8W 并联）输入主功率变换器。

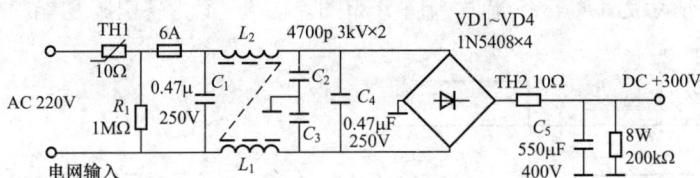

图 8-2 输入整流滤波电路

图 8-3 所示为高频逆变及整流滤波电路，由 4 只 IGBT 管（V1、V2、V3、V4）、4 只电容（C_1、C_2、C_3、C_4）、4 只续流二极管（VD1、VD2、VD3、VD4）、相位平衡网络（La、Ca1、Ca2、VDa1、VDa2）以及高频变压器 TR 组成。该结构为高频软开关移相控制技术，直流电被变换为高频（100kHz）正负矩形波电压，该高频电压经高频变压器 TR，送至高频全波整流与滤波，输出端便得到稳定的直流输出。

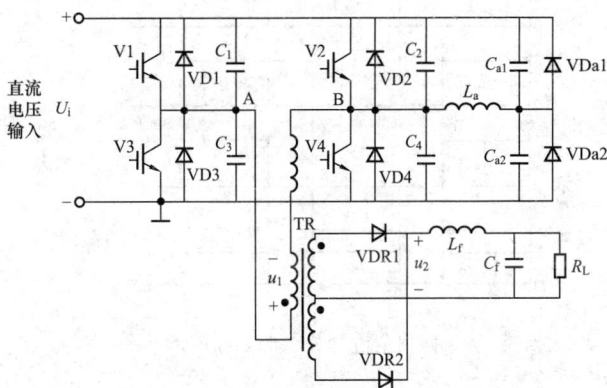

图 8-3 高频逆变及整流滤波电路

在功率输出过程中，软开关移相控制全桥逆变电路的工作原理与普通硬开关全桥逆变电路相同。

当 V1、V4 导通时，$u_{AB}=u_1=+U_i$；

当 V2、V3 导通时，$u_{AB}=u_1=-U_i$。

以高频率切换两对开关管的通断，即将输入的直流电压逆变为高频交流电压 u_1（交变矩形波），经高频变压器变压后，由全波整流电路将这一交流电压变换成单向脉动的直流电压 u_2，然后再由 LC 滤波电路滤除其交流成分，便得到所要求的稳定的直流输出电压。

移相全桥逆变电路中驱动信号不仅要驱动桥的两个对角臂，还要使两个对角臂的导通有一定的延时（相位差），即两个对角臂的一对开关管不是同时被驱动的。4 个开关管驱动信号的关系是：V1 与 V3 的驱动信号反相，V2 与 V4 的驱动信号反相，但 V2 的驱动信号相对于 V1，以及 V4 的驱动信号相对于 V3 均延迟了 φ 角（φ 称为移相角），故称 V1 和 V3 为超前桥臂，V2 和 V4 为滞后桥臂。图 8-4 所示为移相全桥开关电源的工作波形。不难看出，经全桥逆变、全波整流后所形成的方波电压 u_2 的宽度与移相角 φ 的大小有关，移相角 φ 越大，方波电压 u_2 的宽度就越宽，在开关频率一定的条件下，则占空比 α 也就越大，从而使开关电源直流输出电压也越大。由此可见，移相全桥开关电源是通过改变移相角来实现 PWM 控制，以达到控制输出电压的目的。

8.1.3 高频开关电源的控制与驱动

UC3875 是美国 UNITRODE 公司生产的专用芯片，是用于移相全桥型高频软开关电源移相控制的集成 PWM 控制器。

UC3875 为双列直插式，外引脚有 20 脚和 28 脚两种，这里仅介绍 20 脚的 UC3875 的引脚功能。图 8-5 所示为 UC3875 芯片引脚分布图，表 8-1 为各引脚功能简要说明。

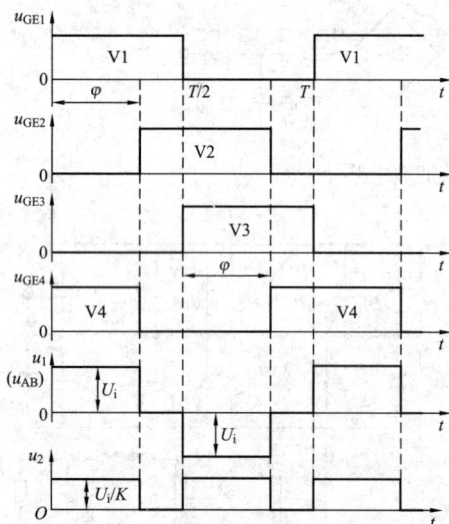

图 8-4 移相全桥开关电源工作波形

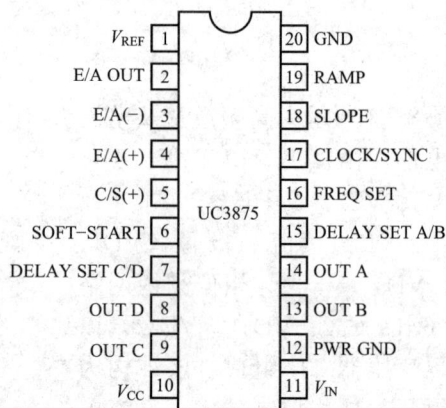

图 8-5 UC3875 芯片引脚分布图

表 8-1　　　　　　　　　　　各引脚功能说明

引脚号	功　能	引脚号	功　能
1	V_{REF} 基准电压	10	V_{CC} 电源电压
2	E/A OUT 误差放大器的输出	11	V_{IN} 芯片供电电源
3	E/A− 误差放大器的反相输入	12	PWR GND 电源地
4	E/A+ 误差放大器的同相输入	16	FREQ SET 频率设置端
5	C/S+ 电流检测	17	CLOCK/SYNC 时钟/同步
6	SOFT-START 软启动	18	SLOPE 陡度
7、15	DELAY SET A/B，C/D 输出延迟控制	19	RAMP 斜波
14、13、9、8	OUT A～OUT D 输出 A～D	20	GND 信号地

UC3875 有 4 个独立的输出驱动端，可以用来直接驱动 4 个开关器件，其中 OUT A（14 脚）与 OUT B（13 脚）的相位相反，OUT C（9 脚）与 OUT D（8 脚）的相位相反，

而 OUT C 和 OUT D 相对于 OUT A 和 OUT B 的相位（φ 角）是可调的，通过调节移相角 φ 的大小来实现 PWM 控制。

图 8-6 所示为用 UC3875 构成的功率管控制电路。引脚 8、9、13、14 输出信号连接功率管 V1、V2、V3、V4 的 4 个控制电极，用来控制 4 只功率管的开通顺序。

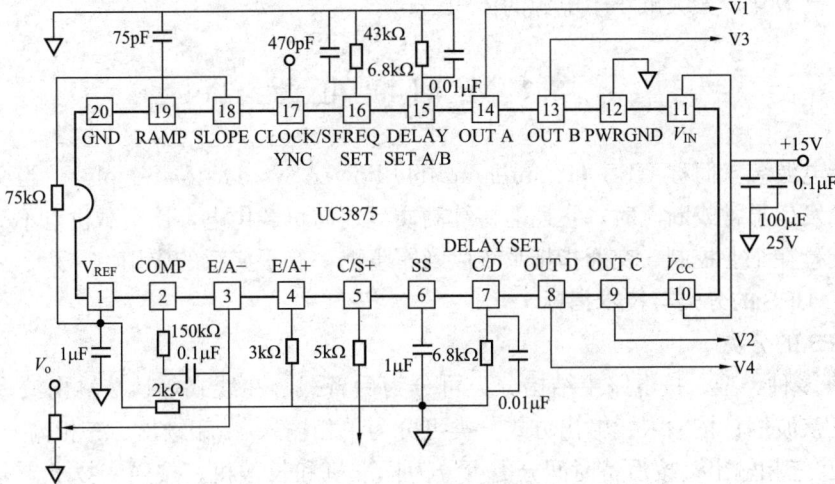

图 8-6 功率管控制电路

由于 UC3875 的输出信号功率较小，不能直接驱动功率管 IGBT 的开通与关断，因此需要加功率驱动电路，如图 8-7 所示。图中，辅助电源的作用为给芯片 UC3875 及其他电路供电。

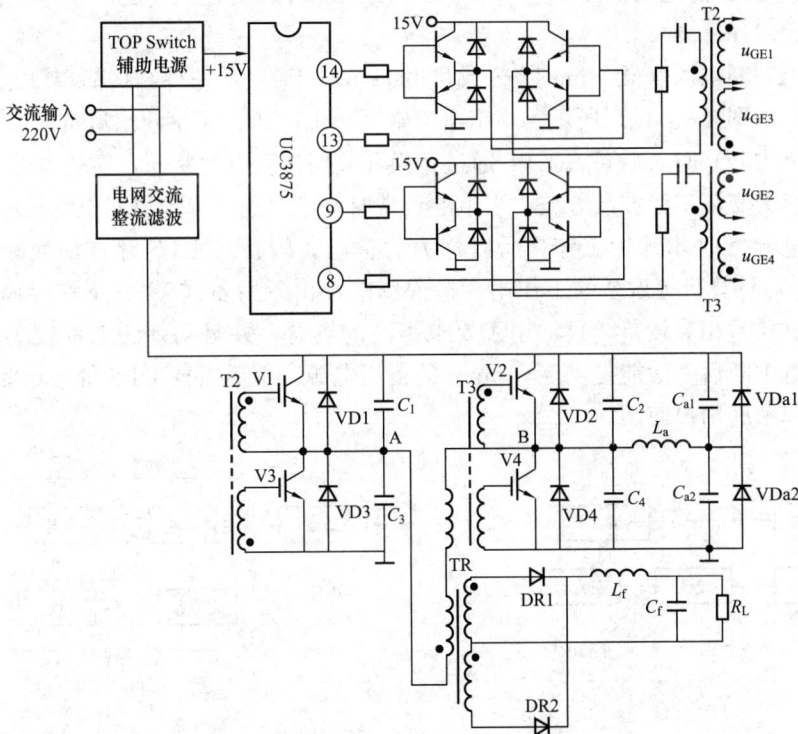

图 8-7 控制及驱动电路

由 UC3875 芯片作为控制电路的移相全桥型高频软开关电源，利用功率开关管的输出电容和高频变压器的漏电感作为谐振元件，在电感储能释放过程中使电容上的电压逐渐下降到零，从而使全桥电路中的 4 个功率开关管依次在零电压下导通，实现零电压开通。由于减少了开关损耗，变换效率可达 80%～90%，且控制简单，性能可靠，能保持恒频运行，实现了高频化、高效化，大大减小了电源的体积。

8.2　不间断电源

不间断电源装置简称 UPS（Uninterruptible Power Systems or Supply）。当交流输入电源（市电）发生异常或断电时，它还能持续高质量地向负载供电，使负载供电不受影响。不间断电源装置在工业控制、交通指挥系统以及军事上都有很广泛的应用。

8.2.1　UPS 的分类与技术指标

一、UPS 的分类

UPS 有多种类型，按电路主结构分类可分为后备式、在线式等；按输出波形分类可分为方波、正弦波等；按输入、输出方式分类可分为单相输入/单相输出、三相输入/单相输出和三相输入/三相输出；按后备时间分类可分为标准机和长效机；按逆变技术来分类可分为 PWM 方波、PWM 正弦波、交互式、铁磁谐振式等；按逆变器器件不同分类可分为晶闸管 SCR、双极型晶体管 GTR（BJT）、功率场效应晶体管 Power MOSFET、绝缘栅双极晶体管 IGBT 不间断电源等。其中按电路主结构进行分类是较常用的分类方法。图 8-8 所示为后备式和在线式 UPS 的结构框图。

1. 后备式 UPS

后备式不间断电源（ofF-line UPS 或称 backup UPS）是一种结构简单、运行可靠性高的应急电源，如图 8-8（a）所示。当市电异常（市电电压、频率超出后备式 UPS 允许的输入范围或市电中断）时，后备式 UPS 通过转换开关切换到电池状态，逆变器进入工作状态，此时输出波形为交流正弦波或方波。当市电正常时，市电通过充电器对电池充电，由于逆变器只有在市电异常时才开始工作，所以称为后备式。后备式 UPS 存在切换时间，一般为 4～10ms，这对计算机等设备的工作不会造成影响。由于后备式 UPS 工作时输出波形大多为方波，供电质量相对较差，只适用于要求不高的场合，并且功率一般都较小，多在 2kW 以下，在市电中断后一般能提供 5～15min 的备用电源。但后备式 UPS 价格较低，适合于小型办公企业和家庭用户使用。

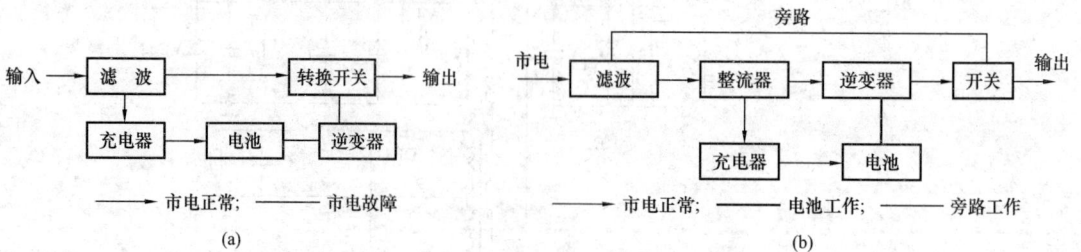

图 8-8　UPS 结构框图
(a) 后备式 UPS；(b) 在线式 UPS

2. 在线式 UPS

如图 8-8 (b) 所示,在线式 UPS 电源一般采用双变换模式,输出多为正弦波。当市电正常时,在线式 UPS 输入交流电压,通过充电电路不断对电池进行充电,同时 AC/DC 电路将交流电压转换为直流电压,然后通过脉宽调制技术 (PWM) 由逆变器再将直流电压逆变成交流正弦波电压供给负载,起到无级稳压的作用;而当市电中断时,逆变器将电池的直流电压变换成交流正弦波或方波供给负载。因此无论是市电供电正常时,还是市电中断由电池逆变供电时,逆变器始终处于工作状态,故称为在线式 UPS。这就从根本上消除了来自电网的电压波动和干扰对负载的影响,真正实现了对负载的无干扰、稳压、稳频以及零转换时间。旁路开关平时处在断开状态,当逆变电路发生故障,或者当负载有冲击性(例如启动负载时)或故障过载时,逆变器停止输出,旁路开关接通,由电网直接向负载供电,旁路开关多为智能型的功率很大的无触点开关。在线式 UPS 的这种特点,使其供电质量明显优于后备式 UPS,但在线式 UPS 结构复杂、成本较高,多用在对供电质量要求很高的场合。

二、UPS 的主要技术指标

UPS 有十多项主要指标,现以 Powerson 牌 UPS 为例说明如下:

(1) 输入电压:176~253V。后备式 UPS 当输入电压低于 176V,或高于 253V 就投入后备工作状态。如 UPS 带有 AVR(Auto Voltage Regulation)稳压器,在额定输入电压范围内,输出电压稳压精度可达 220(1±5%)V。在线式 UPS 当输入电压低于 176V 就报警,并有可能开始耗用后备电池;当输入电压高于 253V 时,切断市电输入,由后备电池供电,并禁止旁路从市电直接供电。

(2) 输出电压:对正弦波输出的 UPS 其输出电压一般为 220(1±3%)V,优于市电。由于逆变器内阻比电网大,所以瞬态响应是考核 UPS 逆变器性能比较重要的指标,一般动态电压瞬变范围为 220(1±10%)V,瞬变响应恢复时间不大于 100ms。

(3) 输入/输出电流:它是选用 UPS 的重要指标。

输入电流的大小和波形反映 UPS 的效率和功率因数。对相同功率的 UPS 而言,输入电流越小,效率越高。传统工频在线式 UPS 输入回路采用二极管、晶闸管整流,电流峰值高,因而有效值电流大,其功率因数仅 0.6~0.7,这种整流电路对电网污染大,会造成中性线过载。新一代 UPS,如 Powerson MUI 系列等高频 UPS,输入用 IGBT 有源整流,功率因数达 0.98 以上,能消除谐波电流对电网污染,是新一代绿色电源。

输出电流反映 UPS 输出能力的大小,如 MUI3000 UPS,其输入/输出功率为 3000VA/2000W,输出电流为 13.6A,输出功率因数为 0.67,峰值因数为 1/3,输入电流为 10.7A,输入功率因数为 0.98。说明其逆变器带非线性负载能力强,适用于电脑负载。

(4) 后备时间:一般 UPS 后备时间设计值为 5~10min,但由于用户实际使用总会留有一定功率裕量,实际后备时间会大于额定值。但要注意由于 UPS 一般配用全密封免维护铅酸蓄电池,后备时间会受下列因素影响:

1) 负载大小与后备时间不成线性关系,负载从满载减到半载,后备时间可增加 1.5 倍以上。但在允许使用温度范围内每降低 1℃将损失 1% 以上的后备时间。

2) 电池寿命一般可达 3~5 年,这取决于使用条件、充放电状况和使用环境。同时要注意,长期储存而缺乏维护或使用中只充不放都影响电池寿命。

8.2.2　单相在线式 UPS 应用实例

一、工作原理

图 8-9 所示为单相在线式不间断电源结构框图。它由逆变器主电路、控制电路、驱动电路、电池组、充电器以及滤波、保护等辅助电路组成。

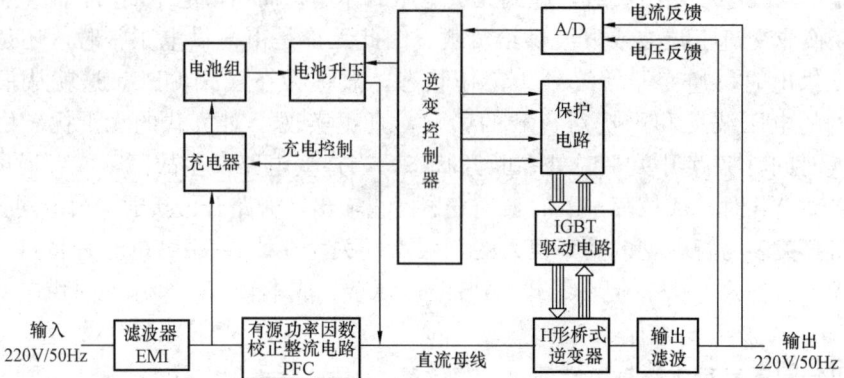

图 8-9　在线式不间断电源结构框图

工作原理：当市电正常情况下，市电经过共模噪声滤波器和尖峰干扰抑制器，输入到有源功率因数校正整流电路 PFC，PFC 整流能使 UPS 输入电流正弦化，并使输入功率因数接近 1，PFC 电路输出稳定的直流与电池升压电路输出经二极管在直流母线并联，电池升压电路的输出电压略低于 PFC 整流器输出电压，所以在市电正常情况下，由 PFC 整流后的市电提供逆变器能量。

当市电异常情况时，PFC 输出将低于电池升压输出，这时由电池升压后向逆变器提供能量，这时充电器停止工作。

二、主要电路介绍

H 全桥式逆变器将 400V 电压逆变成 220V、50Hz 正弦交流电压，经滤波器输出。

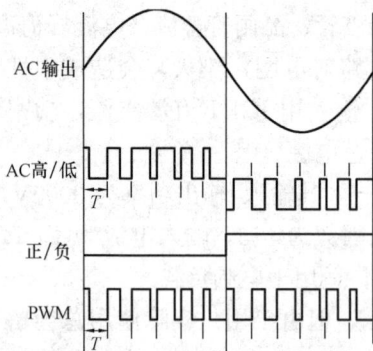

图 8-10　PWM 波形图

逆变控制器由单片机构成，承担脉宽调制波的产生、输出正弦波与市电同步、UPS 管理以及报警和保护等功能。脉宽调制波 PWM 波形如图 8-10 所示。

硬件保护电路的主要功能是死区抑制时间产生、逆变器关闭执行、四个桥臂驱动信号产生等。PWM 信号和正/负信号（见图 8-10）来自单片机，经过死区抑制时间 $1\mu s$ 后分四路送桥臂的驱动器。死区抑制时间取决于 IGBT 开通、关闭速度和驱动自身的延时。

驱动电路如图 8-11 所示，它由隔离型辅助电源 T1～T4 和驱动器 EXB840 构成。驱动器带过饱和保护 OVP。

IGBT 是电压型控制器件，驱动功率很小，但峰值电流相对很大，驱动波形如图 8-12 所示。驱动电路的辅助电源输出电流几十毫安即能满足要求，滤波电容（C_1、C_2、C_3 等）最好采用低串联等效电阻的电解电容以提高峰值电流输出能力。

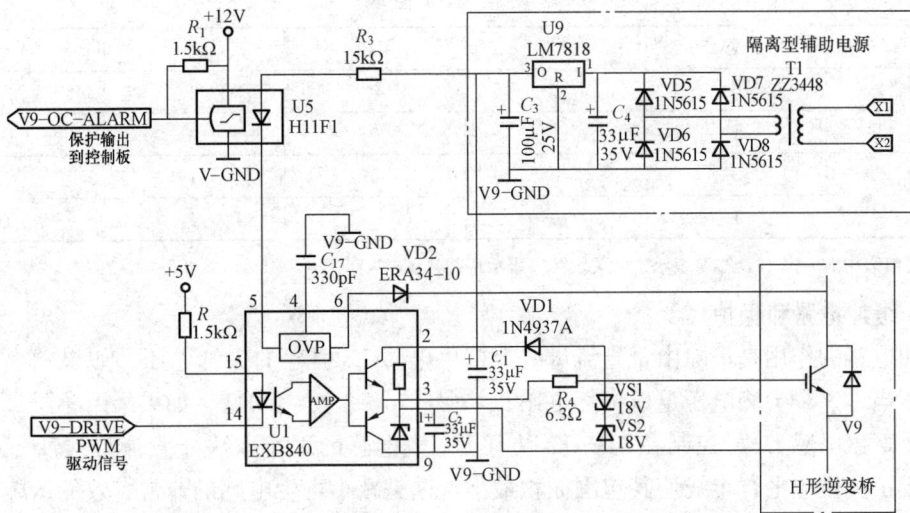

图 8-11　驱动电路

驱动电路与 IGBT 的 GE 之间的导线连接必须用双绞线，且要尽量短。

图 8-13 所示为 H 形全桥逆变
器，它由 V9、V10、V11、V12 构
成。驱动信号来自 V♯-DRIVER，
驱动信号真值表见表 8-2，逆变器
输出端 A、B 两端电压波形为 AC
高/低，如图 8-10 所示。它为
20kHz PWM 方波，但其基波是
50Hz 正弦波，逆变器的工作电压
为 400V 直流电压。

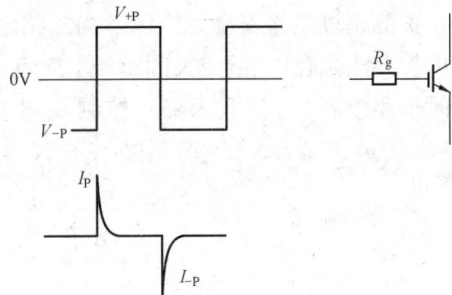

IGBT 驱动
$V_{+P} = +15(1 \pm 10\%)$V
$V_{-P} = -5 \sim -15$V
$I_{+P} = 4$A，$I_{-P} = 4$A

图 8-12　驱动波形

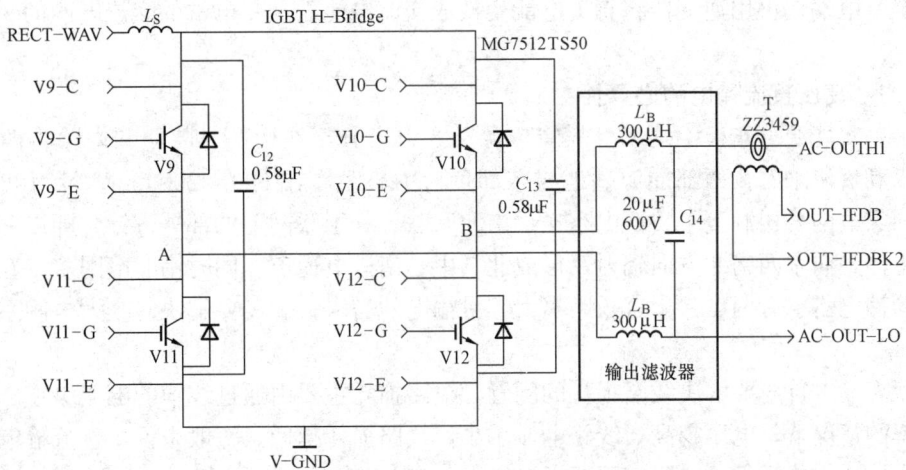

图 8-13　H 形全桥逆变器

表 8 - 2   驱动信号真值表

正/负	PWM	V9	V10	V11	V12
0	0	0	0	1	1
0	1	1	0	0	1
1	0	0	0	1	1
1	1	0	1	1	0

注　真值表中 V9～V12，"1" 表示桥臂关，"0" 表示桥臂开。

三、缓冲电路和保护

缓冲电路的作用是消除由于直流母线上寄生电感 L_s 引起的尖峰电压。如果功率模块工艺设计不当，这个尖峰电压足以损坏 IGBT。对于 50～200A IGBT，如果采用叠层母线，直流母线上寄生电感 L_s 可控制在 $100\mu H$ 以内。寄生电感的大小取决于直流母线所包围的面积。母线正负极应平行走线使其包围面积最小，这是减小寄生电感的非常有效的措施。采用缓冲电路可以减小尖峰电压，图 8 - 13 中 C_{12}、C_{13} 是最简单的缓冲电路，其引线也要尽量短，并使其包围面积最小，电容要选用 du/dt 高的无感电容，缓冲回路总电感不要大于 $20\mu H$。

在 UPS 设计中正确使用 IGBT 的很重要环节是保护，即 IGBT 的短路保护。短路情况下，不能超过短路安全工作区，当短路电流检测到后，有几种方法可防止 IGBT 被损坏。最简单的办法是在 $10\mu s$ 内关闭 IGBT 驱动信号，这样要求缓冲吸峰电路设计要考虑短路情况，同时也要检测 U_{CE} 饱和压降，控制在导通状态下 $U_{CE} \leqslant 7.0V$，这样大大增加了短路状态下 IGBT 的过载能力，保证工作在安全区内。

8.3　高压直流输电

高压直流输电 HVDC（High-Voltage Direct Current）是旨在提高远距离输电的效率，解决大电网互联难题的一项技术。它是通过将发电厂发出的交流电能，经整流器变换成直流电输送至受电端，再用逆变器将直流电能变换成交流电能送到受电端的交流电网的一种输电方式。

8.3.1　高压直流输电的必要性

我国一次能源分布极不均衡。煤炭资源 2/3 以上分布在山西、陕西和内蒙古西部等地区；从水利资源来看，西部能源基地与东部负荷中心距离在 500～2000km。针对我国这种国情，国家电网公司制定了"西电东送、南北互联、全国联网"的部署方针，即以三峡输电系统为主体，向东西南北方向辐射，形成北、中、南送电通道，同时南北电网多点互联。所以我国的输电需求有两点：①有长距离大容量输电的需求；②需要解决多个大电网系统互联的要求。

长距离输电首先要解决线路损耗的问题，线路损耗主要由通过线缆的电流决定。在传输相等功率的情况下，电压越高，线路电流越小，线路损耗越低。一般来说，直流输电采用双极中性点接地方式运行，线路需要两根导线，而三相交流线路采用三相三线制需 3 根导线。交、直流线路在线缆通流能力相同（导线截面积相同，每根导线输送的直流电流 I_d 等于交

流电流 I_a）、对地绝缘水平相等（直流线路对地电压 U_d 等于交流线路相电压有效值 U_a 的 $\sqrt{2}$ 倍）的情况下，其单根导线电参数与输电总功率比较见表 8-3。

表 8-3　　　　　　　　　　　　直流线路与交流线路比较

类型	交流线路	直流线路
导线根数	3	2
电流	$I_a = I_d$	I_d
电压	U_a	$U_d = \sqrt{2} U_a$
功率	$P_a = 3U_a I_a \cos\varphi$	$P_d = 2U_d I_d$

设交流线路输送功率的功率因数 $\cos\varphi = 0.95$，则

$$\frac{P_d}{P_a} = \frac{2U_d I_d}{3U_a I_a \cos\varphi} = \frac{2 \times \sqrt{2} U_a I_a}{3U_a I_a \times 0.95} \approx 1$$

由此可见，两根导线的直流线路所能传输的功率和三根导线的交流线路所能传输的功率相等，即相同导线截面积和绝缘水平条件下，交、直流线路输送相同功率，直流线路比交流线路成本节省 1/3。而直流换流站的投资高于同容量和相应电压等级的交流变电站，当输电距离到达某个距离时，交、直流输电建设总投资相同，这个距离称为等价距离。超过等价距离，则选用直流输电有利，低于等价距离则选用交流输电有利。目前一般认为架空线路的等价距离为 500～700km，基于我国国情来说，长距离输电选用高压直流输电具有明显的经济性。

同时在解决大电网互联方面，直流输电具有无可比拟的优势：

（1）采用远距离交流输电时，交流输电系统两端电流的相位存在显著差异；并网的各子系统交流频率虽然规定为 50Hz，但实际上常产生波动。这两种因素导致交流系统不同步，需要用复杂而庞大的补偿系统和综合性很强的技术加以调整，否则就可能在设备中形成强大的环流而损坏设备，或造成系统的不同步运行而引起停电事故。采用直流输电线路将两个交流系统互联时，其两端的交流电网可以按各自的频率和相位运行，不需进行同步调整。

（2）高压直流输电控制方便、响应速度快，发生故障的损失比交流输电的小。两个交流系统若用交流线路互联，则当一侧系统发生短路时，另一侧要向故障侧输送短路电流。这将使两侧系统原有断路器切断短路电流的能力受到威胁，因此需要更换断路器。若用直流输电将两个交流系统互联，由于采用晶闸管装置，电路功率能迅速、方便地进行调节，直流输电线路向发生短路的交流系统输送的短路电流不大，故障侧交流系统的短路电流与没有互联时几乎一样，因此不必更换两侧原有开关及载流设备。

（3）在高压直流输电工程中，各极是独立调节和工作的，彼此没有影响。所以，当一极发生故障时，只需停运故障极，另一极仍可输送至少 50% 的电能。但在交流输电线路中，任何一相发生永久性故障，则必须全线停电。

8.3.2　直流输电的结构和原理

一、直流输电系统的结构

直流输电系统由整流站、直流线路和逆变站三部分组成，如图 8-14 所示。

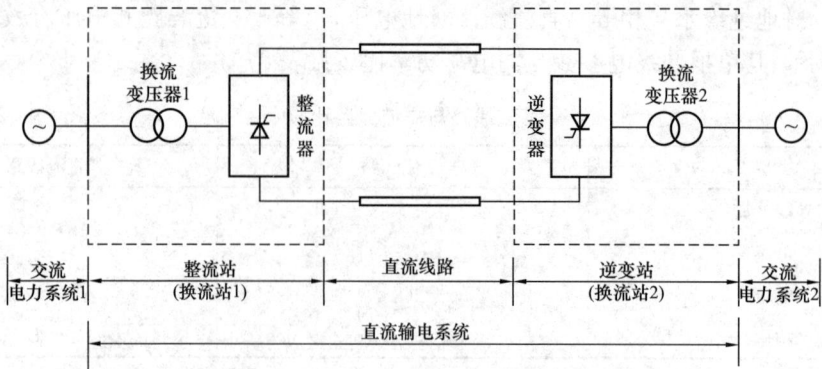

图 8-14 直流输电系统结构图

图 8-14 中，设定电力系统 1 为送电端，电力系统 2 为受电端。其工作过程是：电力系统 1 送出的交流电能，经过整流站换流变压器 1 隔离，由整流器变换为直流电能送至直流输电线路，直流电能经直流输电线路传送至逆变站，然后由逆变器将直流电能变换为交流电能，通过换流变压器 2 把交流电能送入受电端的交流系统 2。其中，整流站和逆变站统称为换流站，换流站内的整流器或逆变器统称为换流器。

二、直流输电系统的原理

1. 换流原理

换流器是直流输电系统中的重要组成部分，换流器的功能是实现交流电能和直流电能间的变换。它可以由 1 个或者多个换流单元组成。目前我国直流工程中所采用的换流单元均是基于晶闸管的三相桥式换流器，如图 8-15 所示，其结构与第 2 章中三相桥式可控整流电路相同。它由 6 个晶闸管桥臂组成，桥臂也称为阀，所以换流单元又称为阀组，整流器与逆变器的结构相同。

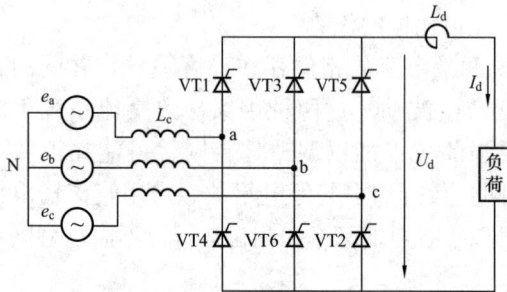

图 8-15 三相桥式换流器原理图

对整流器来说，其输入为三相交流，输出为直流。三相桥式整流器总是输出三相交流输入线电压波形中电压值最大的那一段，从而形成一个每周期脉动 6 次的直流电压。而通过改变晶闸管的控制角 α 可调节直流侧输出的平均电压大小或者改变直流输出的电压极性。图 8-16 所示为控制角 α 与直流侧输出电压 U_d 的关系，其中粗线部分表示直流侧的电压波形和其平均值。从图中可以看到，当 $\alpha=0°$ 时，平均电压为最大；当 $\alpha=30°$ 时，波形为锯齿状；当 $\alpha=60°$ 时，电压出现过零点；当 $\alpha=90°$ 时，正半周和负半周电压在一周期内相等，平均电压为零；$\alpha>90°$ 时，直流侧电压开始反向，这时整流器作为逆变器运行。一般来说，整流器工作于控制角 α 为 $5°\sim15°$，而逆变器则工作于 α 为 $150°\sim160°$，直流侧的电压大小不是通过改变控制角来调节，而是通过换流变压器带载改变一、二次侧绕组匝数比实现。逆变器的工作过程与整流器相似，这里不予赘述。

2. 换流器的构成

由一个换流单元组成的换流器叫作单桥换流器。单桥换流器通过一个换流变压器与交流系统相连，换流变压器可以是 Yy 连接，也可以是 Yd 连接，其输出为一个每周期 6 脉波直流，每个脉波持续 60°电角度，单桥换流器的组成及其波形如图 8－17（a）所示。

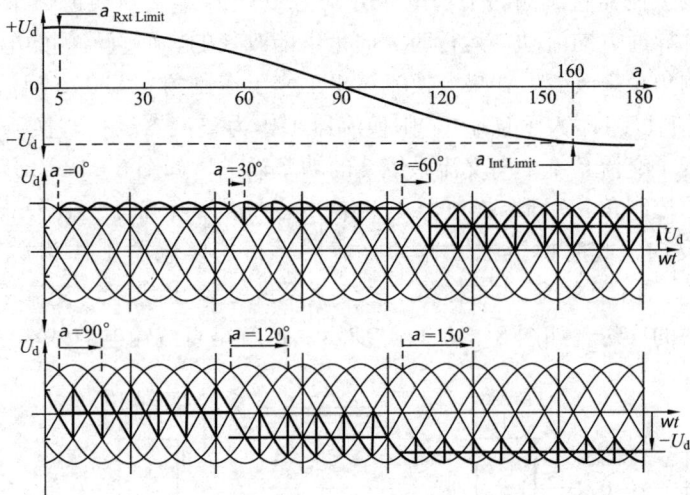

图 8－16 控制角 α 与直流侧输出电压 U_d 的关系

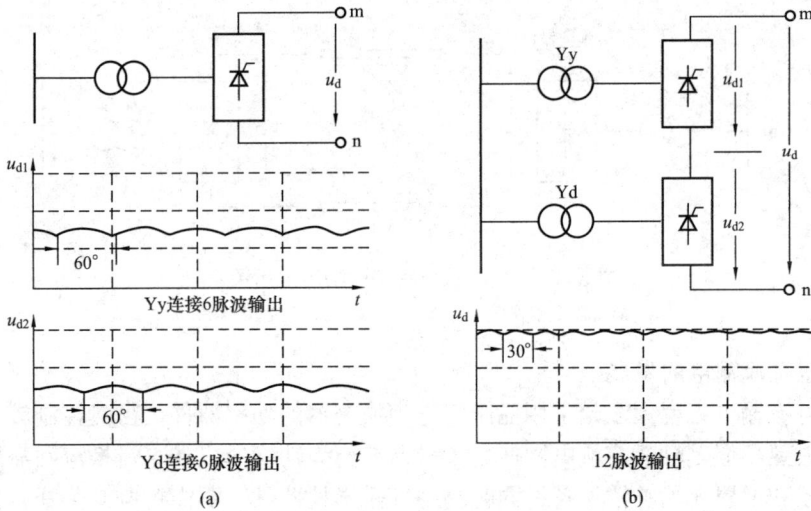

图 8－17 单桥换流器和双桥换流器的组成及其波形
（a）单桥换流器及其波形；（b）双桥换流器及其波形

在工程上，常常使用双桥换流器，即由两个换流单元所组成的换流器。这种换流器，每个换流单元分别通过一个换流变压器与同一交流电网相连，其中一个换流变压器采用 Yy 连接，另一个采用 Yd 连接，如图 8－17（b）所示。这样就可以形成一组幅值、波形都相同，相位相差 30°的三相交流电压分别作为两个换流单元的输入，其输出也为一组幅值波形相同、脉波相差 30°的 6 脉波输出直流。把这两个换流单元串联起来使其输出电压相叠加，以形成一个每周期脉动 12 次的直流电压，其每个脉波持续 30°。我国的高压直流输电工程多采用此方法以获得脉动更小、波形更为平滑的 12 脉波直流电压。

3. 直流输电的基本原理

直流输电的基本原理是第 2 章和第 4 章中三相桥式电路整流和有源逆变的结合。如图 8‑18 所示，两换流器直流侧的平均电压分别为 U_{d1} 和 U_{d2}。对换流器来说，因为电流只能沿着晶闸管元件导通方向流动，运行时方向是不能改变的，而直流侧的电压极性则可通过调节晶闸管的控制角 α 来改变。如果令换流器 1 工作于控制角 $\alpha < 90°$，换流器 2 工作于 $\alpha > 90°$，且在数值上使 $|U_{d1}|$ 略大于 $|U_{d2}|$，则换流器 1 作为整流器运行，换流器 2 作为逆变器运行，这样就实现了交流系统 1 向交流系统 2 的功率输送，如图 8‑18（a）所示。如果改变两换流器晶闸管的控制角 α，即令换流器 1 工作于 $\alpha > 90°$，换流器 2 工作于 $\alpha < 90°$，则两换流器直流侧电压反向，此时换流器 2 作为整流器运行，换流器 1 作为逆变器运行，若使 $|U_{d2}|$ 略大于 $|U_{d1}|$，由于电流方向未变，故交流系统 2 输出功率，交流系统 1 吸收功率，这样就实现了功率的反送，如图 8‑18（b）所示。这就是直流输电的基本原理。

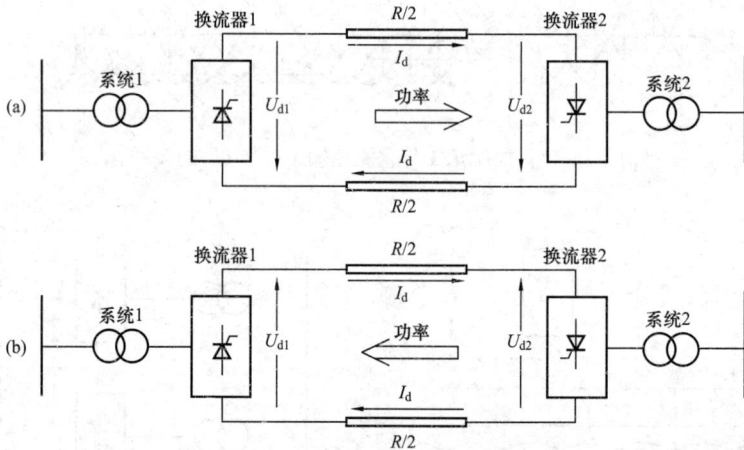

图 8‑18　直流输电系统的功率输送关系
（a）换流器 1 工作于 $\alpha < 90°$；（b）换流器 2 工作于 $\alpha > 90°$

三、高压直流输电的发展

我国的直流输电工程大多是采用晶闸管作为换流器的功率器件，虽然控制较为简单，实现技术稳定成熟，但是会对交流电网产生大量谐波与无功，所以在直流换流站需要额外资金建设滤波器场和增置无功补偿设备；同时晶闸管是半控器件，不能控制其关断，作为逆变器运行时且只能工作在有源逆变状态，使系统稳定性受到一定威胁。

20 世纪 90 年代以后，一种新型氧化物半导体器件——绝缘栅双极晶体管（IGBT）在工业驱动装置上得到广泛应用，并引入了直流输电领域。1997 年，第一个采用 IGBT 阀组成的电压源换流器的直流输电工业性试验工程（3MW、10kV、10km）在瑞典投运。IGBT 作为全控型器件与 PWM 整流/逆变技术结合称为柔性（轻型）直流输电。它摒弃了晶闸管的一些缺点，降低了无功和谐波的产生，并且控制更为灵活稳定，但由于目前 IGBT 单个元件功率小、损耗大，尚不被大容量直流输电工程采用。

近期研制出的集成门极换相晶闸管（IGCT）、大功率碳化硅器件，可能在直流输电中会有很好的应用前景。这类器件单个元件功率大、电压高、损耗小、体积小、可靠性高，且是全控型器件，用它们取代普通晶闸管，将会有力地推动直流输电技术的发展。

附　　录

实验1　单结晶体管触发电路及单相半控桥式整流电路

一、实验目的

(1) 复习单结晶体管触发电路的工作原理和主要元器件的作用。

(2) 掌握单结晶体管触发电路的调试方法和步骤。

(3) 学会分析单相桥式半控整流电路的工作过程。

二、实验设备及仪器

(1) 单相半控桥式整流电路实验装置；

(2) 双踪示波器；

(3) 万用表。

三、实验线路及工作原理

本实验线路见附图1，实验线路工作原理可参见有关教材、文献和技术资料。

四、实验内容及步骤

(1) 纯阻负载时测试（将开关 S1 置关）。

1) 触发电路测试：用双踪示波器以 O 点为参考点，按顺序观察①、②、③、④点的波形，调节电位器 RP 使控制角 $\alpha = 30°$，记录波形。

2) 整流电路测试：调整 $\alpha = 60°$，观察记录⑤、⑦两点的电压波形。

(2) 电感、电阻负载时测试（将开关 S1 置开）。

1) 分别观察记录⑤、⑦和⑤、⑥的电压波形。

2) 观察大电感负载（不并接 VD 时），u_g 丢失时发生的现象。

3) 观察大电感负载（并接 VD 时），u_g 丢失时发生的现象。

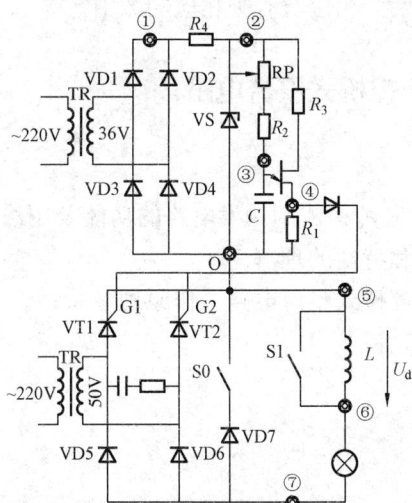

附图1　单相半控桥式整流电路
①～⑦—接线点

(3) 测量 α 为附表1各值时对应的直流输出平均电压，并与理论值比较 $\left(U_d = 0.9 U_2 \dfrac{1+\cos\alpha}{2}\right)$。

附表1　　　　　　　　　不同控制角 α 对应理论值 U_d、实测值 U_d'

控制角 α	30°	60°	90°	120°	150°	180°
理论值 U_d（V）						
实测值 U_d'（V）						

(4) 调节电位器 RP，估算脉冲移相范围。

五、实验报告

（1）整理、讨论实验结果中记录的波形。

（2）以 U_d 为 Y 轴，α 为 X 轴，作出实测参数纯电阻和电感、电阻负载时，$U_d = f(\alpha)$ 的曲线。

（3）分析实验中出现的现象。

六、注意事项

（1）双踪示波器的两个探头的地线通过示波器外壳短接，使用时必须使两个探头的地线同电位，即只使用一根地线，另一根地线不用，避免造成实验线路短路。

（2）时间测量的一种方法。将示波器扫描时间微调旋钮顺时针调锁定位置，被测波形稳定后，扫描档粗调旋钮所示时间/格，即为 X 轴上时间/格（X 轴不扩展）。

（3）电角度测量的一种方法。调示波器位移的旋钮和有关控制件，使一个周期的被测波形稳定地占示波器 X 轴的 3 格或 6 格，则每格为 120°或 60°，每半格为 60°或 30°。

（4）电压测量的一种方法。将 Y 轴的微调顺时针旋调到最大锁定位置，调有关控制器件使波形稳定，纵向波形格数×Y 轴粗调所指的 V/格值×10 或 1（10 或 1 为探头衰减比），即为所测电压值。

（5）波形正确记录在坐标轴上，并能反映波形的周期、相位及有关相应的数值。

实验 2　锯齿波触发电路与三相全控桥式整流电路

一、实验目的

（1）熟悉采用 KC04（KJ004）和 KC41C（KJ041）芯片构成的触发电路的功能及用法。

（2）复习和加深对三相全控桥式整流电路工作原理和特性的理解。

（3）理解并比较电阻负载和电感负载情况下三相全控桥式整流电路工作原理及特性。

二、实验设备

（1）触发电路模块；

（2）三相可控整流主电路模块；

（3）三相自耦变压器；

（4）万用表；

（5）示波器；

（6）稳压电源；

（7）小螺刀起子、导线若干；

（8）滑线变阻器、电感负载。

三、集成触发电路测试

1. 电路原理（可参见本书第 3 章）

（1）附图 2 所示为 KC04 内部电路图。锯齿波同步移相的原理是利用受正弦同步信号电压控制的锯齿波电压作为同步电压，再与直流控制电压 U_c 与直流偏移电压 U_b 组成并联控制，进行电流叠加，控制晶体管 V4 的截止与饱和来实现的。

（2）电路中增加负偏移电压 U_b 是为了调整 $U_c = 0$ 时触发脉冲的初始位置，当装置为不可逆且负载为大电感时，对于三相全控桥，$U_c = 0$ 时，可调节 U_b 值使脉冲的初始相位为

90°；对可逆系统，电路需要整流与逆变两种状态下工作，这就要求移相为180°，考虑锯齿波形两端非线性，锯齿波底宽应为240°，此时脉冲位置调整到中点位置（即120°）对应主电路为90°位置。当$U_C > 0$则脉冲左移，$\alpha < 90°$，电路工作在整流状态；$U_C < 0$则脉冲右移，$\alpha > 90°$，电路工作在逆变状态。

（3）调节电位器RP1即可调节锯齿波的斜率；调节电位器RP2，可以改变直流控制电压U_C的大小，进而改变触发控制角。

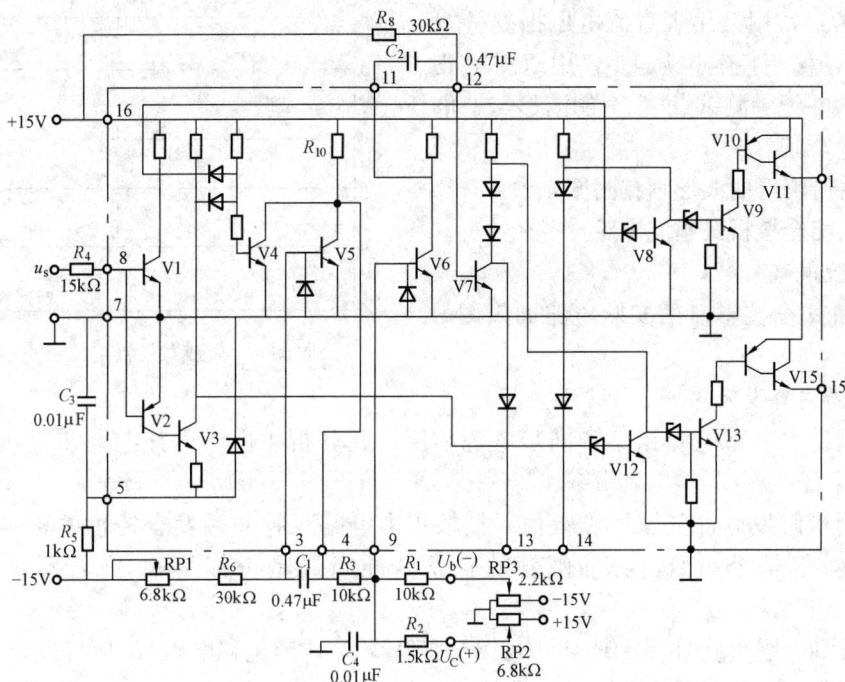

附图2　KC04内部电路图

2. 实验电路

集成触发器实验电路见附图3。

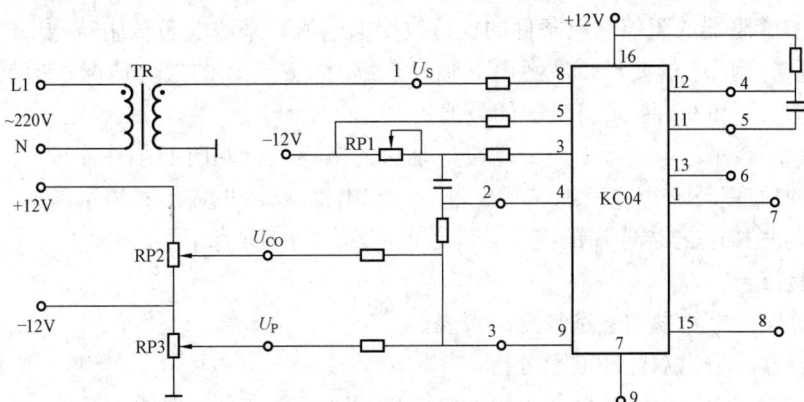

附图3　集成触发器实验电路

3. 实验内容及步骤

（1）检查电路无误后接通各直流电源、交流电源。

（2）在电路中找到各测试点。

（3）以测试点 9 为参考点，用双踪示波器分别观察触发电路中的测试点 1、2、3、4、5、6、7、8 的波形，并记录相应点波形的周期、峰值电压、脉冲幅值和宽度。

（4）观察记录脉冲的移相情况。以测试点 9 为参考点，用万用表直流电压挡测量偏移电压 U_b、移相控制电压 U_C，用双踪示波器同时观察并记录测试点 1、7 的波形与 α 角的关系。

（5）将所测得的波形画在附图 4 中。

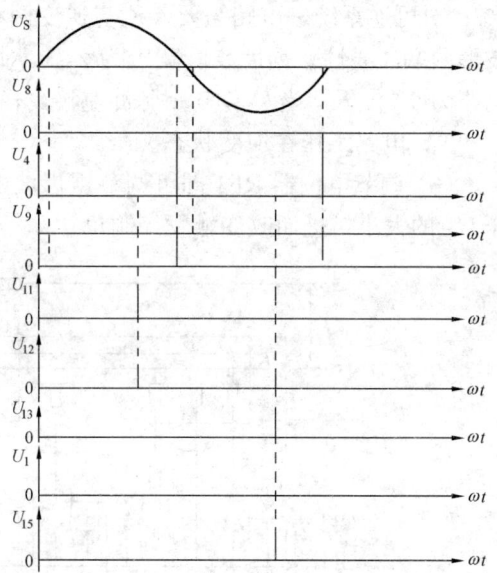

附图 4　集成触发器电路各点波形

四、三相全控桥式整流电路

1. 实验电路

三相桥式全控整流的实验电路如附图 5 所示。

2. 实验内容及步骤

（1）测量主电路电源相序和同步电源相序，并分析主电路电压与同步电压配合的合理性。

（2）测量触发脉冲的宽度和幅值，校核用本电路双脉冲触发全控桥的正确性，观察锯齿波的斜率是否一致，各晶闸管的触发脉冲间隔是否都是 60°，若不是则设法调整好。

（3）接纯电阻负载时（100～200Ω、2A 变阻器），调节偏移电压 U_b 使得当 $U_C=0$ 时，$\alpha=120°$，输出 $U_d=0$；然后调节线电压 U_{2L}，使得 $\alpha=30°$ 时 $U_d=110V$，以后就不再改变 U_{2L}；调节 U_C 并观察 α 从 120°～0°变化时输出电压波形和晶闸管两端电压波形，记录触发角 α 分别为 0°、30°、60°、90°、120°时 U_C 和 U_d 的数值。

（4）电阻、电感负载，在 $\omega L > 3R$ 情况下，调节 U_b 使 $U_C=0$ 时 $U_d \approx 0$；以后 U_b 固定不变，通过调节变阻器的阻值（有条件的也可改变电感值）来改变负载阻抗角 φ；观察对应不同的 α 时 u_d、i_d 和 u_T 的波形，注意电流临界连续时，α 与 φ 的配合情况；记录触发角 α 分别为 0°、30°、60° 和 90°时 U_C 和 U_d 的数值。

（5）负载端接平波电抗器和直流他励电动机的电枢，合闸时必须注意使 $U_C=0$、$\alpha=90°$ 和 $U_d \approx 0$，随后逐步调节 U_C，观察 u_d、i_d、u_L 和电枢端 u_D 的波形；适量加载，并分别观察接上电抗器与短接电抗器时 i_d 的波形，注意电流断续时的现象。

五、实验报告

（1）估算实验电路参数并选择测试仪表。

（2）触发器的输出双脉冲波形分析。

（3）分别绘制出纯电阻负载和电阻、电感负载时 U_d/U_{2L}—α 曲线。

（4）不同负载时，不同 α 与 φ 时电流连续与断续的情况与分析。

（5）讨论与分析实验结果，特别要注意对实验过程中出现的异常情况进行分析。

(a)

(b)

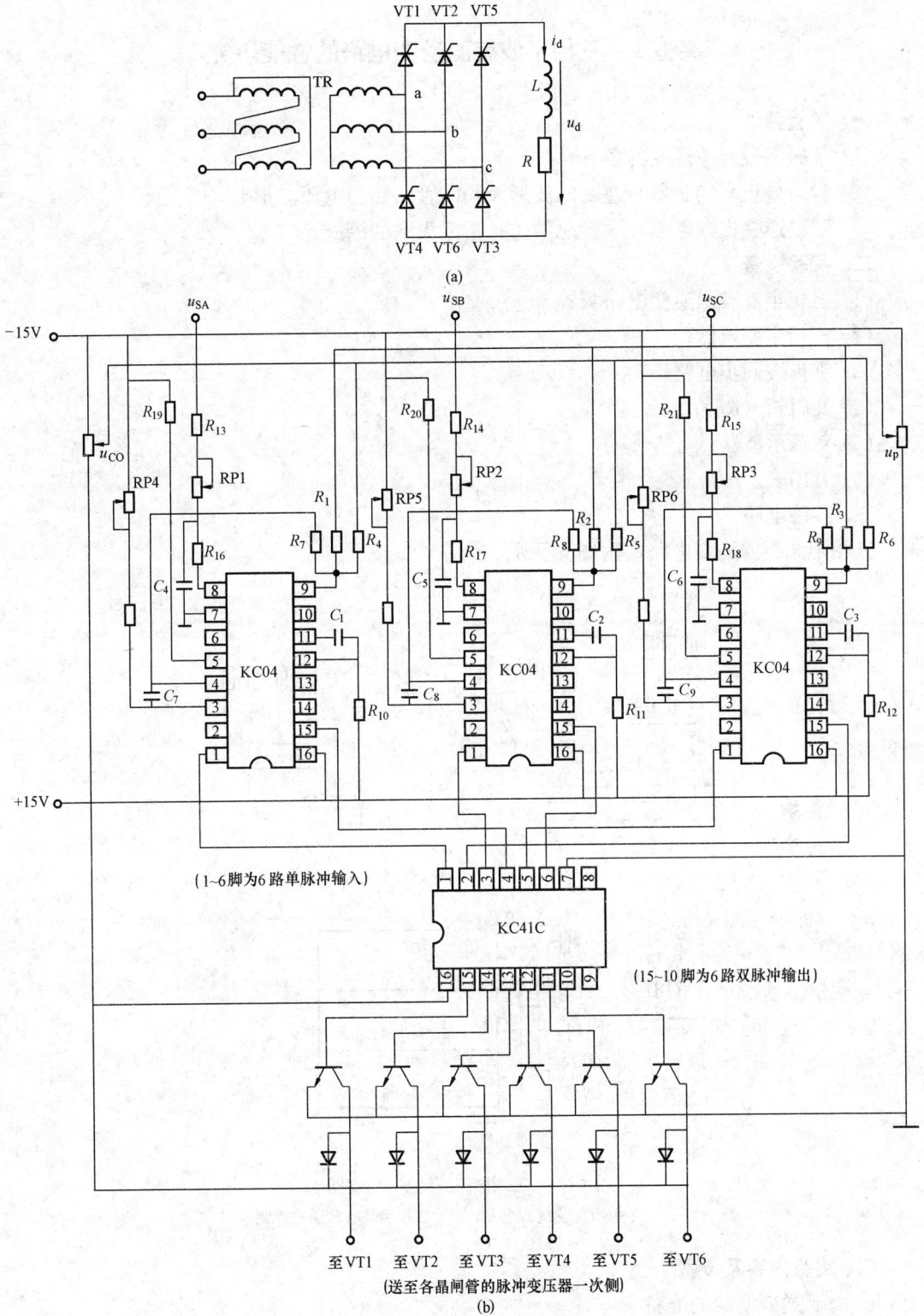

附图 5　三相桥式全控整流主电路和触发电路

(a) 主电路；(b) 触发电路

实验 3   三相半波有源逆变电路的性能研究

一、实验目的

（1）掌握实现有源逆变的条件。

（2）学会分析不同 α 角时逆变的波形及晶闸管两端的电压波形。

（3）观察逆变失败现象，学会总结防止逆变失败的措施。

二、实验设备

（1）三相半波有源逆变电路板；

（2）三相主变压器；

（3）锯齿波同步电路；

（4）变阻箱（Rd）；

（5）双踪示波器；

（6）万用表。

三、实验电路

三相半波有源逆变电路如附图 6 所示。

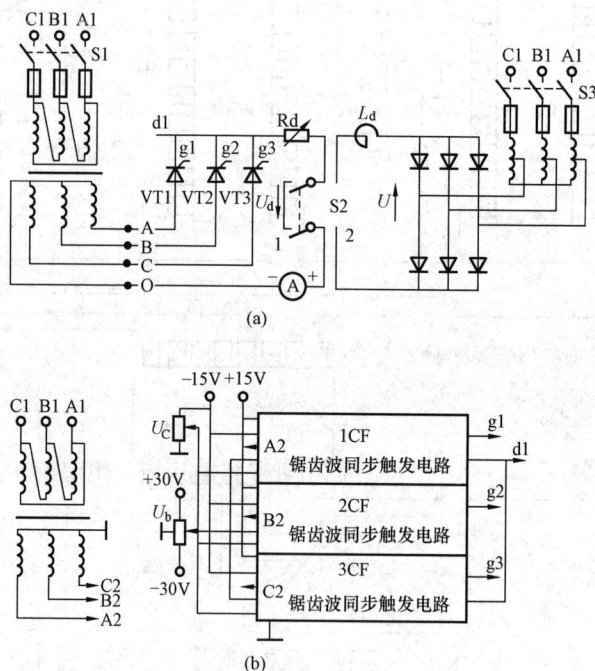

附图 6   三相半波有源逆变电路

（a）三相半波有源逆变主电路；（b）三相半波有源逆变控制电路

四、实验内容及步骤

1. 有源逆变实验的准备

（1）检查电源相序、变压器极性和接线，各开关置断开位置，Rd 置最大位置。

（2）闭合 S1，接通各直流电源，用示波器检查 1CF～3CF 各点波形是否正常，锯齿波的斜率是否一致，触发脉冲间隔是否为 $120°$。

（3）1CF～3CF 输出端 g1、g2、g3 各点波形正常后，将 S2 置 1 的位置，接电阻负载，用示波器观察 u_d 的波形是否正常。

（4）电路工作正常后，将 U_c 的旋钮调到零，然后调节 U_b 旋钮，使 $α≈150°$。

2. 有源逆变实验

（1）将三相调压器的输出电压调到零，然后闭合 S3，S2 至 2 的位置，此时表读数应为零。

（2）调节三相调压器使 U 增大，当电流表有读数时，观察并记录 u_d 波形（应为负的波形），说明电路已进入有源逆变状态。继续增大 U，使 $I_d=2A$，测量 U_d、U 和 U_R 的值及 u_d、i_d 的波形。

（3）调节 U_c（注意应往负值变）使 $α$ 等于 $120°$、$90°$（即 $β$ 等于 $60°$、$90°$），观察并记录 u_d、u_{T1}、i_d 波形及测量 U_d、U、U_R 的值。比较 U_d 与 U 的大小。

3. 有源逆变失败实验

（1）在 $U_c=0$ 时，调节 U_b 使 $α=150°$ 时，突然关断 3CF 的触发脉冲，观察并记录 U_d 波形并测量 U_d（注意电路已进入逆变失败工作状态，Rd 应在最大位置，I_d 不得超过允许值）。

（2）将 3CF 恢复正常，调节 U_c（往正值变）使 $α=60°$，记录 U_d、U 以及 U_R 等的大小和极性，观察并记录 u_d 波形。

（3）调节 U_b 使 $β≈0°$，观察逆变失败现象，并记录 u_d 波形。

五、实验报告

（1）整理实验中记录的波形、数据，分析结果的正确性。

（2）找出逆变失败的原因，分析逆变失败的后果、应采取的措施。

（3）观察 $α=60°$ 与 $β=60°$ 时两种情况下，u_d、u_T 波形的不同之处。

（4）经验教训总结。

六、实验注意事项

（1）高压操作有危险性，注意要严格按实验室操作规范操作。

（2）实验中有源逆变失败、不能正常实验等现象，往往是由于接线不牢、不正确等原因造成。

（3）为防止逆变失败造成 I_d 超过允许值，电路中串入 Rd 作限制 I_d 之用，实际应用电路中一般不串电阻。

（4）电路接线较多一定要细心，防止接错、接线不牢等，一定不能短路。

（5）各电源的熔管不能选得太大。

实验 4　　IGBT 斩波电路的研究

一、实验目的

（1）进一步掌握斩波电路的工作原理。

（2）熟悉 IGBT 器件的应用。

（3）熟悉 CW494（TL494）集成脉宽调制器电路。

（4）了解斩波器电路的调试步骤和方法。

二、实验设备

(1) IGBT 斩波装置；

(2) 灯板；

(3) 直流伺服电动机（电枢电压 110V，励磁电压 110V）；

(4) 滑线变阻器；

(5) 双踪示波器；

(6) 万用表。

三、实验线路

实验线路如附图 7 所示。

四、实验原理

主电路由市电 220V 经变压器变压到 90V，再由二极管桥式整流、电容滤波获得直流电源。控制 IGBT 的通断就可调节占空比（τ/T），从而使输出直流电压得到调节。

控制电路采用 CW494 集成脉宽调制器，它由 PWM 控制电路、两个误差放大器、振荡器和触发器等组成。其引脚排列和内部功能框图参见第 8 章图 8-5。其中 1、2 脚是误差

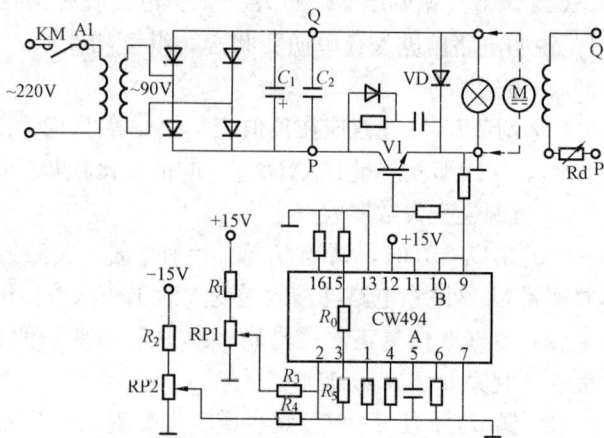

附图 7　IGBT 斩波器实验电路

放大器 I 的同相和反相输入端。3 脚是相位校正和增益控制。4 脚为死区时间控制，其上加 0～3.3V 电压时可使截止时间从 2% 线性变化到 100%。5、6 脚分别用于外接振荡电阻和振荡电容，其振荡器频率由外接 C_T 和 R_T 的数值决定，$f=1.1/(R_T C_T)$。7 脚为接地端。8、9 脚和 11、10 脚分别为 CW494 内部两个末级输出三极管集电极和发射极。12 脚为电源供电端，电源电压 U_{CC} 的工作电压范围为 $7V \leqslant U_{CC} \leqslant 40V$，本实验中 U_{CC} 接 +15V 电源。13 脚为输出控制端，用于控制 494 的输出方式，当该端为高电平时，两路输出分别由触发器的 Q 和 $\overline{Q}$ 端控制，形成双端输出式；当该端（13 脚）为低电平时，触发器失去作用，两路输出同时由 PWM 比较器后的或门输出控制，同步地工作〔本实验采用 13 脚接地（低电平）的控制方式〕。14 脚为 5V 基准电压输出端，最大输出电流 10mA。15、16 脚是误差放大器 II 的反相和同相输入端。

五、实验内容及步骤

(1) 熟悉电路接线，根据实验线路图，找出 IGBT 和 CW494 等主要元器件。

(2) 将电位器 RP1 调到零位，接通 ±15V 电源，用示波器观察 5 脚波形（应为锯齿波），并从示波器上读出其频率。调节 RP2，B 点应有脉宽可调的输出脉冲。

(3) 调节 RP2 使输出脉冲宽度为零。正向旋转 RP1 使控制电压由零上升，用示波器观察脉冲应逐渐变宽。调节 RP1 应使占空比由 0～100%（近似）连续可调，这说明控制电路工作正常。记录占空比为 50% 时 A、B 两点电压波形。

(4) 断开 ±15V 电源，并把电位器 RP1 调到零位，接上灯泡负载（可用 200W 灯泡）；接通主电路交流电源，此时用万用表测量滤波电容 C_1 两端直流电压约为 120V 左右，说明

整流滤波部分工作正常。

（5）再次接通±15V 电源，增大 RP1，用示波器观察负载两端电压 u_o 波形，占空比是否由0～100%（近似）连续可调。若为连续可调方波，说明电路工作正常，此时记录占空比为 50% 及 100% 时负载两端电压数值及波形。

关掉一盏灯或改用一只 60W 灯泡，重复上述实验，记录占空比为 50% 及 100% 时负载两端电压值及波形。

（6）断开主电路和控制电路电源，把电位器 RP1 调到零位，拆去灯泡负载，接上电动机负载（空载）。

（7）接通主电路交流电源，调节滑线变阻器 Rd，使励磁绕组电压为额定值。

（8）接通±15V 电源，正向旋转 RP1，用示波器观察负载两端电压 u_o 波形及电动机转速的变化，看电动机运行是否平稳。当电动机工作正常后，可用万用表和转速表记录占空比分别为 25%、50%、75%、100% 时的负载两端电压值和电动机转速值。

六、实验报告要求

（1）整理记录的数值和波形，比较两种灯泡下 u_o 波形有什么不同，为什么？

（2）占空比为 100% 时 u_o 波形是否平直，为什么？

（3）画出电动机负载时 $u_o = f(\tau/T)$ 及 $n = f(\tau/T)$ 关系曲线。

参 考 文 献

［1］ 王兆安，黄俊. 电力电子技术. 4 版. 北京：机械工业出版社，2000.

［2］ 莫正康. 电力电子应用技术. 3 版. 北京：机械工业出版社，2005.

［3］ 浣喜明，姚为正. 电力电子技术. 北京：高等教育出版社，2001.

［4］ 黄家善. 电力电子技术. 2 版. 北京：机械工业出版社，2008.

［5］ 李雅轩，杨秀敏，李燕萍. 电力电子技术. 2 版. 北京：中国电力出版社，2007.

［6］ 王云亮. 电力电子技术. 北京：电子工业出版社，2004.

［7］ 陈国呈. 新型电力电子变换技术. 北京：中国电力出版社，2004.

［8］ 刘志刚. 电力电子学. 北京：清华大学出版社、北京交通大学出版社，2004.

［9］ 张涛. 电力电子技术. 北京：电子工业出版社，2003.

［10］ 吕汀，石红梅. 变频技术原理及应用. 2 版. 北京：机械工业出版社，2011.

［11］ 周渊深，宋永英. 电力电子技术. 北京：机械工业出版社，2008.

［12］ 王良志. 电力电子新器件及其应用技术. 北京：国防工业出版社，1995.

［13］ 曲永印. 电力电子变流技术. 北京：冶金工业出版社，1997.

［14］ 洪乃刚. 电力电子技术基础. 北京：清华大学出版社，2008.

［15］ 刘胜利. 现代高频开关电源实用技术. 北京：电子工业出版社，2001.

［16］ 胡崇岳. 现代交流调速技术. 北京：机械工业出版社，2000.